修订增补版

许佳聪 —— 著

大宗商品 · 股指期货 · 现货黄金 · 外汇交易

# 裸K线交易法

## PRICE ACTION 价格行为全面详解

上海财经大学出版社

**图书在版编目(CIP)数据**

裸K线交易法:价格行为(Price Action)全面详解/许佳聪著.—修订本.—上海:上海财经大学出版社,2022.3
ISBN 978-7-5642-3960-2/F·3960

Ⅰ.①裸… Ⅱ.①许… Ⅲ.①股票交易-基本知识 Ⅳ.①F830.91

中国版本图书馆CIP数据核字(2022)第036203号

□ 责任编辑 徐 超
□ 联系信箱 1050102606@qq.com
□ 封面设计 贺加贝

**裸K线交易法**
价格行为(Price Action)全面详解
(修订增补版)
许佳聪 著

上海财经大学出版社出版发行
(上海市中山北一路369号 邮编200083)
网 址:http://www.sufep.com
电子邮箱:webmaster @ sufep.com
全国新华书店经销
上海景条印刷有限公司印刷装订
2022年3月第2版 2025年8月第8次印刷

710mm×1000mm 1/16 17.25印张 253千字
定价:108.00元

# 前　言

我是从 2010 年开始炒股的，那个时候上证指数在 3000 点左右徘徊。我不但没有获得收益，而且还亏了一笔钱。2011 年年底的时候 A 股已经跌到了 2000 点左右，我也是从那个时候开始学习美股。我的第一份正式工作就是纽约证券交易所(NYSE)的日内交易员。那时候我开始对行情有了自己的一些看法，也不再像个无头苍蝇一样乱做了。不过由于水平问题，我的表现不太稳定。后来我离开了美股市场，来到外汇公司工作。那个时候我发现我们的客户绝大多数都在亏损，鲜有盈利。我自己的第一个外汇账户也以爆仓告终。在那几年内，我不停地寻找各种能让我盈利的办法：K 线、形态、均线、MACD、趋势线、通道、黄金分割、日本云图、布林轨，等等，但是都以失败告终。我深深地怀疑自己是否适合做交易。就在几乎绝望的时候，我接触到了一种裸 K 线交易法——价格行为交易法(Price Action)。学习了价格行为交易法之后，我的交易之路终于有所转机：看盘不再那么迷惘，知道什么时候该做什么事情。最终在一段时间之后，我的新账户扭亏为盈，并开始稳定增长。可以这么说，如果没有价格行为交易法，我根本不可能继续我的交易生涯，也不会获得之后的成就。

价格行为交易法是一种完全的裸 K 线交易法，它是一种根据关键位和 K 线信号来做交易的简洁手法，适合外汇和期货、大宗商品、股票指数等交易量较大的金融产品。一经面世就得到了许多交易者的追捧，许多投资者通过学习价格行为交易法在交易上获得了巨大的提升。

价格行为交易法不是一套固定的交易套路，而是一种交易理念。它的核心概念其实很简单，但是细节方面有一点“千人千面”，最主要的分歧就是在关键位的判定上面。这也是为什么有人能学好，有人却学不好的原因。

市面上关于价格行为交易法的资料以英文版为多，不便我们学习。在起初，我自己花了很多钱去各种机构学习价格行为交易法。有一家公司说可以教我价格行为交易法，那个老师一共花了 2 个小时，把一些资料给我，然后讲解了一下就结束了。类似的机构我找了四五家，后来我发现每一家机构给出的价格行为交易法都不一样，每个人都有自己的一套说法。这让刚开始接触价格行为交易法的我非常纠结，只好自己去体验和总结。

本书主要讲了一些关于裸 K 线交易法的概念。在给大家讲解价格行为交易法的同时，也根据最新的市场情况以及自己的实盘经验优化了其中的一些细节。在 2015 年 7 月第二周，我以 45 万元本金的交易账户单周盈利超过了 200 万元，当时所用的交易手法已经淋漓尽致地展现在这本书里。这种手法让我在市场上大获成功，我也希望能让大家有所收获。

2016 年，我开始为几家资管的交易员培训价格行为交易法，为此认识了许多热爱交易的朋友。和他们的交流给了我许多启发，也让我的交易手法更加成熟老练，在此表示感谢。

裸 K 线交易是一种简洁的实用战术。裸 K 线简洁，却不简单。要想完全掌握本书所述的操作方法，需要一定的时间。只要您肯花时间来钻研这个方法，必然可以得到数倍于投入的回报。纸上得来终觉浅，绝知此事要躬行。说得再多也比不上自己上手操作，练好一门技术最好的办法就是多多思考、勤加苦练。

如果你对自己的交易思路并不明确，本书可以帮助你理清思路；如果你已经有成熟的交易思路了，本书同样可以给你启发，让你更上一层楼。

希望每一位读者能充满激情地将学到的技巧运用在实际的交易中。请牢记，在将这些技巧辅助你的交易之前，请先在模拟盘上演练，确保你已经熟练掌握它们。也许你要反复阅读几次之后，才能真正理解本书所讲述的内容，才能体会裸 K 线交易法的精髓。可一旦理解,你的交易生涯将会由此翻开新的篇章。

本书的前三章都是一些基础的概念,是我为新手朋友准备的一些预备知识,都是为了学习裸 K 线交易法必须要用到的。如果是老手的话可以跳过,但是我建议新手可以多看看。第 4 章之后是裸 K 线交易法的重点。由于个人水平有限,难免有不足之处,还请给出建议。

特别鸣谢赵楠老师和瞻星老师,他们给本书提供了宝贵的帮助和建议。同样感谢众多的读者朋友,他们在第一版《裸 K 线交易法》面世之后给了我很多建议和支持,这才有了这本《裸 K 线交易法(修订增补版)》。

书中所阐述的例子以标准国际盘面走势为主。

许佳聪
2021 年 11 月

# 目　录

# 第1章　风险的基础认知

1720年，英国南海公司股票大涨，伟大的物理学家、数学家牛顿投进7000英镑购买该股。当年7月，南海公司股票涨到1000英镑一股，涨了8倍。

这时他加大资金买入，不过到了12月，股价又跌回起点。牛顿损失了20000英镑，相当于他10年的薪水。

大痛之下的牛顿说："我能计算出天体运行的轨迹，却难以预料到人们的疯狂。"

牛顿可能没想到，现在的人类更加疯狂！比如说比特币，仅2017年全年涨幅高达1700%。2020年，全球央行因为新冠肺炎疫情而大放水，导致全球资产疯涨，比特币涨了约20倍。而且整个价格走势图有如一轮过山车，暴涨暴跌让投资者为之疯狂。2021年更是达到了69000美元的高价，因为炒币暴富或者倾家荡产的不计其数，这可以算是历史上最夸张的金融炒作之一了！

市场从来都是疯狂的。我们要做的，就是从这疯狂的市场中寻找盈利的机会。

股市也有疯狂的时候，我2010年入的行，那时候，我还在念大学。我的第一笔股票交易是用我父亲的账户买了一手中国南车。2007年的时候全球市场都很火，可是到了下半年开始就不稳定了，整个2008年都笼罩在美国的次贷危机和全球股市暴跌的阴影之中。这些我都没有经历，很可惜。2014—2015年的那波牛市，我有幸参与其中。市场的疯狂如同炒房一般，不同的是：炒房只是部分人，但是炒股感觉是人人都在参与！毕竟门槛比炒房低很多。当时很多人都借钱炒股，而且还用了配资。结果没多久A股就发生暴跌。时至今日，相比其他国家的股市，A股的整体表现依旧不如人意。

我周围的朋友亏损连连，甚至有一个朋友把本来打算用来在上海买婚房的钱都亏进去了。很多人对这个市场一无所知就跟风一头扎了进来，自己完全没有对股票的判断能力，更不用说风险意识了。就像一个孩子拿了块砖就想去打猎一样。他们来到这个市场就是九死一生，付出高昂代价。

这样子炒股是不行的。除了资金，你需要的还有很多，比如说知识。

## 1.1 二八法则

商界有一句经典语句是："80%的收入来源于20%的客户。"这句话很容易理解也很符合实际，其表达的核心意思就是二八法则。可能大家都听过二八法则，但却没有深入理解过二八法则的实用意义和用法。二八法则不仅仅对于商业意义重大，对于我们投资交易的帮助同样非比寻常。

二八法则，又名80/20定律、帕累托法则、关键少数法则、不重要多数法则、不平衡原则等，现在被广泛应用于各个领域。其发明者帕累托认为：在任何一组事物中，最重要的、核心的只占其中一小部分，约20%，其余80%尽管是多数，却是次要的，因此又称二八定律。

1897年，意大利经济学者帕累托注意到当时英国人的财富和收益比例有些微妙的关系。在调查取样中，发现大部分财富流向了少数人手里。他还从资料中发现，在其他国家，也都有这种情况，而且呈现一定的相似关系。于是，帕累托从大量具体的事实中发现：大约社会上20%的人占有80%的社会财富。随即得出结论：财富在人口中的分配是不平衡的。

这是19世纪末期的数据，可能当时看来有点夸张，但是现在，分化的情况有点"愈演愈烈"。根据一份2016年的统计数据，在大约255万亿美元的家庭总财富中，45.6%由世界上的极少一部分人所拥有，2016年全球百万富翁的数量为3300万人，仅占全球成年人口的0.7%，而且这一比例还在逐年缩小。但是在财富金字塔的底端，全球35亿成年人每人拥有的净财富不到1万美元，该群体的家庭财富总值也只有6万亿美元。也就是说，大约0.7%的人占据了45%的财富，而剩下的55%的财富，由剩下的99.3%的人所有。有兴趣的朋友，不妨去看看福布斯的富豪榜，看看全世界最富的那几百号人到底拥有多少恐怖的财富！

生活中存在许多不平衡的现象，大家把二八法则当成了这些不平等现象的一种解释，不管结果是不是恰好为80%和20%。当然，从统计学上来说，精确的80%和20%基本上不可能出现。通常二八法则讨论的是核心的20%，而非次要的80%。

二八法则的一个主要用途就是让我们发现核心的20%，并加强这部分。

喝咖啡是一种习惯，不喝咖啡的人可能一个月也不喝一杯咖啡，而喝咖啡的人可能每天都要喝上一两杯咖啡。假如20%喝咖啡的人喝掉80%的咖啡，那么这部分人应该是咖啡供应商注意的对象。尽可能争取这20%的人来买，最好能进一步增加他们的咖啡消费。咖啡商家出于实际理由，可能会忽视其余80%喝咖啡的人，因为他们的消费量只占20%。

同样地，如果一家公司发现自己80%的利润来自20%的客户时，就该努力让那20%的客户乐意扩展与它的合作。如果把注意力平均分散给所有的客户，产出肯定不如专攻那20%的客户来得多。再者，如果公司发现80%的利润来自20%的产品，那么这家公司应该全力销售那些高利润的产品。

二八法则的另一个主要用途是对80%的投入只产出20%的生产状况进行改进，使不健康的产出比得到改善。

作为一个非常多见而且有效的自然法则，我们会较多地将其应用于我们的日常工作和生活之中。而它也在我们的日常生活中扮演着一只无形的手，比如说：股市、期货市场、大宗商品市场。

金融市场中有80%的投资者只想着怎么盈利，仅有20%的投资者会考虑亏损时的应变策略。结果是只有那20%的投资者能长期盈利，而80%的投资者却常常赔钱。20%盈利的人掌握了市场中80%正确的有价值信息，而80%亏损的人因为各种原因没有用心收集资讯，只是通过股评或其他途径掌握20%的信息。当80%的人看好后市时，股市其实已接近顶部；当80%的人看空后市时，股市其实已接近底部。而盈利的那20%的人里面，又只剩下20%的人可以做到抄底逃顶，80%的人是拿不到最好点位的。"二八法则"概述的数量界限并不固定，也有人用"一九现象"表达同样的意思，他们认为市场里面能够盈利的只有1/10。

一家券商约80%的佣金是来自20%的客户的交易，这部分客户要么喜欢炒短线，要么是大资金。如果说有几个客户资金量很大又很喜欢炒短线，那很少的几个客户就可能产生整家券商80%的佣金！

股民的80%收益可能来自20%的交易。因此，我们非常有必要去复盘，去看看盈利和亏损时我们的交易差别在哪里，因为这样做可以很好地让我们规避那些亏损的情况再次出现，也可以提高我们对于有把握时交易的信心。只占市场20%的大盘指标股对指数的升降起到80%的作用，在研判大盘走向时，要密切关注这些指标股的表现。

股市中20%的机构和大户占有80%的主流资金，80%的散户占有20%的资金，所以，投资者应该学着去把握主流资金的动向，这样可以帮助我们获利。

成功的投资者用80%的时间学习研究，用20%的时间实际操作；失败的投资者用80%的时间实盘操作，用20%的时间后悔。股价在80%的时间内是处于横盘震荡状态的，仅在20%的时间内是处于趋势状态。成功的投资者用20%的时间参与股价趋势的过程，用80%的时间休息；失败的投资者用80%的时间参与股价震荡的过程，用20%的时间休息。

中国股市常说的二八现象其实就是20%的股票涨，80%的股票跌或不涨。A股长期处于下跌状态，如果要从中盈利，需要我们有足够敏锐的嗅觉去找到那20%的优质股票！

在熊市中，只有20%的时间在上涨，而80%的时间都在下跌。然而许多投资者一直忙忙碌碌，频繁地进进出出，一年到头不但弄得身心疲惫，且亏损累累，真是费力不讨好。由于交易机制问题，A 股的玩法和我接触的其他市场都不太一样。因为几乎所有的外国市场，包括国内的期货市场，都可以做空，也就是买跌。所以真正的 A 股高手在熊市中大量的时间都在休息，耐心地等待，待到机会出现时就动若脱兔，并一刀见血，决不拖泥带水。几个回合下来，就取得了可观的收益。这样不但轻松自如，在取得了不菲收益的同时，还享受了股市赚钱的乐趣。

沪深股市每年都有机会，只是机会大小不同。为什么仍有 80％的人亏钱，就是对进出的时间把握得不好。在赚了钱后，不把利润锁定，在大盘见顶时还在频频出手，结果要么在大盘的下跌中被深套了，要么在不断割肉的过程中亏损加剧了。当其彻底弄坏了心态，胆子变小而不敢再贸然出手的时候大行情却来了，他却踏空了。这种恶性循环就是很多失败者的普遍特点。

2015 年上半年，A 股自 2007 年来最大牛市，高峰时期上海账户平均盈利在 15 万元以上！而后股市下跌，绝大多数投资者根本不知道“见好就收”这个概念，反而在大盘开始暴跌之后依旧入市。最终，从原本平均盈利 15 万元到最终亏数十万元！而这些亏损的投资者，很多是完全没有参与过金融市场的“小白”，他们没有任何风险意识，只知道盲目跟风，如果他们在股市里面稍有盈利，则可能会借助杠杆来炒股，进一步放大自己的风险。这样做的结果有两个：(1)炒股盈利，资产翻倍！(2)炒股亏损，血本无归。不到 20％是前者，而 80％以上都是后者。

很多人都是处于亏损状态，即 80％的范畴，我们要做的，就是从 80％的亏损者中抽出身来，挤进那 20％的盈利者。这不是一件简单的事情。甚至很多人究其一生都不能完成。师父领进门，修行靠个人。我也不能保证每一个看完我这本书的人都可以变成那 20％，但是如果有 100 位读者看完之后，本来盈利者比亏损者是 20∶80 的一个情况，可以变成 40∶60，那我已经大获成功了。因为我从 80 个亏损者中，挽救了 20 个，25％的概率可以让亏损者扭亏为盈！这对我而言，已经是功德一件了！

## 1.2 为什么你总是输?

我一直在思考一个问题:亏钱的为什么总是散户?在这个残酷的资本市场中到底有多少散户可以盈利呢?又有多少人亏损之后是不死心的呢?还有多少人知道自己是怎么亏损的呢?近几年大火的比特币和其他虚拟币交易,总是有大把的人亏得血本无归,但还是有络绎不绝的新人参与其中,甚至有评论戏称:总是有割不完的韭菜!因为他们甚至连比特币到底是什么,交易机制到底是怎样的,你的对手方到底是谁,这些基本的问题都没搞清楚,只听别人忽悠"这个能大赚一把",就贸然入场,失败几乎是必然的!

那么到底是什么造成投资者亏损的呢?我个人总结了一些常见的原因,供大家参考。

### 1.2.1 频繁交易

很多新手,一个月22个交易日恨不得每天都交易,正所谓:常在河边走,哪有不湿鞋?操作多了总会失手的,失手之后心态就会变坏,心态一变坏就可能意气用事,选择"报复"式的操作:可能逆势,可能重仓。这样就会一步错步步错,很容易造成账面上的巨大亏损,这些亏损甚至几年都回不来。如果我们的账户有100万元,当你亏损了50%,那么剩下的50万元想要回本,就要在这个基础之上赚取100%的利润才能回到100万元,这两者的难度区别大家可以自己体会一下。

而且频繁操作的另一个必然原因是投资者没有经过深思熟虑就参与了交易。如果是按照交易系统来进行操作,那么一定是等待的时间大于持仓的时间,因为市场只有20%的时间是趋势行情,剩下的80%是横盘时间。如果一个交易系统一天之内在单个交易品种上给出几十次的交易信号,那么请远离它,因为在我看来它几乎不可能让你获得盈利。"剥头皮"永远赚不了大钱!一个优质的交易系统必然会尽量避免参与横盘市场,所以不可能频繁操作。唯一的解释就是交易者没有按照规矩来，自己不假思索地盲目操作。

### 1.2.2　喜欢逆势

所有人都希望自己的入场点位比别人好，但是好的点位，往往需要“兵行险招”，而为此付出代价的，大有人在。当价格涨得很高，空头就蠢蠢欲动，试图在高点做空以获得更大的利润。哪知道“没有最高，只有更高”。美股自 2008 年金融危机以来的低点开始反弹，仅仅 3 年就凭着美联储几轮量化宽松政策（QE）起死回生，收复失地，再创历史新高。当时就有报道说有人开始看空，可是结果呢？直到 2021 年，依旧走得大牛！2011—2021 年，这 10 年间多少看空美股者都死在了做空的路上！

部分炒股者尤其喜欢处于历史低位的股票，因为这样子买入的话自己的成本比别人都低，心里简直是乐开了花。却没有想到，一只股票既然已创出了历史新低，那么很可能还会有更低的低点出现，甚至用不了几个月你的股票就被腰斩了。抄底抄底，最后抄在了山腰上。

### 1.2.3　长期满仓

有些“土豪”朋友，无论账户里有多少资金，每次操作不是重仓就是全仓，一旦行情走反，只能眼睁睁看着自己的账户亏损越来越大。如果在股票市场，你不割肉，或许还能扛着，运气好的话等个几年回本也是有可能的。但是这样做的话因为没有剩余资金，途中会错过很多反弹行情，而这些行情，是可以拿来做波段盈利的！而且不是所有人都能扛回来的，很多 A 股散户最后都会“滴血割肉”，认赔出局！

如果放到期货市场或者外汇市场，或者是借助杠杆的 A 股投资，比如说 2014－2015 年那波 A 股的牛市，大量的投资者选择配资炒股，这是 A 股大涨的一个原因。在上涨过程中许多人赚得非常多，但是也正因为如此，在行情下跌时，还未离场或者那些跟风入场的新手，亏得血本无归。当你借助了杠杆，不止损将会面临普通股票投资者没有遇到过的问题：爆仓。

我在2015年认识了一位朋友。他告诉我,之前一直玩股票,后来开始接触股指期货。他投入80万元开始交易。大家都知道,2014年后半年可是大牛市,而且他在2600点就开始入场,照理说这原本是个喜剧,他可以赚得盆满钵满!对,没错,因为即使他满仓操作,按照2600点的位置,怎么说也能翻个好几倍的!

可是大家小看他了。

他不仅仅点位好,而且心也黑,换个词,就是“贪婪”。股指期货是当日无负债结算,也就是说,你当天赚的钱会在结算后直接进到你账户。然后我的这位朋友,在2600点满仓进场之后获得了可观的利润,他又把这些利润满仓买入,而且没有设置止损!照他的操作计算,那波行情他看到的点位是4200点,而指数只要到4200点,他的账户就能到1000万元!大家都知道那波行情的最高点是5178点,照理说他完全没问题的!

然而就在某一天,上证指数有一波较大的回调,而那波回调,让他爆仓了。因为他是满仓,保证金不够用了。这次爆仓直接影响到了他的生活状况,为了缓解生活压力,他卖掉了自己心爱的奔驰,并且不得不出来找工作。

他对我说:“我没有接触过杠杆市场,所以对此缺乏认知,这是我这次失败的最主要原因。不然,无论如何我也会留出一部分资金来抵御回调风险!”

### 1.2.4 喜欢扛单

扛单,说得难听点就是:死不认错。很多人亏损不是源于不会买而是不会卖,金融市场有一句老话:会买的是徒弟,会卖的才是师傅。知道什么时间买进并不困难,难就难在知道什么时候该走,什么时候该留。

什么时候平仓?是全部平仓还是部分平仓?平仓之后是反手操作还是空仓观望?这些问题都是我们应该提前考虑到的。悲剧的是该平仓的时候不果断平仓,本来是盈利的交易因为没有及时平仓,结果坐了趟过山车,原地出发原地打回!不但损失盈利,甚至可能亏损,更让心理备受煎熬。后悔之余可能会悲叹一声:哎,我当时应该平仓的!

在我接触过的上千名客户之中，我惊奇地发现绝大多数人都容易出现一个很严重的问题：止损过大但止盈敏感，赚了点就跑，亏了就死扛。如果你每一次盈利一点就走，一旦亏损就死拿，当然你有可能会扛回来，但当你扛不回来的时候，一笔失败的单子可以把你之前所有的成果都化为乌有。

还有，股民很多时候侥幸心理过大，明显破位还不卖，等到底部又控制不住卖出，事后又懊恼万分，深深自责！

### 1.2.5　盲目自信、缺乏自律

股票再好，技术面撑不住了也下跌；股票再差，大盘好了也能上涨。往往这种情况让很多投资者非常郁闷。经常碰到这样的问题：为什么我选的股票基本面很好，财报和各种指标都很优秀，可依旧还是跌那么惨呢？

这个市场，没那么简单！我有一个学生，名牌大学毕业，做事很认真且很聪明。学习技术分析两个月，对盘面就有自己的一套分析思路了。他很得意，天天和我们指东道西，感觉自己什么都懂了。我心想：这才 2 个月就翘尾巴了，那是骡子是马牵出来遛遛呗！于是让他写早晚评，给客户分析股票，结果做得一塌糊涂！不单单拿不出好股票，而且还让客户把一些优质的股票割肉平仓，平完仓就往上走。客户气得向我投诉，真是成事不足，败事有余！他天真地以为只要掌握一些知识就可以纵横股市了，殊不知如果没有强大的自律去执行这些策略，终将付出高昂代价。想要在这个市场站稳，一点也不比高考容易！

那为什么我选的"好股票"跌了呢？基本面好也要配合大盘和该股的技术面等综合分析，不是说基本面好，买进去就会涨，技术分析也至关重要。执行策略是盈利的保证，绝大多数股民炒股赔钱的原因之一就是盲目自信、缺乏自律，不能坚守原则，一旦亏损就方寸大乱。原则可以有很多个，但是如果你决定了执行哪些原则，就应该坚持这么做。

总有人，不管新手还是老手，很多时候"感觉应该要涨了"就买进去了，可以这么说，这个感觉往往会害了你。在我们学习裸 K 线交易法的初期，我们必须遵循我们定的规矩，就是每一个信号都要走一遍流程，对其优劣进行评判。当你坚持下来，这就会变成一个习惯，以后遇到每一个交易信号就过一遍原则，走一遍流程，更加科学地进行判断。当我们是按照“原则”客观地评价当前的行情，而不是靠主观的“感觉”来交易的时候，就离成功不远了。

总而言之，导致交易者操作失败的原因很多，以上五点只要沾上一点就可以让你的交易彻底失败。但大家可以看到，这些失败其实都是由性格和心理因素造成的，恐惧、贪婪、担忧、愤怒，人性是交易的天敌。作为投机者，大多抱着快速致富的目的来到这个市场，但与生俱来的人性弱点所带给投机者的，却可能是永远的失望，甚或是痛苦的绝望！交易中最大的坑，都是自己给自己挖的。归根结底，是人性使然，想要成为一个能够在市场长期存活、持续盈利的投资者，要破除的人性障碍有很多。

## 1.3　要么改变，要么继续输！

说了这么多，那么处于亏损状态的人应该怎么办呢？

这个市场很公平，因为无论是富二代还是平民老百姓，都无法走捷径。道听途说的结果往往比较悲惨，我身边也出现过几个私募的操盘手因为内幕交易而被处罚，这些并非正道，而且有可能面临牢狱之灾，是万万碰不得的。如果你赚钱了，结果人进去了，那不就悲剧了吗？我们应该做的，是优化我们的技术，让我们的头脑强大起来，这才是长久之计。

有人说在中国炒股只能靠内幕，我持反对意见。因为我自己管理的资产就在A股市场获得了不错的收益，而我们团队完全没有任何所谓的“内幕交易”，而是紧跟热点，再分析板块和比较个股，严格把控仓位和风险，从而达到获利。我们团队可以获利，其他具备相同素质甚至更高水平和能力的人一样也可以。

巴菲特连续几十年的神奇盈利，难道也是内幕交易吗？恐怕这么大一块“肥肉”，美国证监会一定死死地盯着吧？再说，买入一只股票，然后持有几十年，这也是“内幕交易”？内幕交易，只能是短线投机。而巴菲特做的，却是实实在在的投资，两者不可相提并论。我们做不到巴菲特那么厉害，也做不到索罗斯的霸气，但是我们可以通过我们的分析，让我们的资产有一定的增值，这就是我们的目标。

或许每个人都有一些难以改变的习惯，只是如果有些习惯妨碍了我们交易，那就必须要改变，如果改变不了，那等待我们的只有失败。我们学习交易的过程，其实就是改变自己，完善我们性格的过程。这个过程不容易，因为不是简单的身体上的改变，而是思想上的重大完善，若要成功，则必须改变。变则胜，不变则败。

## 1.4　风险和收益的关系

风险和收益真的成正比吗？

我相信所有做过交易的，或者说参与过金融市场的人都听过这句话。我们听到最多的"至理名言"之一可能就是这句"风险和收益永远成正比"。那么这句话是正确的吗？其实这句话并不准确，是个典型的谬论。

乍看之下，这句话是没有问题的。但是如果我们仔细地琢磨一下这句话，会发现它的问题，因为风险和收益并不是成正比的。有很多事情的风险很高，收益却没有那么高；有很多事情收益非常高，但是风险却没那么大。很多人创业失败可能就是选择了风险较高，但是收益较低的行业；有些人创业能成功，是因为他们选择了风险较低，但是收益却较高的行业。无论何时何地都会有很多人创业，做同样的事情，为什么有些人能成功但是有些人会破产呢？真的只是"运气"问题？显然不是。每个创业者对于行业的认知不同，对于公司的管理水平也不同，手里的资源也不同，各个方面都不同，这些可能看上去很小的差距累积在一起，最后会决定一家企业的生死。

举个例子：有两个人在一条河旁边，河的对面有财宝，他们必须要过河才可以得到。但是没有船和其他任何工具，其中有一个人擅长游泳，是个游泳健将，另外一个人不会游泳，而这条河很宽，必须要游泳才能过去。那么同样一件事：

到对面去获得财宝，对这两个人来说收益是相同的，但是风险却截然不同。因为这件事情对于会游泳的人，没有大的风险；但是不会游泳的人，在过河的途中就会溺死。所以说，风险和收益对不同的人来说是不同的，同样的一件事情对不同的人来说也是不同的。

再举一个例子：如果你有100万元做投资，你是愿意把钱交给一个新手去管理还是一个经验丰富、战绩显赫的交易员呢？

我的结论就是：风险和收益不一定成正比，这句话只有在特定的情况下才成立，绝大多数的情况下是不成立的。这也是为什么我们要学习，我们要积累经验，积累人脉，积累认知，因为我们所积攒的这一切所有的资源都可以帮助我们降低风险，提高收益。同样的在一个行业，做了10年和刚刚进入一个行业，在其他条件相同的情况下，10年的经验完全可以更好地做到降低风险，提高收益。交易也是一样的，很多时候大家都非常盲目。许多读者找到我问得最多的一句话就是："许老师你告诉我，我该买什么股票啊？"其次是："我什么时候该买，什么时候该卖啊？"问这种问题的几乎都是小白，有非常多的事情都没有搞清楚就开始做了，因为这两个问题应该是在模拟盘阶段就要想清楚的，而不是真金白银来给市场"送钱"来得到答案。

所以说：风险和收益之间的关系并非恒定，它的变量就是每个人的认知和能力。

在我们没有认知和能力的时候，风险对我们来说就是极高的，但随着我们能力的提升，我们可以干预风险和收益的概率，将会更好地降低风险，提高收益，就如图1—1所示。

当我们的能力足够强的时候，可以避免绝大多数的风险，而获得极高的收益。

每个人的认知和能力，都会影响到他做一件事情的风险以及收益，那么我们应该做的就是：加强我们的认知和能力，去降低我们的风险，提高我们的收益。这是我们应该要去努力实现的，是必须要做的事情，也是职业交易员一辈子都在追求的东西。

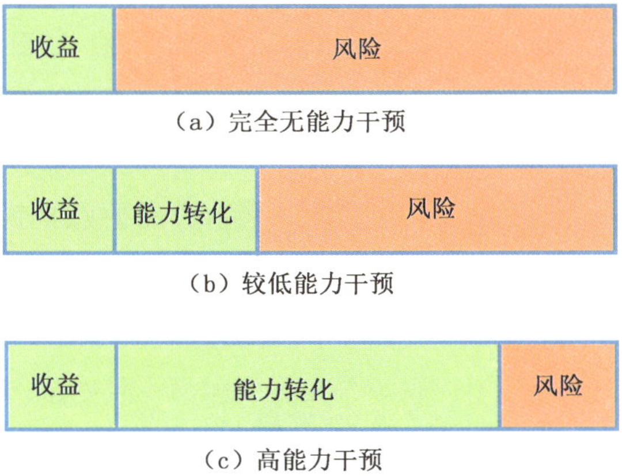


**图 1—1　不同能力情况下的收益与风险**

# 第2章 K 线

本章我们将重点讲讲K线，这是整个裸K线交易系统的基础。没有K线，我们无从谈起“裸K线”，只有充分掌握了K线的相关知识，才可以让我们进行后续的学习。如果你对K线有非常深刻的理解，有相当好的基础，那么可以跳过这一章的学习。本章的内容是给初学者准备的基础知识，相对比较简单、常见。通过本章的内容，交易者可以有一个大概的、模糊的买卖概念。别急，我们会在后续的学习之中完善这个概念。

K线（如图2—1所示），状似一根一根的蜡烛，因此得名蜡烛线；又因为价格有涨有跌，有阴有阳，也称作阴阳烛。自从日本人本间宗久创造了K线以来，就给金融交易市场带来了很大的变化，人们可以更加直观地体会到价格的波动可能对后市带来的影响。除了K线之外，美国线（柱状图，如图2—2所示）也是国际金融市场的主要分析图表，两者没有孰优孰劣，交易者可根据个人喜好进行取舍。当然，K线可能更符合东方人的思维习惯，裸K线交易法也是以K线分析为主，毕竟早期国人进入交易市场首先接触的大多是K线图。

K线是种语言，就像生活当中人与人之间需要语言进行交流和沟通一样，在交易市场当中，交易者也需要通过K线与交易品种进行沟通。每个交易品种都有不同的脾性，你可以把“他”当作“大老板”，也可以把“她”当作“小情人”，哪怕他们变幻无常，“心情”时好时坏，也需要用心“呵护”，摸清他们的脾性，才能对症下药，事半功倍，这些脾性或多或少可以通过K线反映出来。所以，K线也

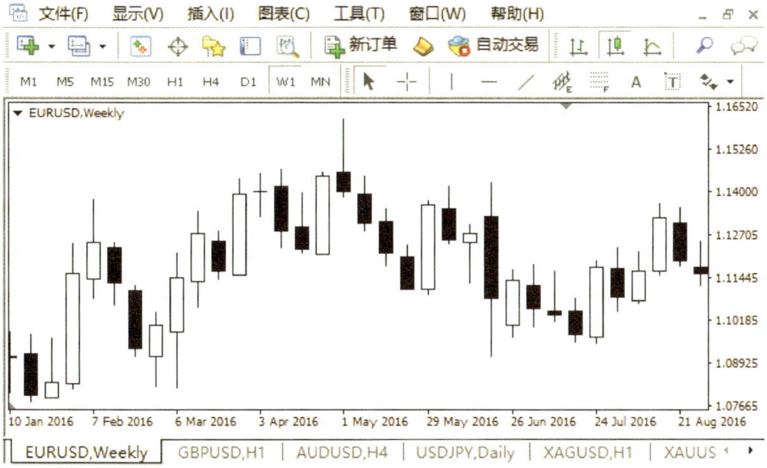


图 2—1　蜡烛图盘面

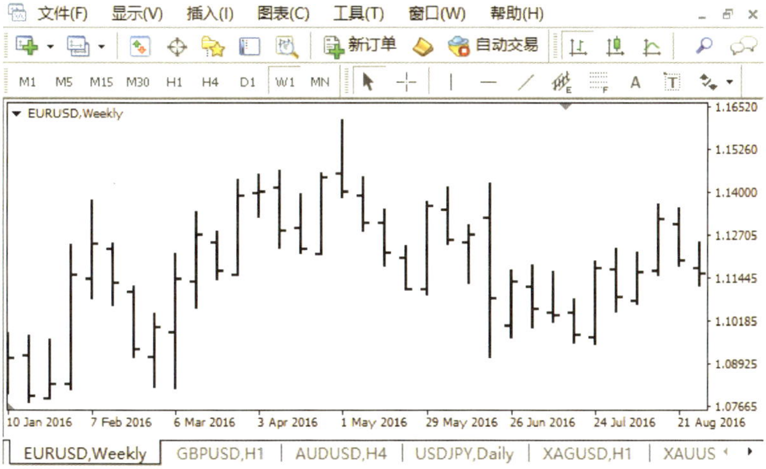


图 2—2　柱状图盘面

是一门语言艺术。

甚至很多时候单凭 K 线就可以进行交易，当然单独看 K 线就交易的成功率不能保证。

本章所引用的例子以外汇盘面为主。

## 2.1　K 线的构成及四要素

K 线是以一段特定周期行情中的开盘价、收盘价、最高价、最低价这四个特殊价位为依据绘制成的用以分析市场行情走势的技术图表。

如图 2—3，K 线分别由影线和实体两个部分构成，而影线又分为上影线和下影线。

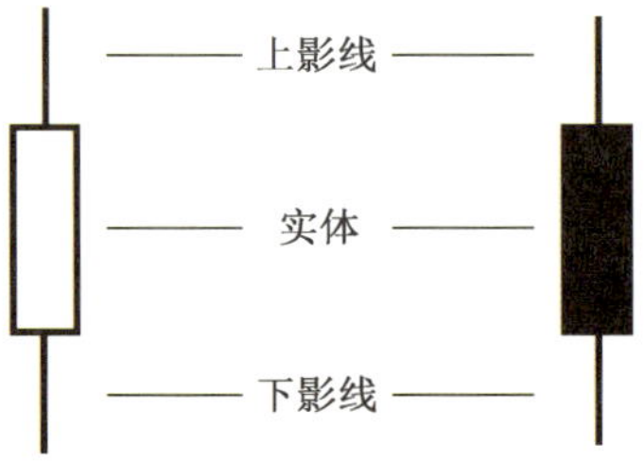


**图 2—3　K 线的构成**

在特定的一段时间周期内，价格从起始点随着时间变化而上下波动至终点，这个过程中一定会产生一个最高价和一个最低价，起始点价格称为开盘价，终点价格称为收盘价，这四个特殊价位就是形成一根 K 线的四要素。开盘价与收盘价之间用实体表示，最高价与最低价之间用影线表示。若开盘价较低，收盘价较高，那么形成的 K 线就是一根阳线（阳烛），如图 2—4。若开盘价较高而收盘价较低，那么形成的 K 线就是一根阴线（阴烛），如图 2—5。

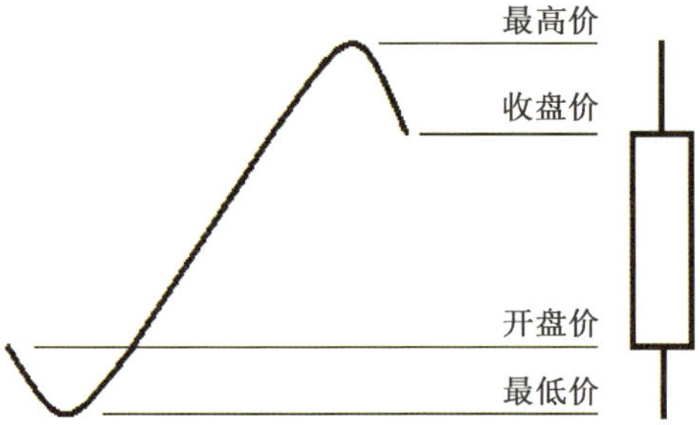


**图 2—4　阳线的形成**

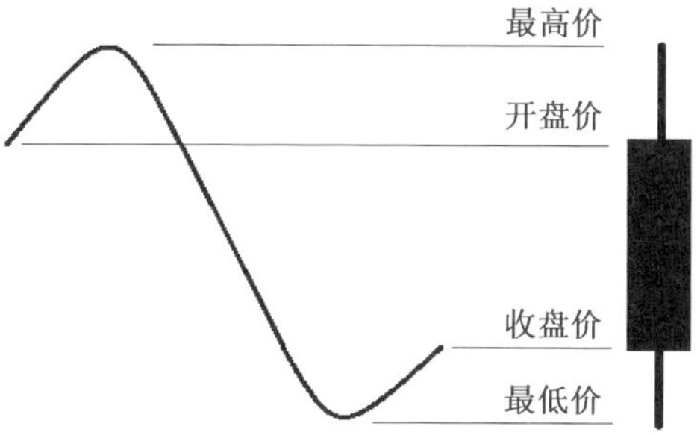


图 2—5 阴线的形成

有朋友可能会对之前提到的柱状图(美国线)感兴趣,这里也稍微提一下这种图的绘图方式。与 K 线图相同的是,柱状图的最高价与最低价之间也是由一根线(柱)连接构成;与 K 线图不同的是,柱状图的开盘价是由左侧的横杠表示,而收盘价是由右侧的横杠表示,本质上与 K 线图没有太大区别,如图 2—6、图 2—7 所示。

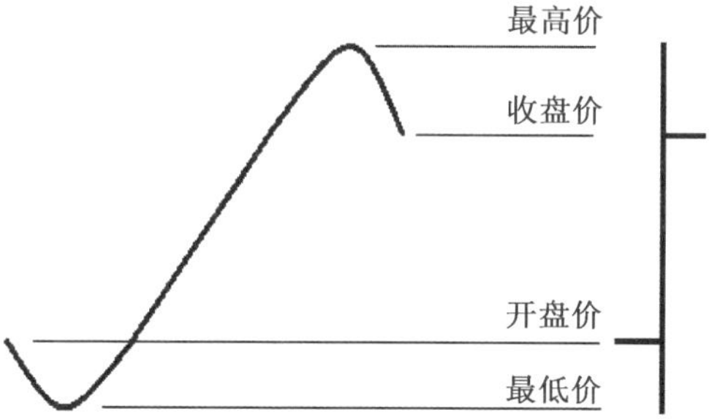


图 2—6 上涨柱状图

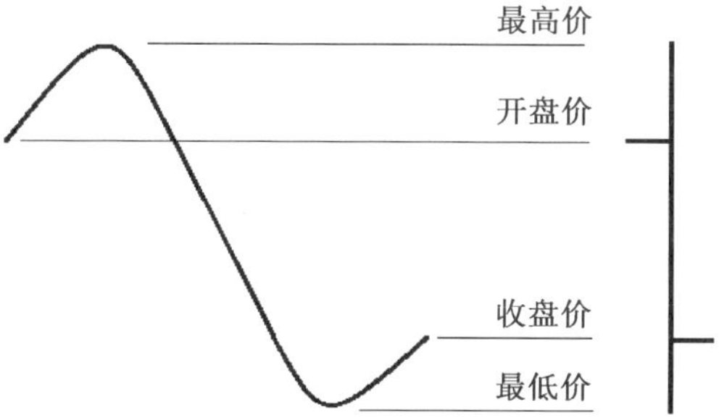


图 2—7 下跌柱状图

不论K线形态如何，或者形成K线的价格运行轨迹如何，我们只需要严格把握最高价、最低价、开盘价、收盘价这四个重要组成要素即可，这样才能更好地了解K线和K线语言。

## 2.2 K线的分类及特点

为了先让大家能大致了解K线，我们按照K线根数的组成数量多少，大致把K线分为单根K线、双根K线、三根或多根K线组合，三大类别。

单根K线，包括大阳(阴)线、中阳(阴)线、小阳(阴)线、流星线、锤线、丁字线、倒丁字线、十字星等。

双根K线，包括吞没(阳包阴及阴包阳)、乌云盖顶、刺穿线、孕线等。

三根或多根K线组合，包括黄昏星、启明星、红三兵、黑三兵等。

### 2.2.1 单根K线

#### 1. 大阳(阴)线

如图2—8，大阳线大多具有较明显长度的实体部分以及少量的影线，表明当前市场多头力量强劲，空头毫无抵抗力，大量多头资金入场使得价格短时间内强势上扬，后市继续走强的可能性较大。一般交易者遇到这种情况，不建议激进地逆势操作空单，这样风险很大，应该等待价格回调一定空间后择机顺势入场多单，尤其是在阶段性底部盘整很久之后出现的大阳线，更不能随便逆势做空，这种走势往往预示后市依然会有几波上涨行情。反之，大阴线也是如此。

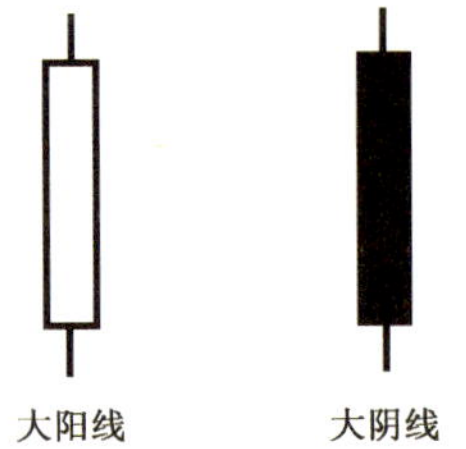


图2—8 大阳线和大阴线

图 2—9 底部大阳线之后出现了一波较强的上涨趋势。

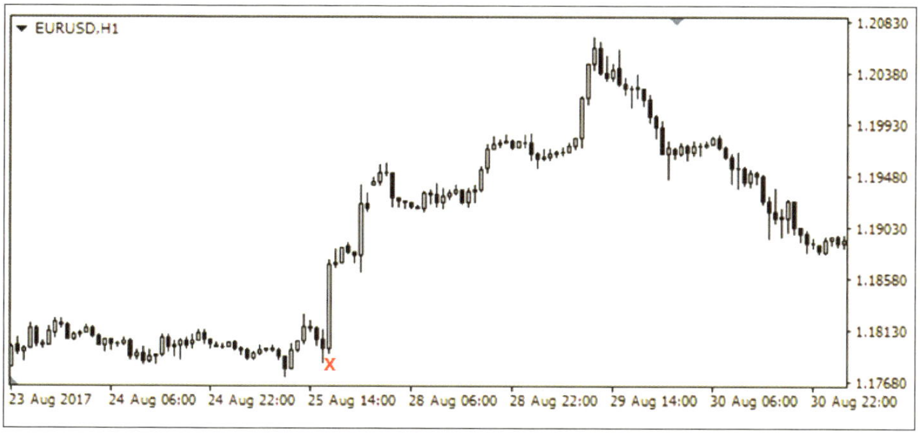


**图 2—9 底部大阳线**

## 2. 中阳(阴)线

如图 2—10,中阳线与大阳线相比较而言,在形成过程中市场多头力量没那么强势,包含一定程度的实体以及影线,往往是多空力量争夺后的产物,这个过程中空头一直都在与多头争夺空间,仿佛拔河一样的拉锯战,市场空间是在来回拉锯中被多头慢慢攻占,这种你来我往的争夺往往会在 K 线中作为影线来体现。当然,这个过程并不是毫无意义,K 线的收盘形态依然预示了市场的多头强势,后市大概率依然上涨。而中阴线所体现的意义正好与中阳线相反。

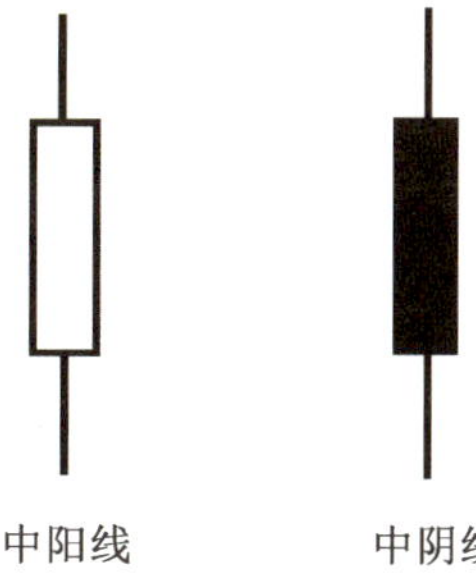


**图 2—10 中阳线和中阴线**

### 3. 小阳(阴)线

如图2—11,这种K线反映出市场交易者浓厚的观望情绪,操作意愿不明显,往往出现在震荡行情当中,多空方向不明确,市场没有资金注入活力,所以盘面也如一潭死水毫无波澜,比如一些国家和地区在节假日停盘休市前;也或者是暴风雨出现之前的宁静,比如即将有较重要数据公布,而这种数据往往会对交易市场产生明显的效应波动,而市场预测又没有明确风向,市场交易者出于规避风险的目的不急于提前入市博弈反而选择静观其变,也会出现横盘现象;还有一种情况,比如市场受到明确数据影响或存有强烈预期,盘面经历长时间大幅的上涨或者下跌消耗掉了多头或者空头的动能,像弹簧一样,压缩或者拉伸到一定程度随时可能反弹时,市场恐惧心理逐渐增强,伴随离场资金越来越多,入场资金越来越少,也会使得盘面出现长时间的横盘调整,等待下一波的市场刺激。

**图2—11　小阳线和小阴线**

### 4. 流星线

如图2—12,这种K线表明在形成过程中,价格先扬后抑,多头做出的努力被空头打压,表明市场空头的强烈意愿和决心。流星线是由较小的实体部分(不分阴阳)和较长上影线来构成的,一般我们认为上影线的长度最好是实体长度的2倍甚至以上,上影线越长,代表盘面的下跌意愿越强,偶尔有较短下影线并无影响。由于这种K线状似一颗流星坠落,所以得名流星线,也因为这种K线形似墓碑,也叫墓碑线。不管这种特殊K线形态叫什么,怎么叫,我们只要知道它所预示的空头意愿即可。

**图2—12　流星线**

任何特殊 K 线都需要配合市场关键位置来进行分析，流星线一般出现在市场的顶部，由于价格遭遇上方关键位置的阻力，使得市场多空双方在关键位附近争夺主导权，而流星线的出现往往表明空头强势，后市有下跌的可能性。

如图 2—13，在欧元 1 小时线级别中，价格向上测试 1.1600 双零整数关口附近压力后被空头打压形成上影线较长的流星线，价格快速走出一波下跌行情。

**图 2—13　欧元双零整数关口的流星线**

图 2—14 欧元行情，流星线收线后直接暴跌。

**图 2—14　欧元数据预期影响下的流星线**

图2—15中，价格第二次试探上方1.1450压力位置，冲高回落后出现了较长上影线的流星线，这是明显做空的信号。

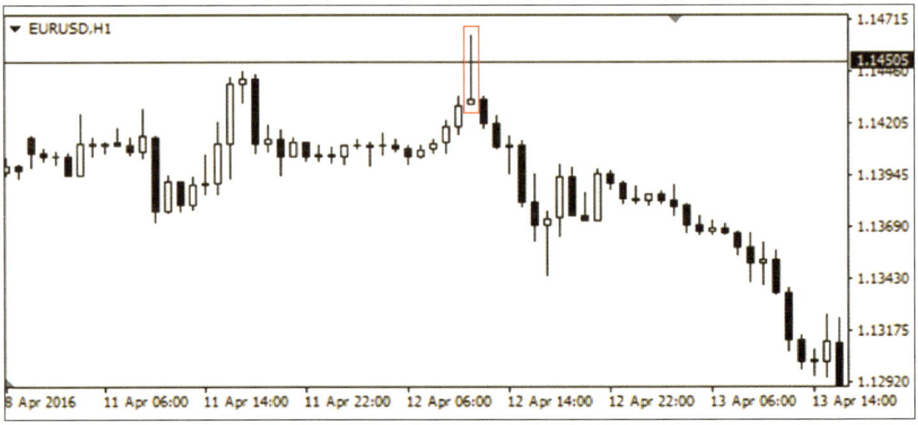


**图2—15　二次试探压力的流星线**

除了水平压力位附近的特殊K线信号以外，下降趋势线的斜向压力附近也经常会看到流星线的做空信号，如图2—16。

**图2—16　下降趋势线附近的流星线**

通过关键位(压力位)附近的流星线判断入场空单的时机，这在交易市场中非常普遍。不同周期形成的流星线，其看空信号的强度是不同的，在越大周期形成的特殊 K 线形态，其表明的信号强度越强。刚开始进入市场的日内交易者，建议观察 1 小时（H1）和 4 小时（H4）级别的特殊 K 线形态，这两个周期的 K 线信号相对比较稳定。再小的周期就不太建议初学者操作了，价格波动较快，容易影响交易心态，只建议作为看盘的辅助周期。

### 5. 锤线

如图 2—17，锤线一般出现在市场的阶段性底部，因为状似一把锤子而得名，实体部分为锤头（不分阴阳），影线部分为锤柄，意义正好与流星线相反，代表价格在底部支撑区域被市场多头力量强拉回来，表明支撑区域附近多空力量胶着，多方暂时胜出，后市行情大概率看涨。锤线的下影线长度最好是实体长度的 2 倍甚至以上，而且下影线越长代表多方的力量越强，如果锤线有较短上影线也不影响判断。

**图 2—17　锤线**

如图 2—18，欧元价格在下跌至 1.0350 附近受到支撑探底回升，在 1 小时线级别里形成锤线后，价格一路上行，给交易者提供了很好的多单进场机会，而且从图中很明显能够看到，这根锤线的下影线非常长，说明市场多头具有顽强的抵抗意图，预示后市上涨的概率非常大。

而在图 2—19 中，欧元价格在前期经历了非常迅速的下跌，连续收出若干根阴线，在触及 1.1200 附近双零整数关口后，虽然 1 小时线级别第一次在整数关口收出锤线后价格没有明显上涨，但是下跌势头有所放缓，说明此时市场多头出现了反抗，并且部分空头可能受到关键整数位置的支撑也选择了获利离场，使得价格在后续收出第二根锤线后一路上扬。（图中带有较短上影线的 K 线也可以看作锤线，同时也可以看作带有长下影线的十字星，后文有对十字星的阐述）

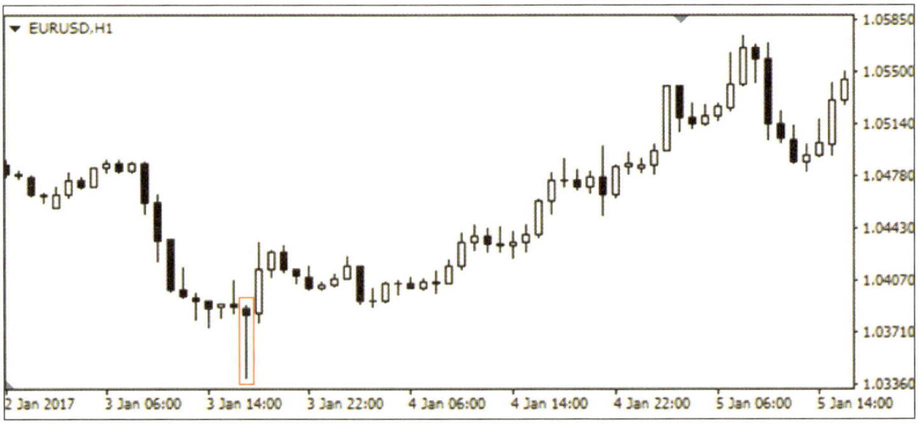


图 2—18　欧元 1 小时线出现锤线

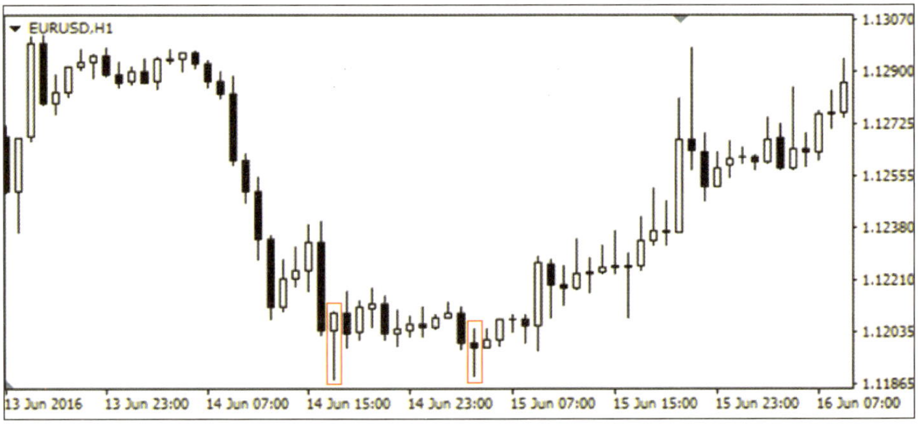


图 2—19　双针探底

注意事项：大多数情况下我们认为流星线是看空信号，锤线是看多信号，但是交易市场当中偶尔也有例外。

如图 2—20，英镑价格下跌触碰 1.4850 支撑，收出了一根状似流星线的特殊 K 线形态，之后便一路上扬。这种出现在市场底部形似流星线的 K 线有另外一个名字，叫倒锤线。我们可以把它想象成倒置的锤子，便于初学者记忆和理解。说明价格在支撑位多空力量胶着,其后的一根阳线代表多方力量暂时胜出,也是后期走势看涨的验证信号,所以交易者如果在支撑位上方附近看到倒锤线,首先想到的是获利空单需要减仓或平仓获利离场,其次可以考虑择机入场做多。

**图 2—20　英镑 4 小时线出现倒锤线**

在图 2—21 中,英镑价格在底部支撑位置 1.5330 一线出现了两根倒锤线,说明市场空头情绪已经转淡,预示多方力量有抬头迹象,交易者在收出一根阳线后则可择机入场多单。

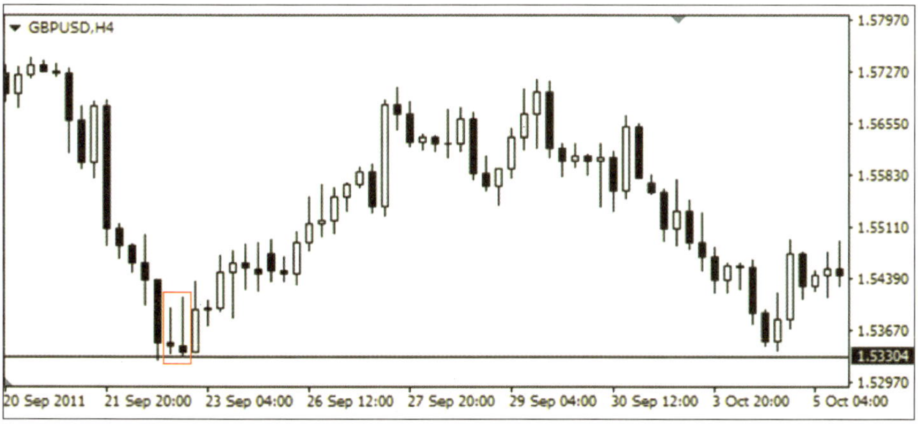


**图 2—21　英镑 4 小时线出现倒锤线**

而锤线也有例外的情况，如图 2—22 所示，英镑价格在上涨至 1.6300 双零整数关口后遭遇阻力，形成了一根类似锤线的特殊 K 线形态后便一路下挫，这种出现在顶部压力位下方附近的“类锤线”是看跌的信号，它也有一个名字，叫吊颈线，或上吊线。说明市场多空力量处于胶着情况，需要后一根 K 线来验证方向，如果后一根 K 线是阴线，则说明空头成了力量争夺的暂时强者，持有多单的交易者需要考虑减仓或平仓离场。如果空仓，可以适当择机入场空单。

**图 2—22　英镑 4 小时线出现吊颈线**

倒锤线和吊颈线在交易市场当中偶尔会出现，需要交易者留意与流星线及锤线的区别，以免混淆。这类线统称为“Pinbar”(Pinocchio Bar，匹诺曹线)，是我们交易系统的重点，我会在后面补充说明。

## 6. 丁字线和倒丁字线

丁字线与倒丁字线如图 2—23 所示。

**图 2—23　丁字线和倒丁字线**

丁字线与锤线的形成走势一致，都属于价格探底回升，只不过丁字线的看涨信号一般要弱于锤线，原因是大多数丁字线在形成过程中，价格波动都比较缓慢，造成了开盘价无限接近于收盘价，使得 K 线的实体部分变成一条横线，如果形成特殊 K 线过程中价格波动较快，一般很难有开盘价与收盘价处于同一价位的情况。如果有丁字线在形成过程中，其价格波动频率较快波幅较大，说明市场多空争夺比较激烈，那么这种丁字线预示的做多信号也极强。反之，倒丁字线与流星线的走势也相对一致，但是其看空信号一般也弱于流星线。

丁字线与倒丁字线用法可直接参照锤线与流星线的用法，在此不赘述。

### 7. 十字星

十字星如图 2—24 所示。

**图 2—24 十字星**

十字星是多空双方博弈势均力敌的表现，开盘价与收盘价无限接近，使得实体表现为一条横线。如果这种特殊 K 线形态出现在阶段性顶部或者底部往往表明局势可能发生转换，也可以叫变盘十字星，但是假如出现在行情中继过程中，则表示市场方向不明，没有任何意义。

除此之外，如果在市场顶部压力附近出现的十字星上影线较长下影线较短，那么预示后续市场走势偏空，大概率下跌；如果在市场底部支撑附近出现的十字星下影线较长上影线较短，那么预示后续市场走势偏多，大概率上涨；假如在顶部和底部出现的十字星上下影线长度相对一致，则需要等待后续 K 线作为验证信号来判断方向。

在图 2—25 中，欧元震荡上扬测试 1.1350 压力，收出若干根上影线较长的 K 线，表明价格上涨的动能可能消耗殆尽，后市风向可能发生转变，大概率下跌，交易者可在十字星收线后激进进场，或在作为验证信号的流星线收线之后择机入场空单。

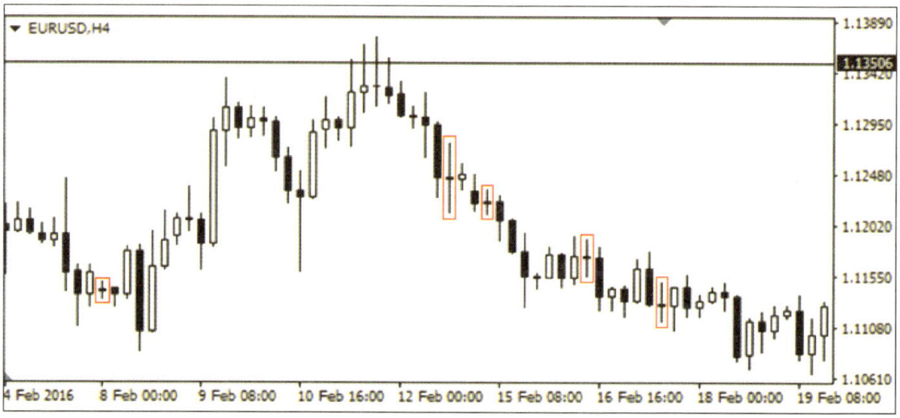


**图 2—25　欧元 4 小时线出现看空十字星和无意义的十字星**

图 2—26 所示，为欧元价格下跌至 1.3450 探底回升，形成较长下影线的十字星，下一根 K 线收阳，说明多空力量胶着后多方暂时占据主导，交易者可择机入场多单。

**图 2—26　欧元 4 小时线出现看涨十字星**

## 2.2.2　双根 K 线组合

### 1. 吞没形态

如图 2—27，吞没形态，是由阴阳不同的两根 K 线组合而成，吞没形态的后一根K线实体要包裹住前一根K线的实体部分，所以也叫“穿头破脚”。看涨吞没，其后面阳线的开盘价要低于前面阴线的收盘价，阳线的收盘价要高于阴线的开盘价，也叫“阳包阴”；看空吞没，其后一根阴线的开盘价要高于前一根阳线的收盘价，阴线的收盘价要低于阳线的开盘价，也叫“阴包阳”。当然，由于外汇交易市场大多数盘面价格都具有良好的连续性，所以我们在汇市当中看到的看涨吞没在一般情况下，其阴线的收盘价与阳线的开盘价是无限接近的（基本持平），而看跌吞没在一般情况下，阳线的收盘价无限接近阴线的开盘价。

图2—27　吞没形态

如图2—28所示，欧元价格在关键支撑位1.1110上方出现看涨吞没后开启了一波涨势，这种形态组合是极强的看涨信号，经常作为预判后市涨势的重要依据。

图2—28　欧元1小时线出现看涨吞没

在图2—29中，欧元价格在上行至某一压力位附近时，上涨动力逐渐减弱，在出现看空吞没，并经过下一根流星线验证之后，价格一路下行。看空吞没与流星线的看跌效力强度一致，是预判后期跌势的重要信号。

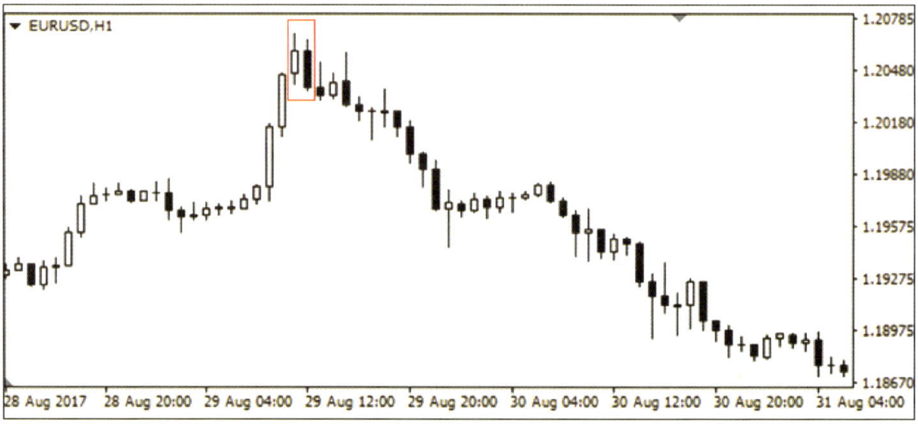


**图2—29　欧元1小时线出现看空吞没**

吞没形态一般情况下只需关注组成吞没的两根K线的实体部分即可，允许伴有较短的上下影线，如果上下影线较长，则需另行考量。

### 2. 刺穿线（看涨）和乌云盖顶（看空）

如图2—30左图，刺穿线，可以理解成是看涨吞没的变体，是较强的看涨信号，也是由一阴一阳两根K线组成，需要注意的是，刺穿线与看涨吞没的区别在于：阳线的实体长度没有超过前一根阴线的实体长度，但是需要超过阴线实体长度的1/2。

**图2—30　刺穿线和乌云盖顶**

如图 2—31，欧元在前期低点的底部支撑位 1.1120 附近出现刺穿线，是明显的看涨信号，后面伴有长下影线的 K 线更进一步验证了后市价格上涨的可能性。

**图 2—31　欧元 4 小时线出现刺穿线**

如图 2—30 右图，乌云盖顶，是看跌吞没形态组合的变体，是较强的看空信号，是由前阳后阴两根 K 线组成，后面阴线的实体长度要小于前面阳线的实体长度，但是需要超过阳线实体长度的 1/2。

在图 2—32 中，欧元价格上行至上方双零整数压力关口 1.0900 后，收出乌云盖顶的看空形态组合，预示后市价格大概率下跌。

**图 2—32　欧元 1 小时线出现乌云盖顶**

实盘操作时，如果底部出现刺穿线或者顶部出现乌云盖顶，交易者在有一定把握的情况下偶尔可以激进入场，不一定非要等待后期 K 线的验证再考虑进场。

因为它们与吞没、流星线、锤线等特殊 K 线形态一样，其信号强度相对较强，配合明显的支撑阻力位置分析后，在风险可控的前提下，为了不错失良好的进场点位，可以适当提前入场。

### 3. 孕线

如图 2—33，孕线，也是吞没形态的变体，看涨孕线的阳线实体长度不能超过前面阴线实体的 1/2，只能代表后市看涨的一种可能性；看空孕线的阴线实体长度不能超过前面阳线实体的 1/2，只能预示后市看空的可能性。孕线仅仅预示后市反转的希望，其预判市场走势的信号强度相对较弱，所以在实盘操作时，它与其他信号较强的特殊 K 线形态不同，必须要等后面 K 线对后市方向的进一步验证才可以入场操作，否则只建议观望。

**图 2—33 孕线**

如图 2—34 所示，欧元价格在下跌至 1.2250 附近后，触底小幅反弹，收出一根小阳线，与前一根阴线形成看涨孕线组合，一般情况下我们不建议交易者此时入场多单，应该等待下一根阳线确认后再择机做多。随后我们发现后一根阳线涨幅相对较大，虽然方向明确了，但是此时入场价位并不理想，那么可以等待价格小幅回调后再考虑入场多单。

图 2—35 中，欧元价格在下降趋势线的压力位附近出现了看空孕线，遇到这种情况，交易者可以等待后一根 K 线收阴之后，直接入场空单。

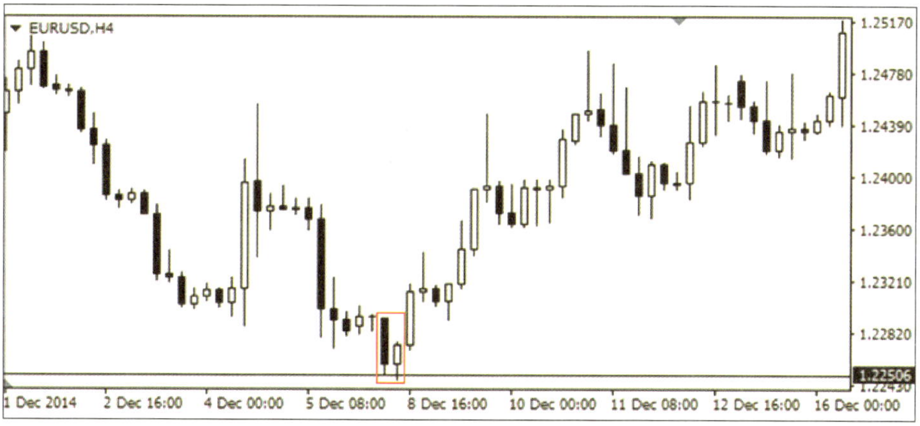


图 2—34　欧元 4 小时线出现看涨孕线

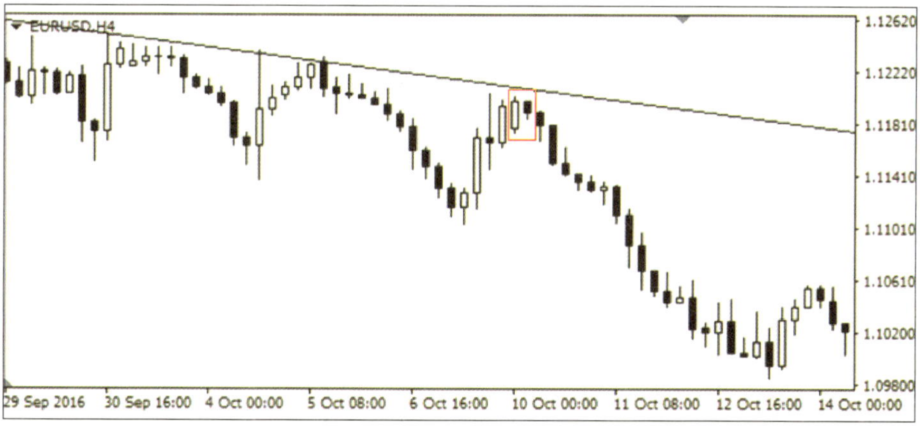


图 2—35　欧元 4 小时线出现看空孕线

### 2.2.3　三根或多根 K 线组合

#### 1. 黄昏星

黄昏星一般情况下是由三根 K 线组合而成，如图 2—36 所示，第一根是阳线，第二根为十字星，第三根为阴线且实体长度超过第一根阳线实体长度 1/2 以上。这种形态组合可以理解为在乌云盖顶或者看空吞没的两根 K 线中间插入了一根代表多空力量胶着的十字星，也属于具有极强信号的看空形态组合。

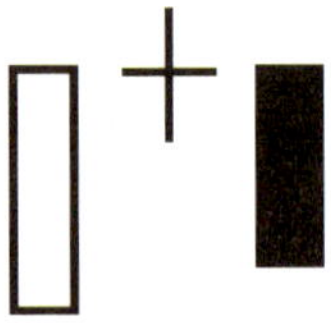

图 2—36　黄昏星

图 2—37 中，欧元价格在向上试探 1.1300 双零整数关口压力后，形成了非常标准的黄昏星，开启了后市的快速下跌。

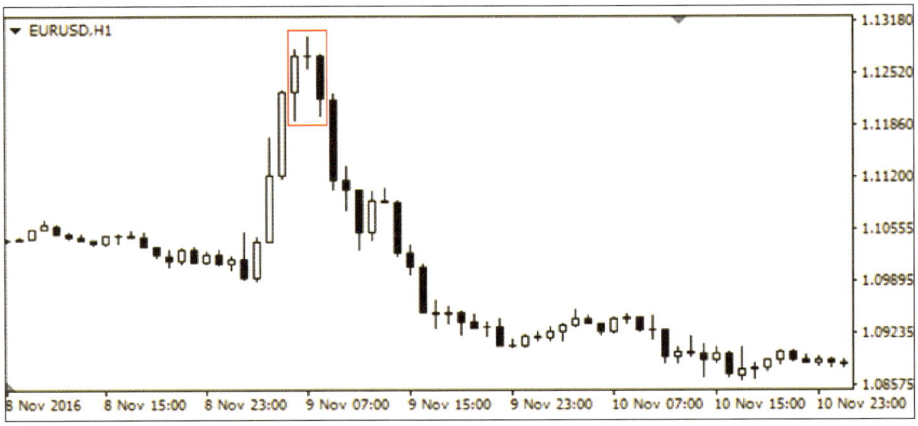


图 2—37　欧元 1 小时线出现标准黄昏星

图 2—38 中所示黄昏星，在交易市场当中非常常见，在阳线与阴线之间出现了一根上吊线，虽然不是十字星，但是也包含了多空双方在关键位置争夺的含义，所以也可以理解为黄昏星；或者单独在顶部出现上吊线的基础上，把后一根阴线当作是对预判空头方向的验证信号。除此之外，中间的 K 线如果是流星线、丁字线等特殊 K 线形态，那么这种 K 线组合也可以理解为黄昏星的变体。

而在图 2—39 中，我们在欧元 1.1490（1.1500 双零压力附近）下方看到的四根 K 线组合，也可以当作黄昏星的变体来看待。第一根阳线看作是多头对冲

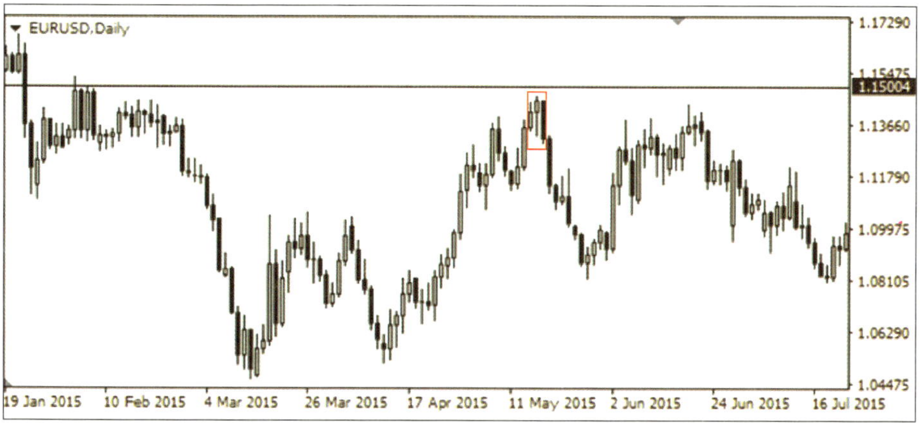


**图 2—38　欧元日线常见的黄昏星**

击上方压力做出的努力，第四根阴线可以作为空头对多方力量的打压，中间的两根小阳小阴线可以理解为多空力量胶着或市场情绪犹豫的体现，这与标准的黄昏星从本质上是没有区别的。

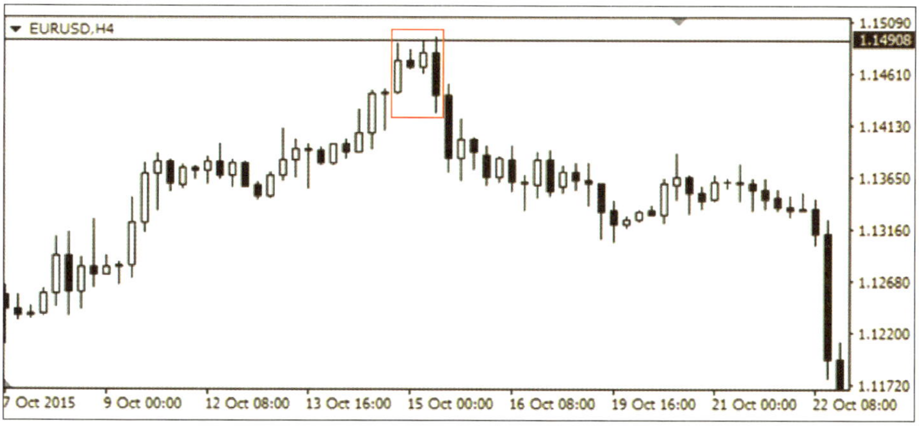


**图 2—39　欧元 4 小时线出现黄昏星的变体**

## 2. 启明星

启明星与黄昏星正好相反，也是由三根 K 线组合而成，如图 2—40 所示，第一根是阴线，第二根为十字星，第三根为阳线且实体长度超过第一根阴线实体长度 1/2 以上。这种形态组合可以理解为在刺穿线或者看涨吞没的两根 K 线中间插入了一根代表多空力量胶着的十字星，是极强信号的看涨形态组合。

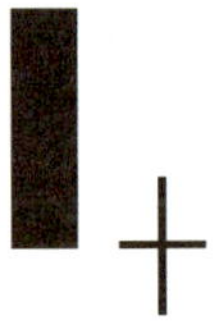


**图 2—40　启明星**

图 2—41 中所示的 2 组启明星，两次在欧元价格触摸 1.0500 双零支撑关口后，都给出了价格上涨的明确信号，尤其是第二次的探底回升，给出交易者的进场点位置更好，形态更漂亮。

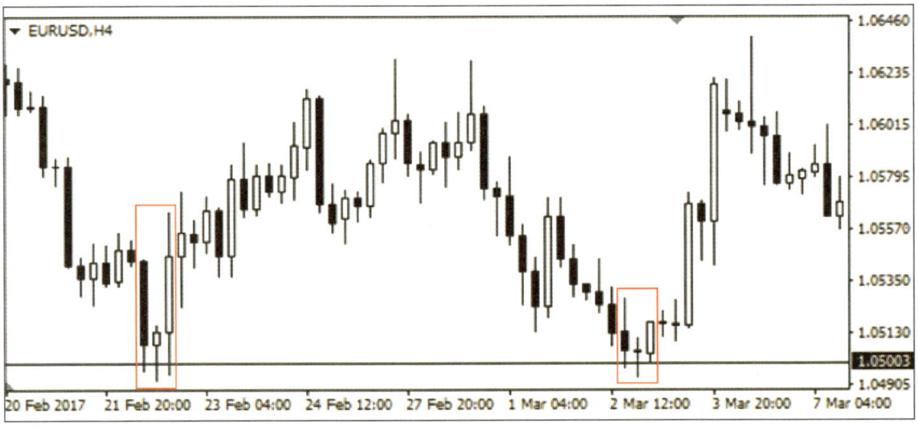


**图 2—41　欧元 4 小时线常见启明星与标准启明星**

### 3. 红三兵与黑三兵

红三兵，一般是由连续的三根阳线组成，代表了多头动能的延续。如图 2—42 所示，第一种红三兵的三根阳线实体长度逐渐放大，代表了多头动能的力量越来越强，上涨势头也逐渐增强，预示后市价格继续上涨的概率较大。如交

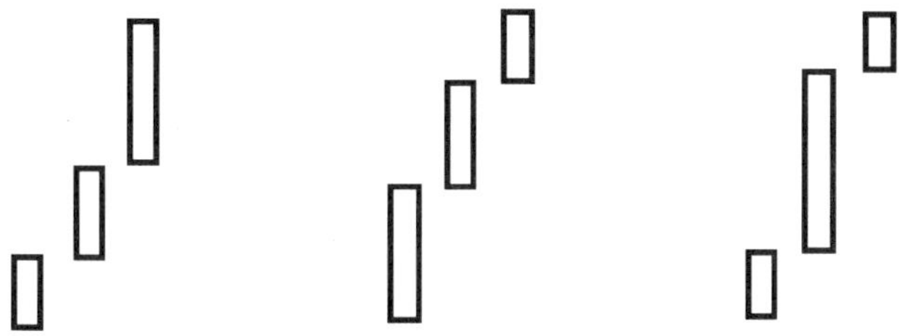


**图2—42 红三兵的三种模式**

易者此时手中持有多单,则可继续持仓观望,直至接触上方关键压力使得价格回调后再行减仓或清仓离场;等待入场操作的交易者则可等待市场回调一定空间后,价格获得支撑再择机入场多单。这种走势一般出现在阶段性市场低点或底部位置的强势反弹初期或是出现在强势多头市场中经过价格回调后多头蓄力的再次上扬,所以经常称之为红三兵的"前进模式"。第二种红三兵则正好相反,是红三兵的"停滞模式",它的实体长度逐渐减小,代表多头市场动能逐渐减弱,之前积蓄的力量暂时得到释放,后期价格走势不明,甚至有可能会随时变盘下跌。此时持有多单的交易者则需要配合盘面上方关键压力位随时准备平仓或减仓,控制风险落袋为安。一般这种走势经常会出现在一波上涨行情的末期(暂时高点)或是在下跌过程中产生的回调反弹中。第三种红三兵为"滞涨模式",第一根与第三根阳线相对短小,中间阳线一般为大阳线。这种走势一般反映了多头市场在经历快速的力量释放,而价格又恰好处于关键压力位下方附近,没有更多的资金入场提振市场信心,使得多头后继无力,市场观望情绪渐浓,后期走势方向不明确,建议持有多单的交易者选择平仓离场观望。

红三兵的三种模式实例分别如图2—43、图2—44、图2—45所示。

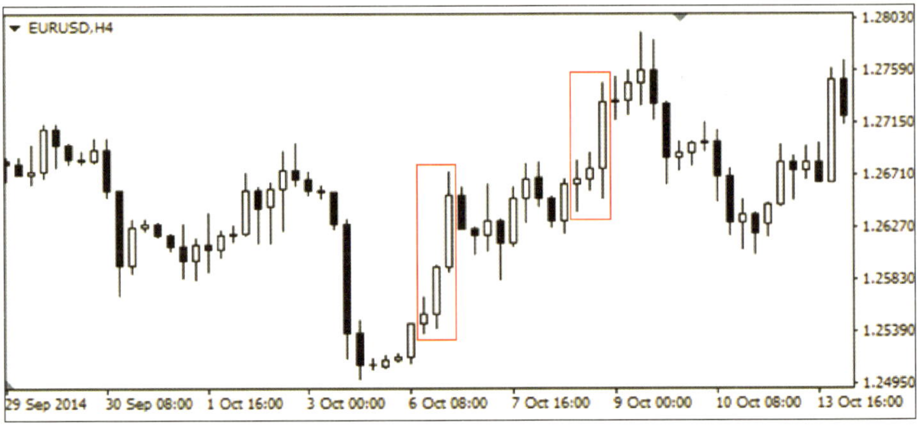


图 2—43　欧元 4 小时线红三兵“前进模式”

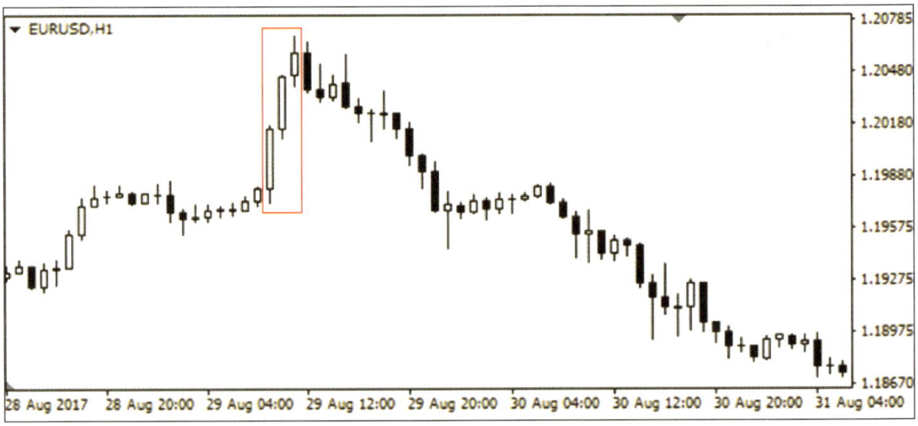


图 2—44　欧元 1 小时线红三兵“停滞模式”

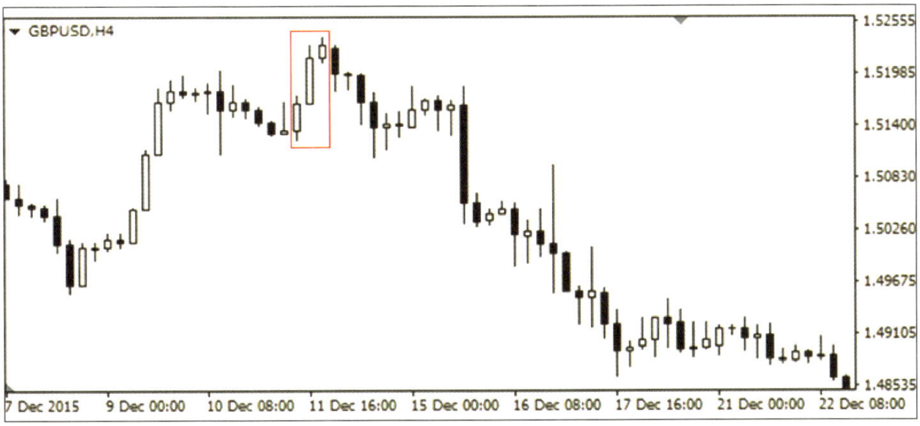


**图 2—45　英镑 4 小时线红三兵“滞涨模式”**

黑三兵又叫“三只乌鸦”，其三种模式的意义与红三兵基本一致，只不过方向相反，分别是黑三兵的“前进模式”“停滞模式”“滞跌模式”，如图 2—46 所示。其实例分别如图 2—47、图 2—48、图 2—49 所示。

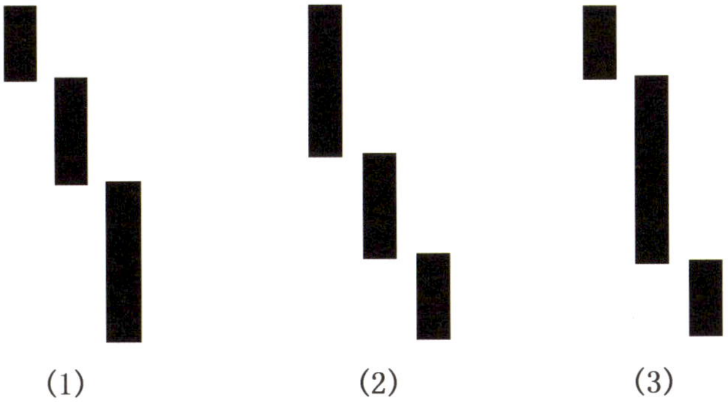


**图 2—46　黑三兵的三种模式**

**图 2—47　英镑 4 小时线黑三兵“前进模式”**

**图 2—48　英镑 4 小时线黑三兵的“停滞模式”**

需要注意的是，任何 K 线形态所表现出的只是一种统计学层面的可能性，依然是大概率事件，很多时候交易者根据 K 线形态技术分析来进行交易计划制定及盘面操作都需要处于常规情况下考量，在非常规情况下（比如数据行情）往往容易出现错误判断，可能会出现一定失误，这个时候就需要交易者多方面多角度进行分析。

**图 2—49 英镑 4 小时线黑三兵“滞跌模式”**

## 2.3 K 线形态的本质

熟悉和应用以上特殊 K 线形态及组合，可以算达到了第一步“看山是山”的程度；如果再进一步体会“看山不是山”的境界，就需要了解各种 K 线形态的本质——价格的运行轨迹。

如图 2—50 所示，在一段 1 小时的价格运行轨迹当中，三波行情的起始价、终点价及最高价都是一致的，但是由于看盘周期的不同，使得交易者观测到的外观形态也有所不同。同样是一波冲高回落的行情，在 1 小时周期看到的是一根流星线；在 30 分钟周期里把这段行情一切为二，看到的就是看跌吞没形态；在 15 分钟周期里把这段行情一分为四，那么可能看到的就是黄昏星。虽然交易者从盘面接收到的 K 线外观状态不一样，但是从本质来讲，其价格运行轨迹是一致的，所代表的含义也都预示了后期空头走势的大概率。

影响 K 线外观形态的原因主要是由于盘面周期的划分，使得盘面截取的 K 线四要素在不同周期里有所区别，所以交易者需要辩证地看。

M 头的走势可以看作是黄昏星，如图 2—51。

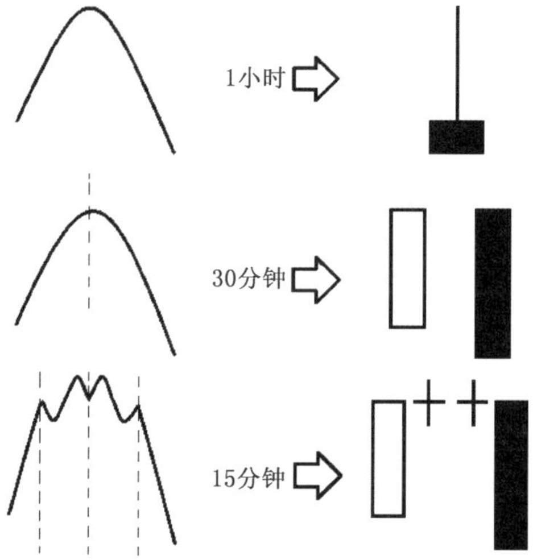


图 2—50 看盘周期与 K 线形态

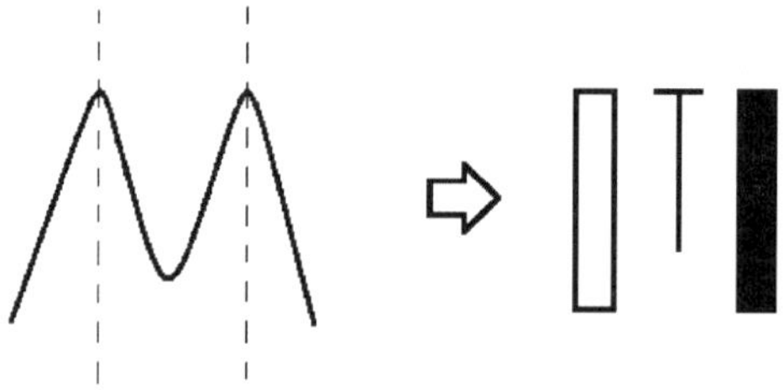

图 2—51 M 头的变体黄昏星

此外,M 头也可以看作两根流星线,如图 2—52。

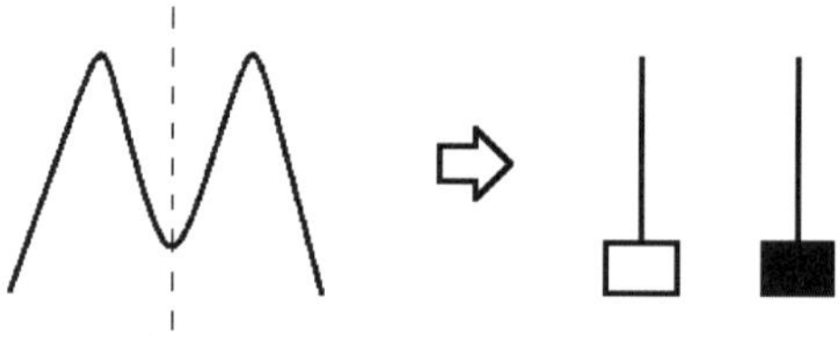

图 2—52 M 头的变体双流星线

反之,W 底可以看作是启明星,如图 2—53。

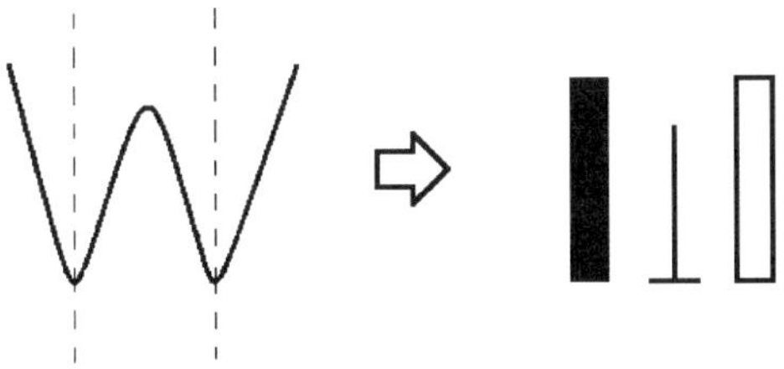

**图 2—53 W 底的变体启明星**

W 底也可以看作是两根锤线,如图 2—54。

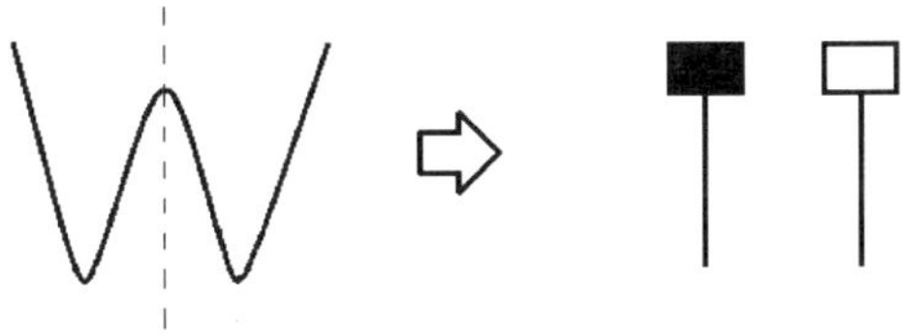

**图 2—54 W 底的变体双锤线**

在学习 K 线的过程中,我们不能“想当然”,别人讲什么就是什么,听什么就信什么;或者拿来主义,死记硬背直接就用,只观其形而不领其神;更多的是需要我们去灵活思考、去认真探索、去仔细求证,这样才能寻找到符合我们自身的交易体系和交易习惯。

# 第 3 章　交易系统详解

交易系统之所以称为交易系统，是因为它是一套完整的交易解决方案。

大家都知道，一个软件操作系统，比如说苹果的 iOS 手机操作系统，它的功能是十分强大而且非常全面的。它不但自带功能强大的软件，并且支持其他外部软件进入，多样化功能体现得淋漓尽致。比如说拍照，附带的各种美图、滤镜、人像、视频编辑等功能不仅全面，而且用户体验极佳。

这就是一个系统，几乎解决了我们能想到的对手机的各种需求，也能解决我们可能遇到的问题。

城市的防汛也是一套系统。上海的防汛系统就很好，无论多大的暴雨，上海几乎没有被淹过。而国内某些城市的防汛可能就不如人意了。其实几十年前上海也一样，下大雨的话许多街道都淹水，这对于整个城市来说非常糟糕，淹水后人民群众的损失更大。一旦暴雨，4S 店的生意会一下子好起来，因为车子淹水后很容易出现故障，这个时候保险公司会因为大量的保单而损失惨重。

系统性的应对方案比信手拈来的随机应变有着绝对优势。一套适合你的交易系统是成功交易的必要条件。这个交易系统并不是一成不变的，而是适合你自己个性的，有完善的交易思想、细致的盘面分析和具体操作方案的。在风险市场的赢家都有自己的交易系统，因此寻找适合自己的交易系统与完善自己的交易系统，是专业交易者的一生几乎每天都在重复的一件事。

## 3.1 什么是交易系统?

什么是交易系统?交易系统是一套完整的交易规则体系。设计良好的交易系统,必须对投资决策的各个相关环节做出相应明确的规定。这种规定必须是客观的、唯一的,不允许有任何不同的解释。它必须符合使用者的心理、投资标的的状况以及资金的风险管理要求。

交易系统的优点在于它的完整和客观保证了交易结果的可重复性。从理论上来说,对任何使用者而言,如果使用条件完全相同,则操作结果完全相同。系统的可重复性即是方法的科学性,系统交易方法属于科学型的投资交易方法。

大部分投资者往往把决策的重点放在对市场的分析和判断上,这是有失偏颇的。成功的投资不但需要正确的市场分析,而且需要正确的风险管理和心态。三者之间心态最为重要,其次是风险管理,最后才是分析技能,即所谓的3M系统(Mind、Money、Market)。如果用一个数值来估计,对市场的盘面分析在一笔成功的交易中最多只占30%。被大多数交易者忽略的东西,才是投资行为中的决定性因素。市场分析是管理的前提,只有从正确的市场分析出发,才能建立起具有价值的交易系统,风险管理才能发挥其最大效用,而心态正是两者的联系桥梁和纽带。一个人如果心态不好,则往往会偏离严谨的市场分析方法,以主观愿望代替客观分析,也常常会忘记风险管理。

交易者若想持续稳定地盈利,必须解决这两大问题:

(1)如何在高度随机的市场价格波动中寻找非随机的部分;

(2)如何有效地控制自身的心理弱点,让自己的理性决策得以执行。

很多投资家的实践都证明,交易系统在上述两方面都是交易者的有力助手。

大多数新手在进入市场的时候,对市场的认识没有系统的观点。很多交易者根据对市场的某种认识,就片面地承认或否认一种交易方式的可行性。如果要确定某个交易方式是否可行，必须通过大量的数据统计来计算和判断，并不是简简单单地主观判断就可以的。在设计我们自己的交易系统的时候会考虑各个方面，每一种可能发生的情况，以及对于出现的交易信号的判断和评价方法，都可以帮助交易者更加理性地评价一个交易方式的优劣。多一些客观，少一些盲目。

交易系统还可以帮助投资者有效地控制风险。实践证明，不使用交易系统的投资人，难以准确而系统地控制风险。没有交易系统做指导时，投资者很难评估每次交易所承担的风险，和交易对于账户整体的影响。而交易系统的使用，可以明确地告诉投资者每次交易的预期利润率、预期损失金额、预期最大亏损等，这些都是投资风险管理的重要参数。

帮助交易者有效地克服心理弱点，让交易者面对市场时有更好的心态，可能是交易系统的最大作用。交易系统使交易决策的过程更加程序化、公开化、理性化。交易者可以从由情绪支配的模糊状态的选择转变为有理有据的选择状态，即单纯判定信号在我们交易系统中的优劣，以及执行信号所预设的交易策略。

完整的交易系统包含：

(1)标的——交易什么；

(2)仓位——持仓多少；

(3)方向——做多还是做空；

(4)入场点——在什么价位交易；

(5)止损 ——何时退出亏损的持仓；

(6)止盈——何时退出盈利的持仓；

(7)对策——如何应对突发情况；

(8)后手——交易结束之后的操作。

### 3.1.1 标的——交易什么

第一项决策是买卖什么产品：是股票还是期货？是债券还是外汇？或者本

质上在何种市场进行交易？如果你只在很少的几个市场中进行交易，你就大大减少了获取盈利的机会。而且，如果一个市场的交易量太少或者趋势不明朗，我建议观望为主，而不要轻易就进场。因为进去容易，出来难。下单可能只要鼠标点一下就可以了，但是长时间地被套是我们任何人都不愿意看到的。

有人对A股有抵触，认为行情太坑；也有人对期货有抵触，认为有杠杆，风险太大。其实在我看来，任何市场都有可以做的时候，我们不要轻易放弃一个市场，也不要死盯着一个市场，太过固执。在2011年的时候我们公司一直在美股市场里交易，当时收益不错，很多个股的机会都非常不错，如果交易员一个月能做到1—2只股票的行情，每个月盈利2 000美元不是大问题。那个时候刚开始交易这个成绩已经相当不错。但是到了2011年下半年，我们整个公司都感觉美股越来越难做，一是个股的机会越来越少，二是行情趋于稳定，短线获利不易，而中长线获利比较稳定。我们公司做的是日内交易，无法持仓过夜，所以获利越来越难。此时一部分交易员转向了加股市场，反而加股的情况更加适合我们日内交易员，为此我们集体转向了加股，而暂停了美股交易，业绩也比之前更好。

“股神”巴菲特是投资的好手，但是他不局限于美股，在港股上也有所斩获，比如买入比亚迪和中石油，而且还在2015年抄底当时暴跌的原油，半年不到原油又翻了一倍，令人不禁赞叹：股神就是股神！有好的机会绝对不会错过。“金融大鳄”索罗斯，成名是1998年金融危机，横扫东南亚各国货币。量子基金在外汇市场简直如传说一般神奇。但是索罗斯不仅仅只做外汇，他在期货和股票市场同样表现不俗。

所以我希望大家不要拘泥于某个市场，也不要随便放弃某个市场，我们每天只要多花几分钟的时间看看相关的走势和新闻就可以了解大致的行情。这样做一是不会让我们对某个市场生疏，二是如果发现有好的机会可以随时杀回去。在一个市场行情低迷的时候，我的建议是观望，而不是勉强去操作。观望，是指要定时间去看盘的，而不是直接退出。这两者之间的差别是很大的。国内许多投资者就是只做A股，然后A股低迷的时候，就直接撒手不管了，那这样的话行情起来的时候你也未必能把握住。“机会是给有准备的人的”，如果你连介入的准备都没有做，谈何翻身呢？只怕下一次 A 股大牛市，你也未必能盈利。

### 3.1.2　仓位——持仓多少

有关持仓的策略绝对是基本的，然而，通常又是容易被大多数交易员曲解的。持仓量既影响多样化，又影响资金管理。多样化就是努力在诸多投资工具上分散风险，并且通过增加抓住成功交易的机会而增加盈利的机会。正确的多样化要求在多种不同的标的种类上进行类似的交易。资金管理的一个重要目的就是为了让交易者不要太过重仓，因为太早就用掉手上的资金是不明智的，我们可能会因为重仓某些垃圾标的而错失买入其他优秀标的良机。

持仓量是交易中非常重要的一个方面。我接触的很多新手都喜欢在某一种交易中冒太大的风险。特别是 A 股交易，因为没有爆仓一说，所以他们肆意妄为地重仓操作。即使他们的交易系统在其他方面都很完美，这也大大增加了他们亏损的机会。

### 3.1.3　方向——做多还是做空

方向是我们能否盈利的关键因素，如果脱离这一点，那么其他的因素基本上只是在减少亏损，盈利基本上无从谈起了。不过话说回来，不是说你判断错了方向就没有可能盈利，也不是说你判断对了方向就一定会盈利。交易永远是一个没有确定性的事情，在这个层面上多或者空没有绝对的正确与错误，只是我们应该遵循自己的交易系统给的方向，哪怕它连续亏损了几次，也不能就此证明你的交易系统是失败的。

一个交易系统在选定周期内对于方向判断的准确性直接影响了交易者的盈亏。在正常的盈亏比之下，我们对于方向的把握不单影响了账户的资金，也同时左右着交易者的心理。

### 3.1.4　入场点——在什么价位交易

入场点的好坏对我们的交易有着巨大的影响。完整的交易系统应该有细节是关于如何进场的，这些细节约束着我们的交易，同时也优化着我们的进场点。

比如说同样是一个交易信号，A 选择收线破位入场，他拿到的价位是 10.80；B 选择等待回调入场，他拿到的价位是 10.70，那么只差了 0.1，会有什么不同吗？如果行情直接昂头直上，当然没有任何问题。但是如果行情一直徘徊，开始震荡呢？由于价位较好，那么 B 在 10.75 左右认为行情短期出了点问题，不能持有了，他可以立马平仓出场。不但没有损失而且有一点点盈利。但是 A 如果要走，10.75 这个价格他是没有办法获利出局的。这时候 A 就陷入了两难：走，就要亏钱；不走，就继续套着，而且亏损有可能会扩大，尤其是信号所预期的行情没有第一时间走出来。

入场点的好坏还能够帮助我们提升成倍的利润。在同一个空间里，如果说入场点可以优化 $X$，那么，我们所面临的止损就少 $X$，而盈利就多 $X$，如果我们固定每笔交易的亏损，则可以得到一个公式：

$$P = A \times B$$

其中，$P$ 代表利润，$A$ 代表固定止损下的仓位，$B$ 代表入场点到目标点的点数。如果说，我们优化了我们的入场点，那么 $A$ 会变大，$B$ 也会变大，此时，$P$ 就是几何倍数般的增长！

举个例子，如果我们本来要止损的点位是 40 个点，目标点位是 60 个点，但是由于我们的耐心等待，我们拿到了只要 20 个点的止损的入场位。此时，我们的仓位 $A$ 翻了一倍；我们的盈利空间 $B$，是增长了 33%，那么综合算下来：

$$P' = 2A \times 1.33B = 2.66P$$

也就说，如果交易顺利，我们的获利将是之前较差入场点的 2.66 倍。关于入场点优劣的具体细节，我在后面的章节中会详细介绍。

### 3.1.5　止损——何时退出亏损的持仓

长期来看，不会止损的交易员注定会失败。能扛过来的毕竟是少数，多数是扛不住而选择割肉的。但是我感觉让别人割肉是最难的，反而告诉一个被套的股民让他继续持有他会很高兴。一旦被深套，想要解套的话没有一定的“壮士断腕”的勇气是不行的。通常被深套发生在股市，因为没有爆仓风险，所以很多人喜欢硬扛。原本计划的短线变中线，中线变长线，而且有人会选择用“摊薄成本”法来低位加仓，以便于自己的解套。这类人更加牛，可能超过了长线的范畴，而进阶成“股东”……

如果我们按照交易系统来操作的话，其实止损应该在我们入场之前就已经设定好了。没有止损，交易是无法进行的。有持仓，就必须有止损！

### 3.1.6 止盈——何时退出盈利的持仓

何时盈利平仓的问题对于收益是至关重要的。

市场有的时候很小气，说到前高就到前高，一个点都不给；有的时候又很大气，突破前高之后一路飙升，马不停蹄！我们的交易系统说到底是死的，但是市场却是无常的，它可以随心所欲地走出任何走势，完全不用考虑任何问题。但是我们不行。我们要想在这个不确定的市场盈利，就应该有一套确定的、稳定的盈利模式。

我们通常的目标位都是一些关键位，那么我们的目标位就应该完全等于关键位吗？

请给市场留一点空间。价格绝大多数时间都会去试探下一个关键位，但问题是它怎么去试探？用何种方式去试探？是正好打到关键位，还是差一点没打到就拐头，还是突破关键位？这是我们不得而知的。所以，我们要留一点空间给市场，以便我们在市场走势对我们最不利的时候，我们也能够顺利离场。

说白了，不管对于止损还是止盈，我们都应该考虑最悲观的情况。

### 3.1.7 对策——如何应对突发情况

一笔普通的交易无非是：入场—出场。但是往往有很多突发情况或者我们没有考虑到的情况发生。比如说，我们在持仓期间又看到了一个信号，这个信号所指的方向和我们入场的信号相左，此时我们该如何操作？是减仓，还是直接平仓？或者说直接反手进场？又或者干脆无视？这些都是我们在日常交易中很容易发生的情况，交易员对此应该要慎重地考虑，并且在自己的交易系统中加入对这些情况的操作准则。

我们的交易不会永远一帆风顺，遇到困难在所难免。请记住：突发情况会一直伴随着市场，想要泰然处之就必须事先做好应对方案，而不是临时抱佛脚。

### 3.1.8　后手——交易结束之后的操作

后手，是指交易结束之后的操作。通常情况下我们一笔单子离场就说明到了一个临界点：要么多转空，要么空转多；或者是我们认为盈利空间已经到底了，所以我们选择离场。其实认真想想，我们离场的时候，可能是另一个不错的入场点。此时我们是否要采取行动，或者要不要结合之前的交易来进行评判分析，应该加以思索。

如果我们的一张多单拿到了前高位置，顺利止盈出场，而此时，价格开始拐头向下，那我们要不要考虑进空单呢？

或者我们进场了一张空单，结果价格往上走，创了新高，我们止损出局。这个时候，其实价格的多头已经表现得很明显了，那是不是要考虑多单入场？

一套完整的交易系统，应该包含着详细的后手准则。特别是止损之后，大家的心态很容易变坏，出现报复式的反手操作，结果来回被洗，苦不堪言！

## 3.2　建立交易系统

在每个人建立交易系统的时候，都有必要回答下面的问题：

### 3.2.1　你有多少资本？

这里是指你自己愿意投入市场的资金量。这笔钱应该是在生活中不需要用到的，是实实在在的“闲钱”。如果你有100万元，但是你觉得自己最多承受20%的损失，那么请只拿出20万元就可以了。不要相信你自己可以真的做到

20%就止损，所以就拿100万元来交易。市场上的突发情况太多，再加上人性的各种弱点，很难坚决执行。所以，能够承受多少资金损失，就拿多少资金交易。如果你的纪律已经非常严明，而且有较多的实盘经验，真的可以做到"计划你的交易，交易你的计划"，那么就可以根据自己的计划来拿出相应的资金操作。

### 3.2.2　这些资金短期内会被用到吗?

资金在你交易的过程中势必会躺在你的账户里，无法取出，也无法挪作他用。所以这个问题的答案直接影响了你的交易周期。如果说这笔资金完全不会被用到，那么你可以用来做任何周期的交易，包括可能持仓数年的长线交易。但是如果这笔资金可能随时有用，那么交易者可能就只适合短线交易。

### 3.2.3　你每天在交易上花多少时间?

如果你每天都可以花大量的时间看盘、复盘、分析，那么你几乎可以做任何周期的交易。不过个人建议这类朋友以中短线为主，不然基本上不需要每天都分析股票和行情。如果每天只有很短的时间看盘，或者一周都可能不看盘的话，那么中长线交易是比较适合的。

### 3.2.4　你的学习、接受能力如何?

你的学习和接受能力将影响到你所接触的交易系统。如果这两项能力非常强，可以尝试较为复杂的交易系统，也可以多多尝试不同的交易系统。当然，我并不认为交易系统知道得越多越好，有时候不同交易系统给出的信号方向会相反，这样反而影响我们的判断和执行。

### 3.2.5　你的自控力强吗?

一个人的自控力往往决定着他的成败。自控力优秀的人在金融市场往往做得比缺乏自律的人好，光有好的交易系统而没有执行的人，那就等于竹篮打水一场空。所以为了防止由于自控力较差而导致亏损的情况，我们建议自控力差的交易员采用较为严苛的交易策略，无论入场还是止损止盈，都要严格按照要求来执行；而自控力优秀的交易员所采用的交易系统可以灵活一些。

### 3.2.6　你能忍受多大的资金损失？

风险越大，收益越高。在这个市场，我们能够接受的盈亏比至少是 3：2，也就是说，如果你预计了 10%的亏损，那么我们预期的收益应该在 15%以上。

同时，如果愿意接受较大的资金损失，则可以选择的交易标的也更多。你不可能说我只愿意亏损 5%的本金，而去炒风险较大的期货。由于自带较高杠杆，在期货市场 5%的盈亏可能就是几个交易日的事情。

### 3.2.7　你对你将来的收益期望是多少？

这个问题和上一个问题相互呼应。不要试图四两拨千斤，这种事情只出现在传说中或者电影中，正常的盈亏比都是比较相近的。对于老手可能会比较高，但是作为新手，我个人建议入市的第一年，先超过大盘指数即可。

回答完这些问题以后，我们的交易系统雏形就可以建立了。

比如 S 说：我有 30 万元闲置资金，5 年内不会用到，每天只有 30 分钟时间看盘，因为我是在读研究生，我的学习能力较强，具有较高的自律能力，我能接受 20%的资金回撤，希望有 40%的收益回报。

那么适合 S 的交易系统就是：具有平均每年 40%以上收益率的稳定的中线交易系统，适用的 K 线周期是 4 小时和日线级别，且具有较为灵活的交易策略。适合交易标的是股票和期货。这个是一个框架，定下框架之后，我们就应该往里面填充内容。可以是本书讲到的裸 K 线交易法，也可以是均线交易系统，也可以是 MACD、KD、RSI、布林等技术指标系统，只要是你能获得盈利的方式方法，都可以放到这个框架内。

## 3.3 注意事项

### 3.3.1 注意盈利预期

不同的资金起点,有不同的得失。比如100万元与3万元,同样是一年翻一倍,其交易过程是不一样的。100万元的投资者,哪怕收益目标降低到一年10%,收益也有10万元,而3万元的账户必须要翻3倍多才能达到这个盈利。其心理要求和技术要求就会大幅度地提高。因此,导致了不同的交易系统性质,100万元的投资方案可能更加看重中线交易系统,3万元的投资方案则可能看重短线交易系统。

### 3.3.2 注意风险管理

在交易系统出现信号时,因为必然存在不确定性,就需要资金管理来将不确定性降到最低,这个属于交易系统的风控部分。很多时候多5个点的止损就可能让一笔原本要被止损的交易"起死回生",止损的设置是一笔交易的关键。有时为了能够把止损设定得比较适合,需要控制自己的仓位,以便符合自己的风险管理计划。一个可以达到60%成功率的技术交易系统,如果加入风险管理,可以提升到70%,那么,这个技术交易系统的成功率就是70%,而不是60%。

### 3.3.3 注意优势趋势

你的交易系统就是你的技术核心。每一个人的交易系统都有区别,操作方法也是多种多样。没有人敢说自己的交易系统就一定优于其他人的交易系统。偏向于震荡的交易系统在趋势不明显时可以大显身手,甚至获得巨大的收益,但是到了单边市场,可能会连连吃亏;反观抓突破和单边的交易系统,虽然在横向市表现欠佳,但是在单边趋势行情中的表现却远高于其他交易系统。所以尽量让自己的交易系统同时适合两种不同的走势。

### 3.3.4　注意应变方案

在交易系统出现信号时，介入交易。后市交易系统跟随价格波动时是否有变盘的可能存在，如果行情走得比较稳定，该止盈就止盈，该止损就止损；如果出现反向的信号，即刻止盈，或者反手。因此，好的交易系统，还应该有配套的好的趋势跟踪策略存在，以决定趋势的终结，以便保住利润，减少损失。

比如说我们设定我们的交易系统：如果出现反向的信号，对其进行研判，如果反向信号非常明确，就立刻平仓离场，不管此时单子处于盈利还是亏损。然后再根据交易系统反向入场，并设定好止损和止盈。

技术分析只是交易系统的一个部分，而不是全部。当盘面出现信号时，交易系统只会帮你判断这个信号的好坏以及判断未来交易可能带来的得失，并不是在做决策，最终决定一笔交易是否执行的还是交易员自己。

交易系统就像武功一样。同样的武功，不同的人练，可能就有不同的效果。有人基因适合运动，可能就练得比较好，有人非常懒惰，可能练得不好。你不能因为有几个人练得不好就说这个武功有问题。一样的道理，有人适合太极，有人适合咏春。两个人决斗可能分出胜负，但是你不能就此判断到底是太极更强还是咏春更强——因为个人只能代表自己，无法代表所有人。

我们如果想要找到适合自己的交易系统，就必须搞清楚自己的风格是什么，然后决定自己的技术分析重点，是裸 K 线，还是形态，抑或是哪个技术指标，只要能帮你盈利，都可以成为我们在市场获利的利器。在确定了我们的交易系统之后，我们要做的就像练武功一样，对它进行练习。世界冠军都是练出来的，你想做得好，难道不需要练习吗？

# 第 4 章　神奇的 Pinbar

这一章我们要正式开始接触裸 K 线交易法了。我们先来认识一下裸 K 线交易系统的最重要的信号：Pinbar！

## 4.1　什么是 Pinbar？

Pinbar 是一种特殊的 K 线形态，就是之前给大家讲的“锤线”和“流星线”。通常情况下，大家给 Pinbar 有如下定义：

(1)影线是实体的 2 倍以上；

(2)没有反向影线或者反向影线很短；

(3)如果出现在行情的末端，可能预示着行情的反转。

图 4－1 是一个阳线 Pinbar，我没有说 Pinbar 一定是阳线，这里只是给大家看一看的例子。其实，Pinbar 的实体收阴线还是阳线对我们的交易影响不大，这里是说不大，并不是没有影响。

从上述三个基本含义，我们就可以得知：单根 Pinbar 本身就是一个反转信号。这个知识点在其他的书籍里也经常看到，而且 Pinbar 还有点和其他 K 线不太一样的意义：如果是丁字线，那么就算它处于行情的高位，也同样认为是行情反转的信号，这点大家一定要知道。

这个定义可以定义市面上绝大多数的 Pinbar，但这不是我的定义。我对

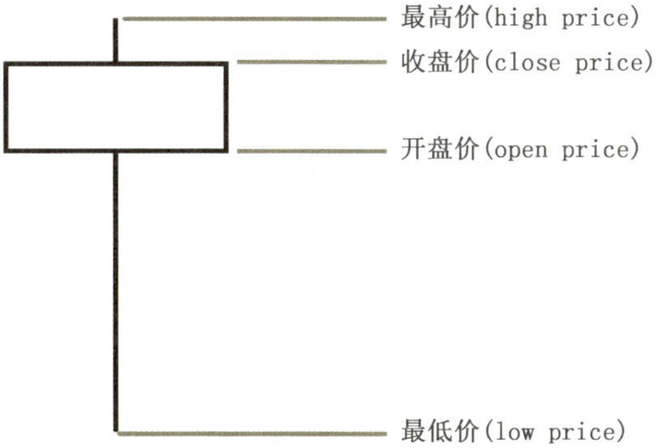


**图 4—1　Pinbar 示例**

Pinbar 的定义可能更加简单、直接：

主影线长度超过整个 K 线长度 2/3 的 K 线，就是 Pinbar。

可能乍看之下和第一条差不多，其实不然。我给 Pinbar 的定义虽然只有一句话，但是却有更严格的规定，因为不仅限制了实体的大小，还顺带把影线的长短也限制了！

如图 4—2，Pinbar 的讨论，我们主要集中在主影线和实体上，副影线如果太长，我们就不认为它是一个有效的 Pinbar。

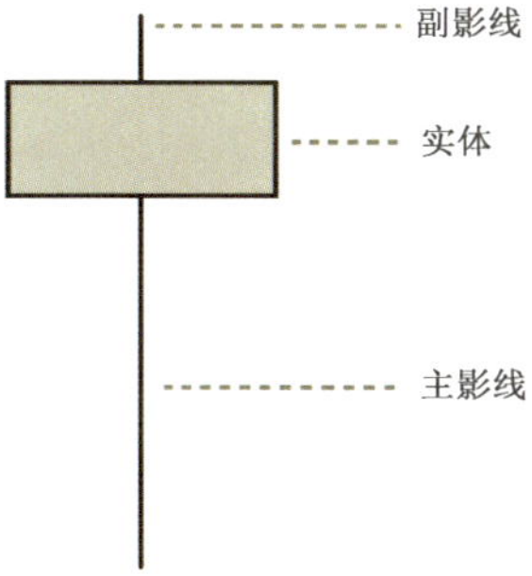


**图 4—2　Pinbar 中实体与影线关系**

我们来看一下例子。如图 4—3，这就是一个否定的例子，因为副影线太长，而看起来像一个“螺旋线”的 K 线，并不是我们所需要参考的信号。

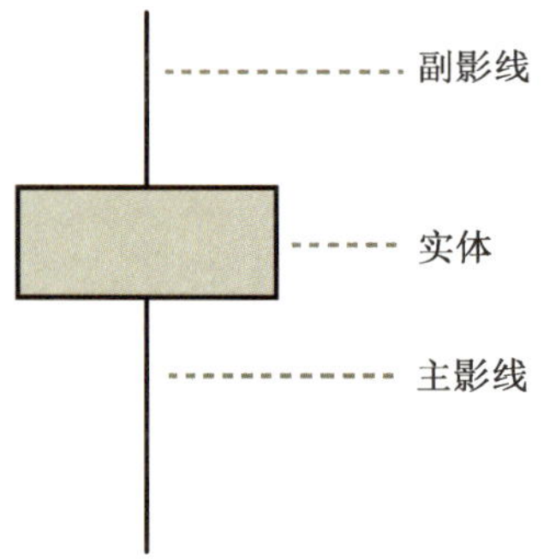


图 4—3 副影线太长

还有另外一种情况。如图 4—4，这种线，主影线和副影线都看上去还行，但是就是实体有点太大，而这种线其实是中阳线或者中阴线，也不是我们所需要的 Pinbar 信号。

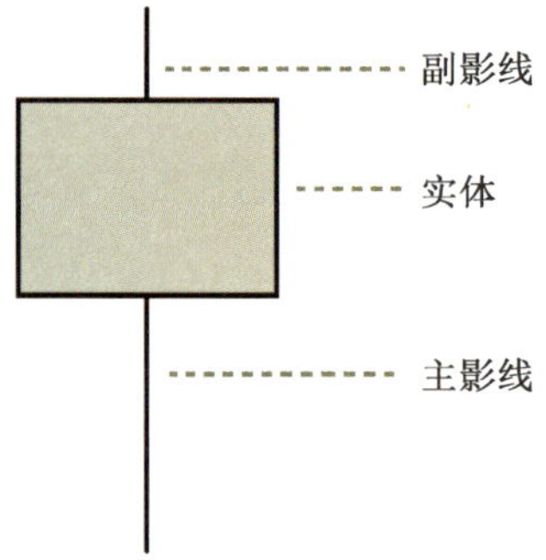


图 4—4 实体太大

如图 4—2 所示的 Pinbar，才是比较好的 Pinbar，是我们寻求的交易信号。这里对于实体的要求并不高。但是实体依旧是我们需要考虑的一个点，因为实体的大小和阴阳会影响到收盘价位于 Pinbar 长度的百分比位置，而收线位置又是比较重要的一个参考点。

我们的裸 K 线交易法是以 Pinbar 为核心信号的一套交易系统，Pinbar 的重要性显而易见。当然，我们并不是仅仅只参考 Pinbar，还有其他非常多的限定条件，如果只靠 Pinbar 进行操作，那么整个交易的成功率恐怕是不能保证的。

Pinbar 就像是一架战斗机，在战场上有着举足轻重的作用。但是只有战斗机，是不可能打赢战争的。我们还需要很多很多东西，比如说我们的指挥者，还有我们的驾驶员，飞机坏了还需要维修人员去修。这些都是必不可少的配套设施，如果某个环节出了问题，那么都可能导致我们打输战争。

作为一个交易系统，信号和操作的方式方法还是其次，最重要的还是操作的这个“人”，即我们交易员自身。如果我们对于市场的理解足够到位，对于交易系统的理解足够透彻，那么 Pinbar 在你手中绝对是一把“神器”，简直就是送钱的信号；但若我们对于交易的理解不够，心态也不够成熟，那么 Pinbar 对我们来说，也是“送钱”的信号！

## 4.2　Pinbar 的核心意义

其实真正的 Pinbar，不仅仅是一种 K 线形态，对于我来说，它更像是一个概念。

请大家思考一下：Pinbar 这样的 K 线是怎么样形成的？

这个问题非常有必要，以后我们可能会时常用到 Pinbar，也需要每天都看着 Pinbar，寻找着 Pinbar，所以花一点时间去了解这个信号的成因和内涵是很值得的。

我们来看看一个 Pinbar 的行情分解图，如图 4—5 所示。

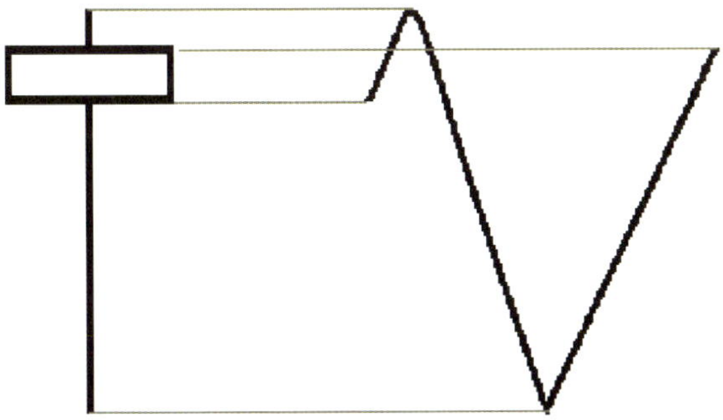

**图 4—5　Pinbar 的行情走势**

这是一个阳线 Pinbar 的行情走势示意图，那么大家可以清晰地看到，这个时段的行情是有一波较大的震荡的。那是不是就这一种情况呢？不是的，一根 K 线收了线，就有无数种可能的走势。比如说我们看图 4－6。

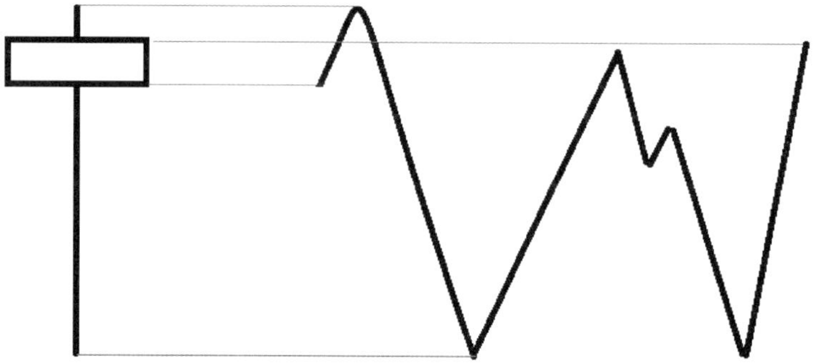

**图 4－6　同一个 Pinbar 不同的行情走势**

同样是这个 Pinbar，它的走势有可能是这样子的。甚至有可能在从高点到低点之间来回震荡了好几次！只要 K 线的四要素不变，K 线的形态就是固定的。

所以，Pinbar 必然是一个战场，一个多和空激烈争夺的战场。这场战斗可能从开盘价和收盘价来看没有得出明显的结果，但是就分析行情轨迹来说，我们心里应该已经有谱了。一方势力从强盛到衰弱，而另外一方却是由衰弱转为强盛。其间差别，可想而知。由强转弱，说明这股力量已经到了强弩之末，无力反抗；而由弱转强，我们可以认为是市场力量蓄势待发，已经准备好开始反攻了！

《木偶奇遇记》大家都应该知道吧？讲述木匠皮帕诺睡觉的时候，梦见一位天使赋予他最心爱的木偶匹诺曹生命，于是小木偶开始了他的冒险。这个故事大家可能都听过，但是都忘得差不多了。不过有一点我想大家一定都记得，就是匹诺曹说谎的时候，鼻子会变长。

Pinbar 就像是匹诺曹的鼻子。因为 Pinbar 出现的时候，意味着市场“说谎了”。

我们回过来看一下 Pinbar 的构成。在某一个时刻，Pinbar 一定是一个大阳线或者大阴线——因为毕竟最高价或者最低价摆在那边。当时 K 线还没有收线，所以说价格还在动，但是市场给我们的信号却是“力量很大”。我们拿上面的 Pinbar 为例，在这个 Pinbar 形成的过程中，总会有那么一个时刻，市价＝最低价，这个时候的 K 线就是如图 4—7 右边这个样子的，一个“大阴线”。此时市场给我们的信号是：空头很强，多头很弱，价格可能会继续下跌。

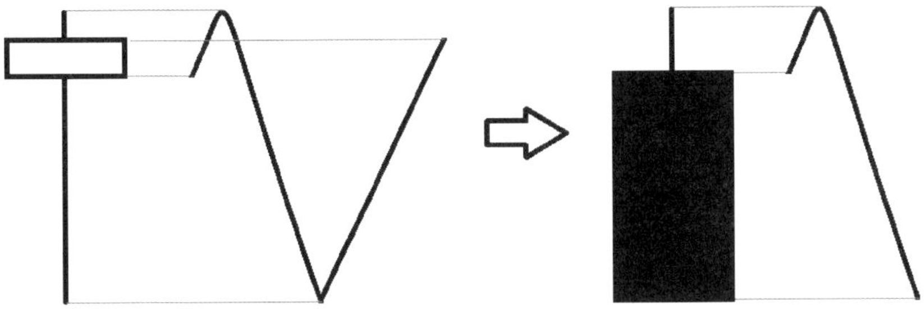

**图 4—7　Pinbar 形成过程中的某个时刻**

可是事实证明市场在骗我们。后来多头发力了，空头退缩了，价格又涨回去了。

大家知道人为什么会说谎吗？说谎的目的，是为了隐藏真相。市场骗我们说会下跌，那么其真正的意图就是：市场会上涨。匹诺曹的鼻子越长，就说明他说谎越厉害，同样，影线越长就说明市场说谎越厉害。

如果 Pinbar 是鼻子，那么 Pinbar 所在的附近的所有 K 线所组成的盘面就是脸。

如图 4—8，在“脸”上面我圈出了三个比较明显的“鼻子”。

脸对于鼻子而言，又有什么意义呢？

大家都见过狮子吧？狮子虽然很威武，鼻子也较大，但是相对于自己的脸，却显得不那么明显。大象大家也都见过，哪怕大象那么大，它的鼻子还是那么明显。所以，我们很少关注狮子的鼻子，但是都盯着大象的鼻子，因为太长了，太明显了。

在盘面上越明显的信号，越有效。也就是说，相对于脸越明显的鼻子，对我

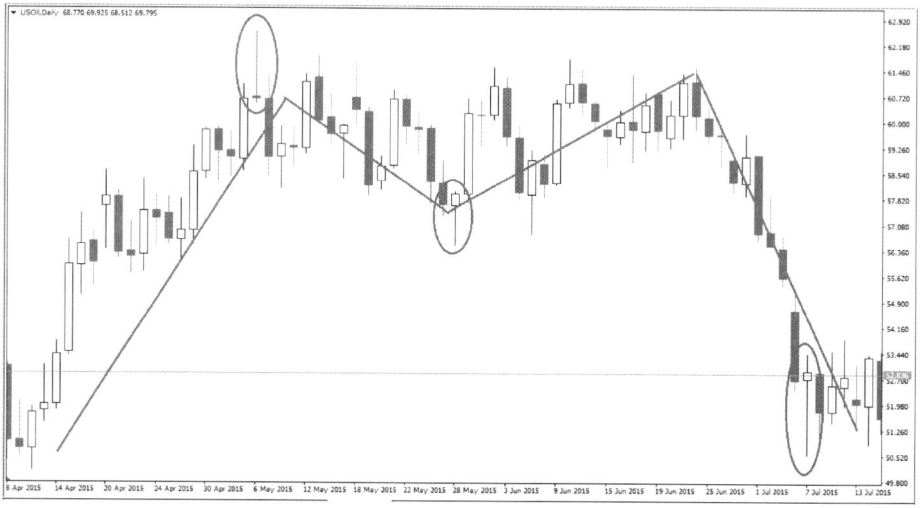


**图 4—8 脸——Pinbar 附近 K 线所组成的盘面**

们的交易就越有意义。一个 Pinbar 如果要比较明显,那么首先它的震荡幅度不能太小。太小了容易被埋没在 K 线之中,不起眼的 K 线往往都是缺乏市场力量的表现,对我们交易的指导也没太大作用。通常,明显的 Pinbar 容易出现在趋势的高点或者低点。如果趋势行情较强,走高后在高位出现一个 Pinbar 的情况是比较常见的,而且这种情况下的 Pinbar 通常不会太小。

所以,一个优秀的信号所需要符合的条件有两个:

(1)自身的幅度不能太小,但也不是说越大越好。如果 Pinbar 的幅度过大,那么对于我们的止损会有很多麻烦的地方。比如说我们通常止损是 40 个点,但是一个 Pinbar 如果有 200 个点,那对于我们来说面临的止损是巨大的,即便减小仓位,也不是特别稳健。因为毕竟大幅度的震荡之后,影线可能会被回补,还有面临回调也是一方面。根据个人经验,但凡遇到 Pinbar 幅度过大,之后行情的整理时间也会较长,这些都是由于盘面剧烈震荡而留下的“后遗症”。当然也有迅速走出我们预期行情的时候,只是说大幅度震荡之后出现上述不稳定走势的概率会变大。如果说一个良好的 Pinbar 会有 70%的概率走出我们预料的走势,那么过大的 Pinbar 可能只有 60%。

(2)对于附近盘面的大小比例。鼻子对于脸的大小,是我们较为主观的一种判断,这种判断可能更加偏向于"盘感"。就是一眼望过去,在盘面中一下子就能发现的"鼻子",是我们比较喜欢的信号。大家可以这么认为:如果一个信号出现之后关注的人很多,那么甚至会有一些机构交易者也会通过这个信号交易,我们成功的概率就会大很多。

在 Pinbar 左右两边的 K 线,我们称为左眼和右眼,如图 4—9 所示。

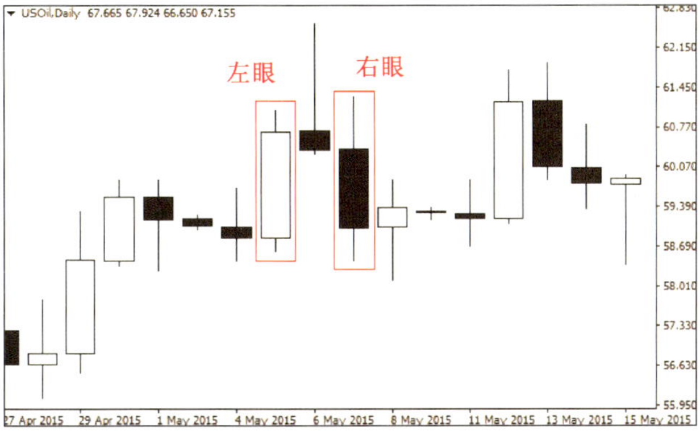


**图 4—9　左眼和右眼**

我们更希望 Pinbar 的实体包含在左眼内,我们不希望 Pinbar 信号是跳空的,因为跳空的话对于行情的稳定性是需要慎重考量的,特别在连续市场,如果突然的跳空大概率是发生了一些突发事件,并非正常的市场多空博弈。

左眼是对于 Pinbar 稳定性的一个参考,如果我们的 Pinbar 的实体(对,我说的是实体,不是影线)被包含在左眼的最高价和最低价之间,则这个信号具有较高的稳定性,对于我们的交易也有较高的参考价值。而且我们也希望左眼的幅度不要大于 Pinbar。如果说 Pinbar 的长度小于左眼,则说明 Pinbar 的力量小于左眼,不利于我们预判后续走势。

而右眼则是对于信号发力情况的一个参考。当右眼的价格突破看空 Pinbar 的最低价,或者突破看多 Pinbar 的最高价的时候,我们认为这个 Pinbar 的信号成立。很多时候我们不会等右眼走完再入场,而是到了我们之前预设的点位就直接进场。

## 4.3　组合形态信号

之前说过，Pinbar 是一种概念，它是大多数反转的 K 线形态的一个经典缩影。

之前我们介绍过一些相关的反转 K 线组合形态，其中最重要的就是“启明星”“黄昏星”（简称双星）和吞没形态，因为这两种形态出现后行情的反转概率是比较高的，也受到了诸多交易者的喜爱。

我们先来看看这两种形态及相应的实例，见图 4—10～图 4—15。

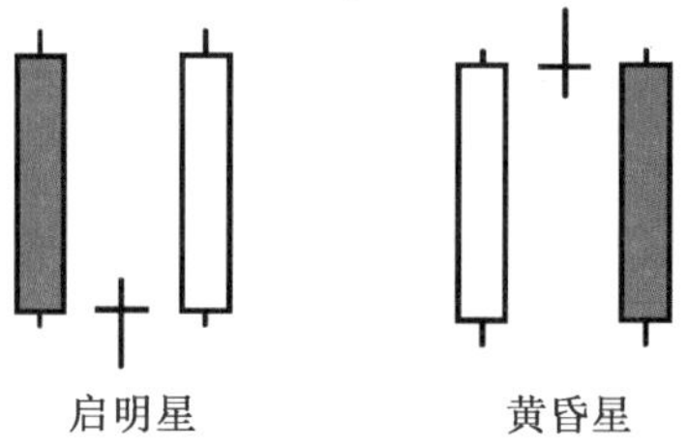


**图 4—10　双星形态**

**图 4—11　英镑 4 小时线出现黄昏星，行情随后快速下跌**

图 4－12　黄金日线出现启明星，价格随后开始攀升

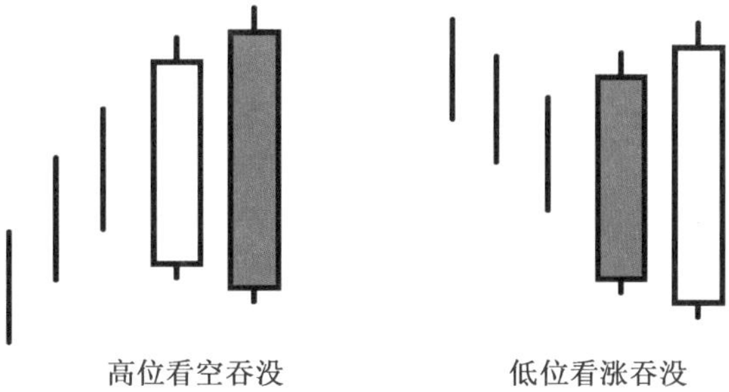


图 4－13　吞没形态

图 4—14 英镑 4 小时线低位出现看涨吞没，价格随后开始上涨

图 4—15 欧元日线高位出现吞没，行情至此开始大幅下跌

这两种形态对我们的交易非常重要。可以这么说，这类信号的强度完全不比 Pinbar 差，甚至很多时候，双星和吞没要比单根线的 Pinbar 作用还要大，反转意图还要强。差别是它们是多根 K 线，而 Pinbar 是一根 K 线。

大家知道，K 线是一个固定时间周期内，由交易的四个价格构成的，分别是：开盘价、收盘价、最高价、最低价。如果我们把启明星和黄昏星的 3 根 K 线合并成一根，那会是怎么样的 K 线呢？首先时间周期肯定是放大了 3 倍，如果是 1 小时线级别的启明星，合并之后就是一个 3 小时线级别的 K 线。那具体的形态我们来看一下。

我们依旧取价格的四要素来画出一个新的 K 线，如图 4－16 所示，得出是一个 Pinbar！

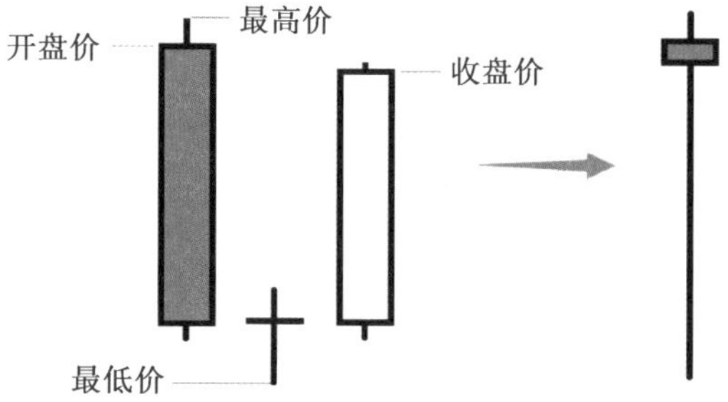


**图 4－16　启明星形态合线**

同样，我们把黄昏星也合并一下，如图 4－17 所示，依旧是一个 Pinbar！

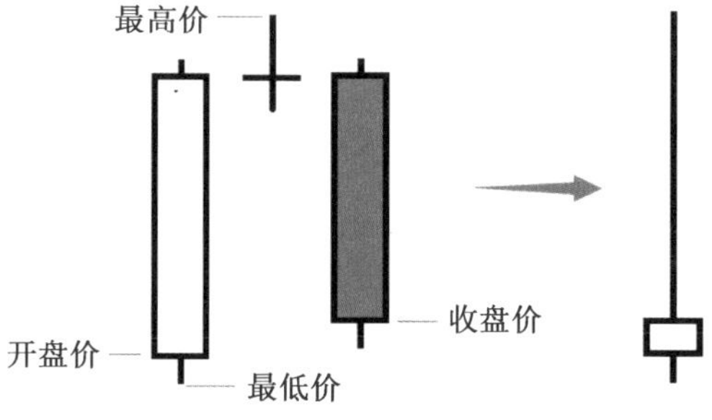


**图 4－17　黄昏星形态合线**

我们再合并一下吞没形态，如图4—18、图4—19所示。

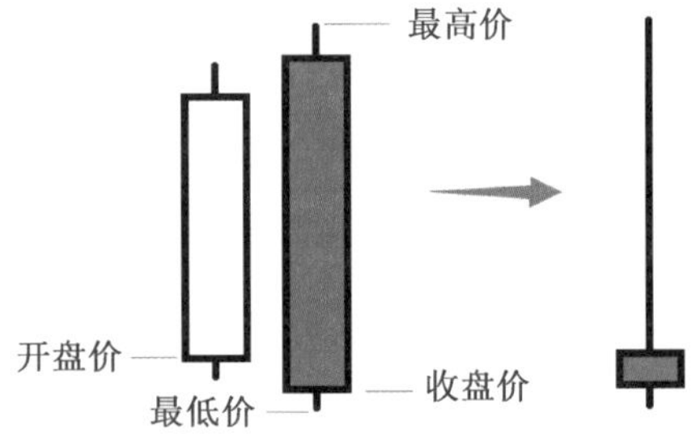


**图4—18 看空吞没形态合线**

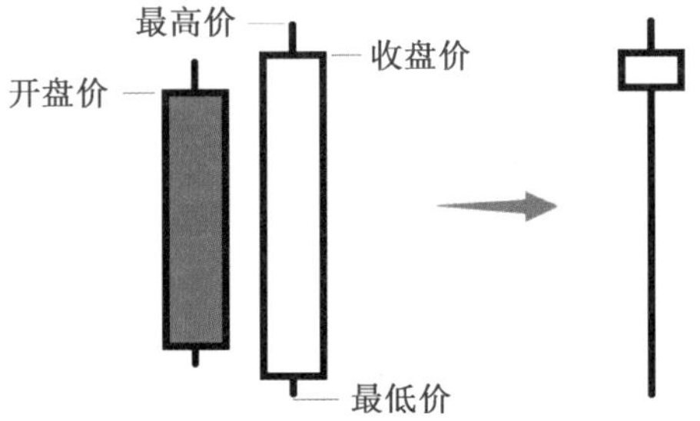


**图4—19 看涨吞没形态合线**

也就是说，通过合并可以发现，双星和吞没在合并之后都可以形成一个更大周期的Pinbar。而且，在这里我们可以看到：吞没形态的优势要大于启明星和黄昏星，因为合并之后的Pinbar，看涨吞没一定是阳线，看空吞没一定是阴线，虽然我们说过，对于Pinbar而言实体收阴线还是阳线影响不大，但并不是说完全没有影响。这是黄昏星和启明星不一定具备的条件。在实战中，我个人非常偏爱吞没形态，因为但凡出现吞没，只要符合一定条件，那么交易的成功率高得惊人。可以说，Pinbar、吞没和双星，我最喜欢的就是吞没。

这两类组合形态，是我认为的"高级Pinbar信号"，如果在盘面上出现了这两类K线组合，那么我们一定要多加留心。因为这两类是变了形的"Pinbar"，和Pinbar一样，具有相当重要的意义。

虽然有很多K线都可以通过合线变成 Pinbar，大家切不可把所有的多根线来合线变成 Pinbar。目前看来，我仅建议双星形态以及吞没形态，其他形态的K线组合则需要相对慎重。

其实如果我们切换周期来看K线的话，30分钟周期如果是吞没形态，那么有可能在1小时周期上就是一个 Pinbar，当然，也有可能不是。例如如果1小时周期收线是按照整点时间来看的，那么比如说12:30—13:00这里是吞没的左半边，而13:00—13:30的这30分钟内形成了吞没的右半边，但这样子的话切换成1小时周期是看不到 Pinbar 的。

再比如说，1小时线级别是吞没或者双星，切换成4小时周期也可能会看到 Pinbar，但是有一个条件，必须是吞没或者双星的前后相邻的K线振幅非常小，而且正好4小时线收线时把整个K线组合收在了一块儿。说到这里有一个知识点必须要让大家知道：不同的交易平台，4小时的定线周期是不一样的。比如说A股4个小时就等于日线，因为就这4小时交易。而一些连续的盘面，比如说外盘的黄金或者铜，它们是连续的交易，而不同的平台之间所选择的4小时定线时间是不一样的。可能是北京时间12:00到16:00，收一个4小时K线，然后16:00到20:00再收下一根4小时K线；但是也有可能是14:00到18:00收一个4小时K线，18:00到22:00收下一个K线。具体的差别产生的原因是平台服务器所选择的开盘时间不同，很多平台选择自己的服务器所在地时间为盘面时间，还有的服务器选择日内瓦时间作为盘面时间，于是很容易产生这种差别。

这一点要特别注意，4小时和日线级别的K线都有可能出现这种情况。而我个人建议主要以纽约或者伦敦时间作为基准时间，因为相比之下，这两个时间所出现的信号以及走势比较稳健。有一点比较尴尬的是，几乎所有人都很喜欢用4小时周期来交易，哪怕它在不同平台可能展现的形式是不一样的！所以我们如果要寻找4小时线级别的 Pinbar，那么把周期切换成1小时线级别，然后看看有没有符合 Pinbar 组合规律的K线组合也是一种方法。

如果我们从4小时线级别切换成1小时线级别来找变形的 Pinbar，一定要遵循一个原则——Pinbar组合原则：

Pinbar信号可以由多根K线组合而成，但是其中和交易方向一致的K线数量应该小于等于反向的K线。

也就是说：如果是组合成一个看空的Pinbar，那么这几根K线中阴线的数量应该小于阳线，如图4—20所示，这样子的就是比较符合我们心理预期的。

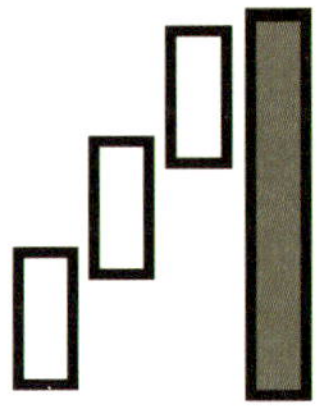

**图4—20 看空Pinbar中阴线数量小于阳线**

如果是阴线多于阳线，则我们需要慎重对待。如图4—21，虽然也可以变成Pinbar，但是由于明显看出空头的力量并不是特别强势，所以我们在参考的时候需要注意风险。

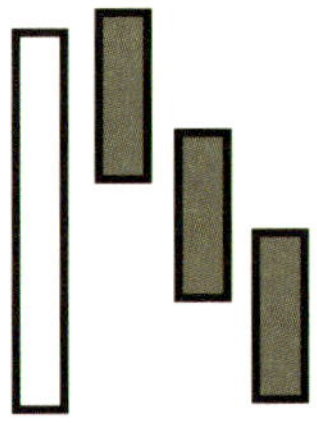

**图4—21 阴线多于阳线需慎重对待**

多线的合线只是为了规避4小时级别周期信号可能被隐藏的问题，所以切换成1小时周期去寻找4根1小时K线来组合成Pinbar，在其他周期的交易中并不通用。

还有一种K线组合，也是需要我们注意的，它是吞没形态的一个变形，如图4—22所示。

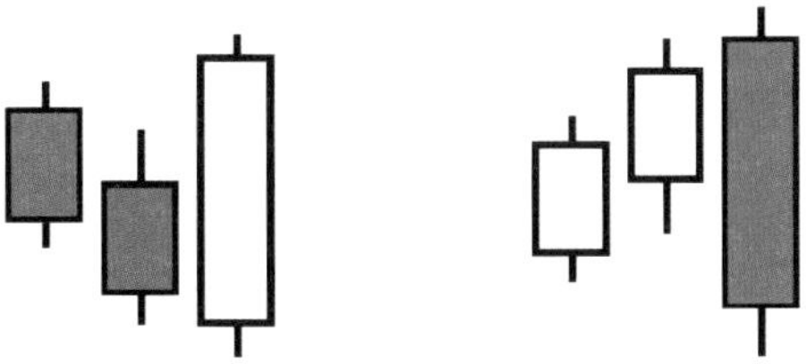

**图 4—22　吞没形态变形**

图 4—22 是两根小线配合一根大线，其中大线的幅度大于前两根小线的长度总和。这类组合也是我们可以参考的交易信号。这类 K 线最重要的是最后那根大线，幅度一定要够大。

上述都是我们理想中的完美 K 线组合形态，其实在盘面中很难有和教科书一样的 K 线组合，所以大家在实战中还是需要适当借助个人经验来研判。

# 第 5 章　关键位

上一章我们讲到了我们的交易信号“Pinbar”，本章就来谈谈另一个核心的知识点：关键位。可以说，关键位是我们裸 K 线交易中最重要的一个判断准则，没有之一！

## 5.1　为什么会有关键位?

这个市场有几类参与者，大家都清楚吗？也就是说，我们是否了解我们的对手到底是哪些人？

“知己知彼，百战不殆”。我们如果想要在这个市场上生存下去，就应该非常清楚我们的处境以及面临的问题。

如果我们买卖股票，那么需要知道这只股票对应的是哪家公司，所属的是哪个行业，相比较之下其经营状况和管理层情况如何。如果不了解这些基本情况，那么我们直接进场无异于瞎子摸象，赚了是我们运气好，赔了是我们活该。

金融市场的参与者主要有政府、中央银行、商业银行和非银行金融机构、企业和个人五类。

(1)政府有一定的资金的需求，并且需要对市场进行监管。虽然国内有一句话叫“一放就乱，一管就死”，但是如果证券市场没有监管，那对于普通的投资者来说只会更加残酷，商业机构和营利性组织会更加肆无忌惮。政府对于财政政策的制定和执行同样对于市场有着举足轻重的影响。

(2)中央银行是银行的银行,是一个国家货币的发行者。中央银行是商业银行的最后贷款者和金融市场的资金供给者,通过在市场上吞吐有价证券直接调节货币供给量,影响和指导市场的运行,是货币政策的制定和执行者。

(3)商业银行和非银行金融机构作为金融中介机构,是市场的最重要的参与者,资金供求双方是通过这些中介机构实现资金融通的,因此,它们实际上是金融商品交易的核心参与者,也是影响市场变化最多的参与者。

(4)企业在金融市场上既是资金的供应者,又是资金的需求者。企业在经营中形成的闲置资金是金融市场的重要资金来源,而企业对资金的需求又构成资金需求的主要部分。企业可以通过发行股票在市场上进行融资,也可以发行债券融资;如果有其他需求,企业也可以通过二级市场交易来回购自己的股票。

(5)个人在金融市场上主要是资金供给者,也提供一部分资金需求。国内95%以上的参与者是为了赚取差价利润,毕竟 A 股的分红不太可观。

这五类我们可以笼统地归为两类:一类是个人,一类是机构。区分的关键在于其持有的资金大小。如果企业或者一些机构所持有的资金量很小,也可以归类于个人投资者的范畴。我们这里所讨论的机构,是拥有较为可观的资金量的市场参与者。如果一只股票的量比较小,那么资金量较大一点的个人投资者也可以当成是该股的“机构玩家”。

这种情况在期货和股票市场里面都有,股票出现“个人大资金玩家”的概率较大。原因是期货的交易品种较少,主力相对而言比较多;而股票的盘子大小相差很大,有大至苹果公司、亚马逊、甲骨文等巨头,国内也有几家大银行和国有巨头企业,这些公司的流通股数量都非常庞大,想要在这些股票里面呼风唤雨明显很困难。这些公司的市值动辄上万亿元人民币、上千亿美元,那些机构大佬,手上能有几百亿元已经很牛了,而且几乎不太可能满仓做一只股票,所以,这些股票基本谁都玩不动。影响这些股票波动的,是所有市面上的投资者和机构一起判断的行为,即大家都知道这只票好,那么它会涨,而且是慢慢涨;如果大家都看空这只股票,那么它会跌,而且也是慢慢跌,除非出现巨大的、影响公司存续的重大事件，不然就算下跌，也不会像某些股票那样一天跌90%，甚至一个交易日内，从20美元跌到1美元以内，变成“毛股”。

但是中小盘股就不一样了。往往快速涨停、跌停的都是这些“中小盘股”，原因是中小盘股的盘子较小，流通股数量也不多，机构炒作起来比较容易，所用的成本也比较小。

我想这里有人心里应该也有点想法了：那么，是不是说如果搞长线的价值投资，就选这些盘子大的“蓝筹股”？而中短线投机，则选择偏向于一些中小盘的股票呢？因为小盘股容易被操控啊！

这样想的朋友我认为是有一定头脑的，但是有点片面。因为各个股票之间的差异非常大，市场上不乏一些盘子虽大，却业绩平平的股票；也不乏盘子虽小，却潜力惊人的股票。很多一年翻几十倍的“妖股”盘子并不算大，反而很多大公司股票可以趴那儿几年都不动。我们不仅仅要考虑个股的总市值，而且还应该考虑目标公司的经营状况、盈利能力和增长速率等指标。一个市值小但是增长速度快的公司的股票可能会大大优于市值大但毫无建树的公司的股票。另外一些优质股，比如说苹果公司、阿里巴巴、亚马逊等，不但盘子大，而且业绩远超其他公司，有一种“君临天下”的感觉。这些公司的股票就非常好，不仅适合长线投资，也适合短线的投机。当然，我说的这些公司都是在美国上市的公司股票，国内投资者如果更喜欢炒A股的话，也可以在沪深两市找一些类似的股票，几千只股票总有一些优质的白马股、黑马股。这里我就不推荐股票了，以免有打广告的嫌疑。

为什么要分为个人参与者和机构参与者这两类呢？

首先，个人参与者对于整个市场的价格影响不大，小而分散的交易，并不会对盘面有太大影响。可以这么认为：如果这个市场全部都是个人参与者，那么行情可能一直在一个较小的区间来回波动。再者，很多热点事件都是机构放出来配合炒作的，个人参与者没有这个能力。一没有大资金集中地买卖，二没有基本面消息的配合炒作，可以得出结论：如果这个市场没有机构参与，大概率是一直死水一潭。

那么到底盘面上的那些直上直下的大幅度波动怎么来的？

答案是由大资金在较短的时间内集中大手笔买卖造成的。我们可以简单地看一下涨停板的股票，很多都是瞬间涨停，什么意思？开盘之后，几乎在一瞬间就把所有的挡在涨停路上的抛售单吃光，然后价格挡在涨停位，大量的买单集中堆在第一买入价，俗称："封涨停"。在这个过程中，鲜有空头力量，这种操作散户是不太可能做出来的。

A股市场如此，其他市场，亦复如是。想想黄金，盘子比个股大多了，但是价格依旧是波涛汹涌，反复无常。说到底，就是炒黄金的机构太多，经常有一些"大佬"对其大笔买卖，甚至有的时候机构和机构"怼"上了，导致多空双方争夺激烈，行情猛烈地来回震荡，许多炒金者被止损出场，成了炮灰。

好了，我们总结一下：个人参与者由于力量较小，基本无法动摇市场价格；机构投资者由于资金力量雄厚，几乎可以完全左右市场价格。

那么我们在这个市场需要做的事，就很明显了：我们应该跟随机构交易。

看到这里，或许有人会说：你说得简单！谁不知道跟着机构有肉吃啊？问题是怎么跟啊？

如果我告诉你我认识市场中的主力，你们只要跟着我操作就稳赚了，那你可以报警把我抓了：因为这里有个骗子！哪怕不是骗子，说的是真的，也是内幕交易，一样抓！

我说的跟随机构，是需要我们自己去看盘面，去分析，去体会，到底这些主力，这些机构，在哪些位置买了，又在哪些位置卖了！这是重点。当我们结合之前的观点就是：行情有大的动作，就是机构行为。那么盘面上较为明显的就是大阳线和大阴线了，那么除此之外呢？除了大阳线大阴线还有哪些迹象表明是机构在交易的？

那就是行情的拐点。

拐点是指价格由弱变强或者由强转弱的位置，而明显的拐点是指价格触及之后快速走出反向趋势的4根以上K线或者巨大幅度的位置。

大家想一想：散户的交易又小又没有统一性，所以无法推动行情。那请问，散户有可能在趋势的高点通过抛空让趋势拐头吗？当然不能。

你们有人在6124点跑掉吗？或者问一下有多少人跑在了6124点？那么这个点确确实实存在，也就是说有人在6124点买入，也有人在6124点卖出，不然没有成交，这个点位是不会凭空生出来的。再问一下，有多少人在2015年的5178点抛掉了自己的股票？再关键地一问：你们抛股票的时候，市场有没有因为你的抛售动作而开始下跌？不用问也猜得到。在6000点或者5000点，进场的散户远远多于离场的散户。我在2015年6月份的时候了解到的几家证券公司都生意爆满，忙得不可开交！

所以说，趋势行情的拐点，就是机构在市场中交易的又一个，也是对我们来说最重要的信号！

当盘面出现拐点，也就意味原有的趋势被终结，新的趋势开始了。比如在A股5178这个点位，胜利多时的多方被压制，蓄谋已久的空方开始发力，这个位置，有着和其他诸多拐点都相同的意义：拐点，预示多空力量的转换。这种转换有胜有负，但势必投入了较大的力量，失败者将因为亏损被套住。当价格经过一段时间之后如果再次试探这个点位，之前被套住的失败者必然会有所行动：要么回本平仓，要么加大筹码，甚至有一部分不但回本平仓，甚至"倒戈相向"。无论如何，都会引起多和空的争夺，只是这次争夺的胜负，可能和上一次不同。

我们认为：拐点是机构交易的价位，也是多空力量的集中位置，我们将拐点的价位用水平线标出来，就是价格的关键位置。这些关键位重要到可以影响我们对于市场走势的判断。

那不妨思考一下，最理想的走势是什么样子的？

所谓的完美走势，应该是一个关键位跟着一个关键位，而且不拖泥带水，也没有假突破等，这些都是现实行情中几乎不会出现的走势。如图5—1所示。

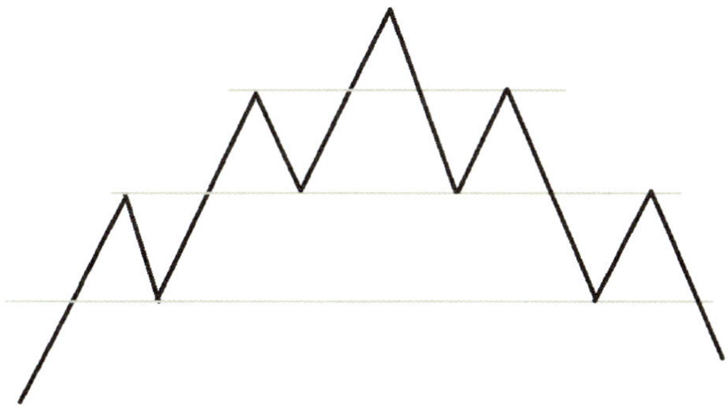

**图 5—1　传说中的完美走势**

## 5.2　最重要的关键位——水平位

有人觉得 200 日均线是重要的关键位，有人觉得整数关口是重要的关键位，这些我都不否认。但是在裸 K 线交易之中，最重要的关键位是水平位。

华尔街有个传说：一把尺子打天下。意思是有的人单靠一把尺子就可以在这个市场获取丰厚利润。尺子这个东西，几元钱就可以买一把，关键是看谁用。

有人把之前这句话解读为用尺子画趋势线，有人解读为通道线，更多的人，解读为水平线。我们这里主要讨论的是水平线。因为所有市场交易分析技术的核心关键位一直都是拐点，拐点以持续相同的角度出现的概率太低，所以我们不认为趋势线和通道线对我们的实际操作有太大帮助。

趋势线的作用其实是判断行情的走势强弱，而不是直接成为买卖点。趋势线需要 3 个同等级别的拐点才能画出来，两个点可以画出来线，但是必须有第三个同等级别的拐点踩过之后才能确认！很多投资者根本连趋势线都不会画，以为连接两个拐点就是趋势线了，却忽视了最简单的数学基础：两个点之间必然可以连一条线。这个和趋势毫无关联。通道线的应用和趋势线差不多，但是先有趋势线，再有通道线，因为通道线是两条平行的趋势线，这也是帮助我们判断行情强弱的。

水平关键位的画法，是通过拐点和交易密集区来画的，但是拐点的地位要高于交易密集区。这点希望大家要牢记。

我们简单地画一下关键位：有些走势的关键位一目了然，如图 5—2 所示。

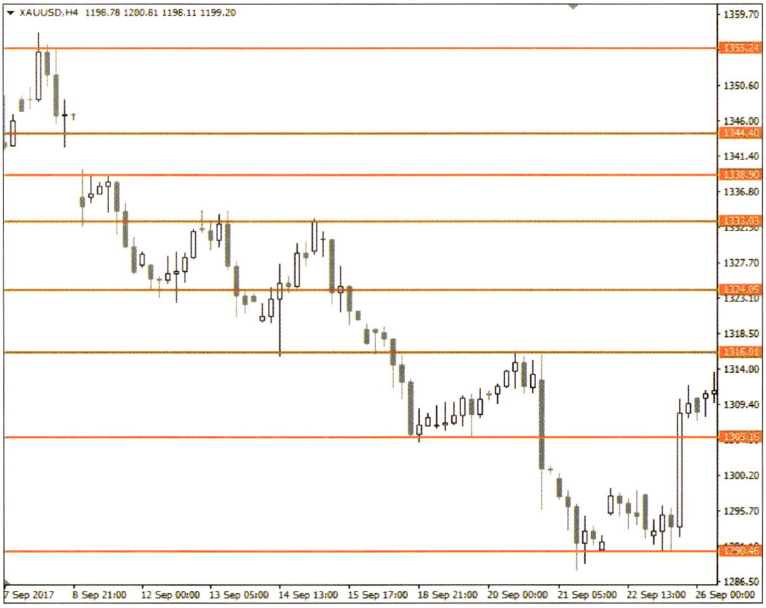


**图 5—2　黄金 4 小时线走势，非常明显的关键位**

如果行情走势比较“凌乱”，关键位就不是很容易确定了。虽然感觉很多价位都可以用来参考，但是真正对我们有帮助的关键位并没有那么多，如图 5—3，就是一段比较复杂的走势。

图 5—3 中我画出了 3 个关键位。最上面的关键位，是因为价格在这里有明显的拐头，连续有 3 个明显的拐点，我们选择通过拐点较多的一个价位作为关键位。当然，其实关键位是一个区域，而非一个明确的点，当行情运行到这个价格的附近我们就认为接触关键位了。而下面的两个关键位，是因为价格下探到了此处之后出现了明显的反弹，并且收出了较长的下影线，说明价格在这些位置是有支撑的。

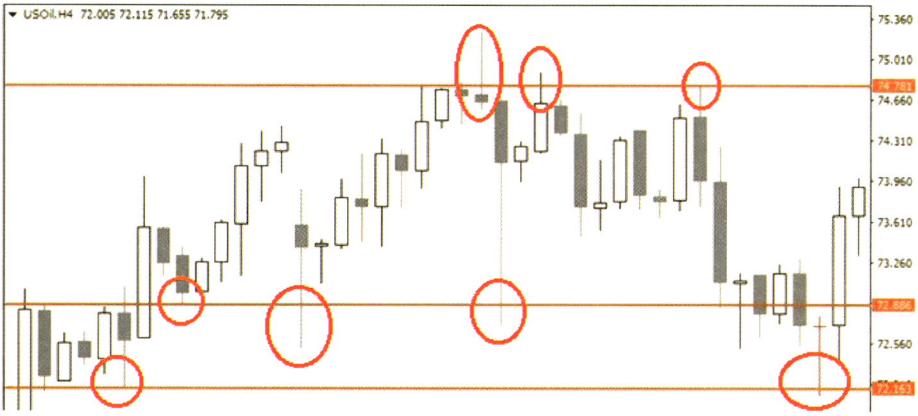


**图 5—3　原油 4 小时线走势，不明显的关键位**

当然，关键位的画法，更像是一门手艺，而不是一个需要精确计算的数学题。大家都知道有关键位这个东西，就好像大家都知道有机构玩家这种力量存在。然而，不会有机构告诉你其具体的交易点位。我们知道拐点附近就是关键位，但是具体的点位到底怎么找，不同的人还是有区别的。就好像很多人都知道蛋糕怎么做，但是哪怕有着所有“米其林”三星厨师的道具，一个普通的糕点师和一个高手糕点师做出来的蛋糕是有明显差距的。所以说，画关键位是一门通过我们多年经验而逐渐优化的艺术。

分析技术没有固定答案，也没有好坏之分，就像我不喜欢用均线、MACD 等技术指标，不代表这些技术指标就不好，就没有人能用好。世界上参与交易的人这么多，必然有高手可以做得很好，也可以把一些我们认为的“烂指标”应用得很好，关键还是看使用者的自身水平以及对分析方法的理解。

在这里，我的交易系统里最重要的关键位就是“关键的水平位”。在深入学习以后，如果大家觉得配合自己喜欢的指标或者分析方法能够给自己带来更好的收益的话，也可以尝试去加入自己的东西。不过在学习的初期请大家务必跟紧我的脚步，等完全掌握了之后，再加入自己的元素。

## 5.3 关键位的强弱规则

### 5.3.1 极性转化原则

蛋糕既然有优劣，那么关键位，也有强弱的差别。好的关键位，可以让价格立马拐头，或者阻力位被突破之后，可以作为下一次的支撑位有效地支持价格抬升。这里有一个著名的“极性转化原则”：如果一个关键位被突破，那么它对于价格的作用就会反转。即：阻力位被突破后会变成支撑位，支撑位被突破后会变成阻力位。

如图 5—4 所示，当阻力水平位被突破之后，如果价格再次试探这个位置，就变成了对价格的支撑水平位。

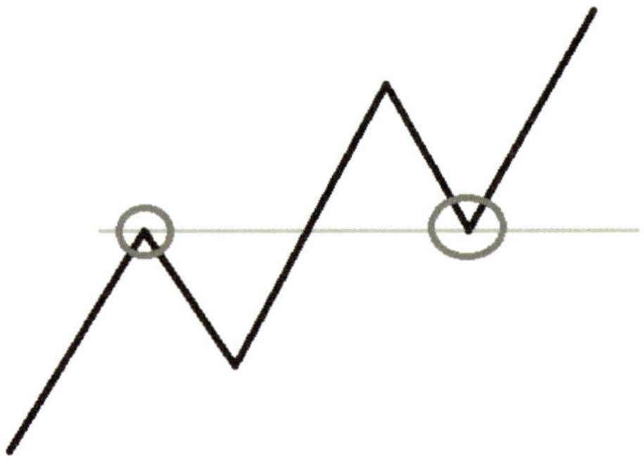

**图 5—4 阻力位被突破后变成支撑位**

我们来看一下具体的例子。

图 5—5 是黄金日线级别的上涨行情，在 1444 点这个位置，曾经做出两次试探，价格都被压下来了；在突破之后，价格回测关键位得到支撑，再次拐头向上。

图 5—6 是日元日线级别走势，在 96.7 附近行情曾经做出较大幅度的回落，而突破之后，该点位又支撑了行情的上涨，哪怕空头来势汹汹，大阴线依旧

**图 5—5　黄金日线级别的上涨行情中阻力位转为支撑位**

没能击破该支撑位。

**图 5—6　日元日线级别走势中阻力位转为支撑位**

同样的，当支撑水平位被突破之后，如果价格反弹到这个位置，就变成了阻力水平位，如图 5—7 所示。

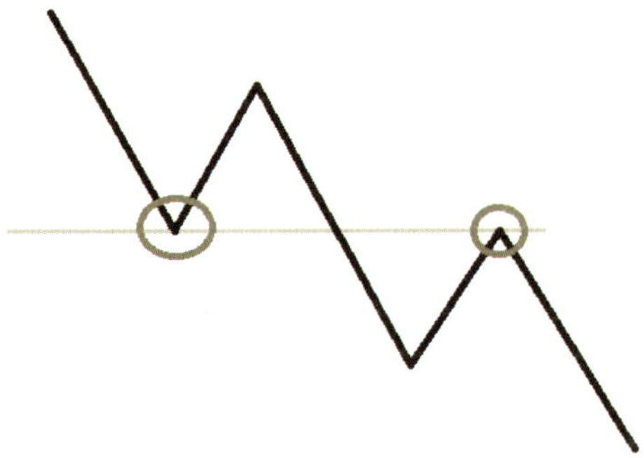

**图 5—7　支撑位被突破后变成阻力位**

图 5—8 是美元兑瑞郎 4 小时线走势，图中 0.984 这个点位先是支撑了数次行情的下攻，并且产生了明显的反弹，后来又阻挡了行情的上攻，使价格快速下跌。

**图 5—8　美元兑瑞郎 4 小时线走势中支撑位转为阻力位**

图 5—9 是原油日线走势，在 43.17 附近价格走势再次验证了极性转化原则。

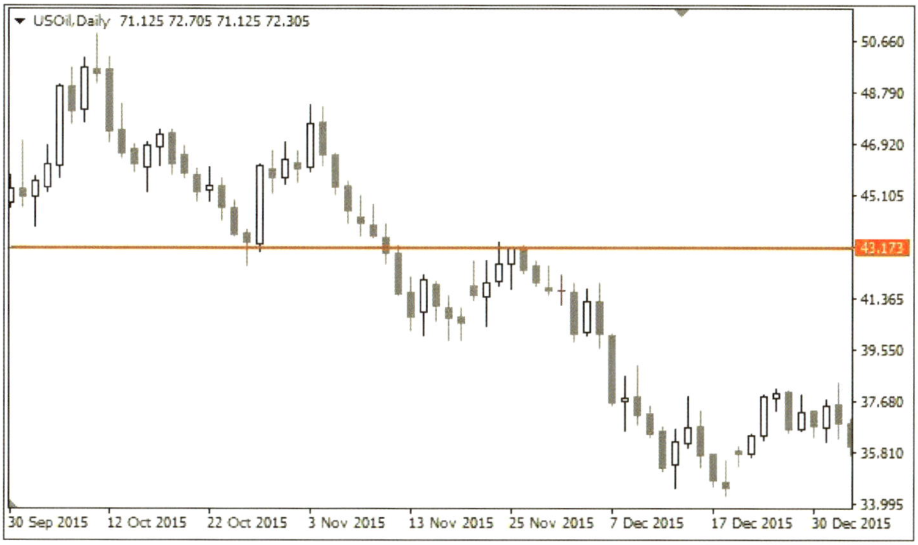


**图 5—9　原油日线走势中支撑位转为阻力位**

### 5.3.2　判断关键位强弱的准则

#### 1. 通过的拐点级别越大越有效

拐点的级别是指拐点前后的 K 线数量的多少，K 线越多则级别越大。也就是说在大周期的 K 线图上的拐点比在小周期上的拐点级别大，因为更大的周期的一根 K 线可以拆分成很多个小周期的 K 线。

上证 5178 点更关键还是 5168 点更关键？我想答案显而易见，是 5178 点。

因为这个是近 10 年的高位，而且基本上所有在股票市场操作的人都知道这个点位，包括媒体和各个机构都知道这个点位，大家也都盯着它，就好像当时大家都盯着 6124 点一样，只要没有创新高，6124 点就会一直是一个让人兴奋的位置——哪怕可能已经很少还有人持有在那个点位进场的股票了，但是只要市场到了那个点位，必然会有较大的异常波动。

大家都知道世界第一高峰珠穆朗玛峰，谁知道世界第二高峰吗？可能比较少。这就是群众的普遍心理，我们关心那些“最”“第一”，而很少去关心第二和其次。金融市场也是一样的，所有人都在关注最明显的价位，关心其次的人只是少数。

所以在画关键位的时候，明显的高点和低点都应该画出来，就是这些级别比较大的拐点。因为这些关键位是大家都在看着的，也是影响价格最有效的点位。

图 5—10 黄金日线走势，灰色区域内的拐点清晰可见，这些位置的水平位都是我们需要参考的关键位。

**图 5—10　黄金日线走势中的拐点**

## 2. 通过的拐点离现在越近越有效

还是那个例子，如果说 2015 年的时候行情不是 5178 点，而是 7178 点，比 6124 点高出了约 1000 点，那么大家觉得是 10 年前的高点 6124 点重要，还是 2015 年的高点 7178 点重要？

谁还记得 2007 年道琼斯指数的高点是多少吗？恐怕记得的人不多，哪怕记得，也不会有太大的意义：因为现在美股还在历史高点并且不断走高，而十几年前的高点离现在实在是太遥远了。所以 2015 年的时候如果创出了比 2007 年的高点还要高的点位，那么相对而言 6124 点就没那么重要了。就现在来看，市场如果再次向上，对于 5178 点的考验还是非常大的，因为它离我们很近，至少 2015 年比 2007 年，近了 8 年。

所以在画关键位的时候，我们应该更加偏向于考虑离现在较近的拐点。

如果说在价格比较接近的地方出现了两个拐点，但是这两个拐点又有一定的距离，那么这个时候我们应该以离现在比较近的拐点做我们的关键位，也就是说：要根据最近的相关拐点来适当调整我们的关键位的水平位置。

### 3. 通过的拐点越多越有效

如果有价位让行情遇到就拐头，而且拐头的次数很多，那么说明在这个点位有着巨大的交易量。因为如果要价格拐头，那就必须投入资金，每次拐头都是一次介入，如果次数越多，说明这个点位对于机构的重要性越强，可能是他们重要的一个建仓点。这种情况下，机构要么是在吸筹，要么是在和其他机构僵持，所以如果一个水平位出现的拐点越多，那么说明这个水平位越重要。

好比汽车的轮子，4 个轮子可以撑起几吨重的车，但是如果要撑起十几吨重的车，可能需要很多轮子。所以那些大货车的轮子，都是两个轮胎并在一起的，而且是巨大的轮胎。

所以，画拐点的时候应该尽量让关键位通过更多的拐点。

图 5—11 的黄金日线盘面上有两个关键水平位，上面的水平位通过了最高的两个点，而下面的水平位通过了 4 个点：除了 2 个影线外，还有第一个高点左边的 K 线的最高点，以及中间那个高点，都通过了。所以我们在选择的时候可以把关键位选在下面那个位置，以表示这个区间的高位。

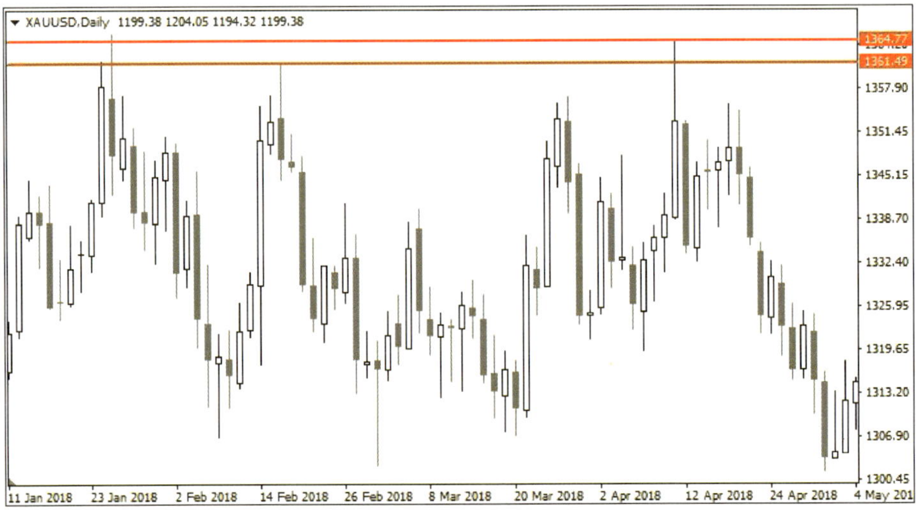


**图 5—11 黄金日线盘面上的关键水平位**

## 5.3.3 假突破的概念

假突破是指价格突破了关键位之后，又折返到该关键位突破以前的价格，并且向反方向运行，即突破失败。假突破是因为突破方向违背了机构交易者的本意，其背后是机构交易者的洗盘过程。机构利用其资金优势做出价格要突破的假象，引诱散户跟进，然后再反向操作，让跟进去的散户被套住或者止损出场。这一个过程在图上的表现就是假突破。假突破虽然是一个为散户投资者准备的陷阱，但是却也暴露了机构的真实意图，就是突破的反方向。假突破一般发生在关键位，很有可能形成影线，也就容易出现 Pinbar，这种特殊的 K 线是我们交易的好帮手。

图 5—12 是黄金 4 小时线行情盘面，原本的上涨趋势从假突破之后开始反转下跌。

**图 5—12　黄金 4 小时线行情盘面中的假突破**

图 5—13 是瑞郎日线图，同样是一个低位的假突破，导致整个下跌行情开始转升。

**图 5—13　瑞郎日线图中的假突破**

那么如何避免假突破的陷阱呢?

(1)不要一破位就追。这是很危险的,因为如果一破新高或者一创新低就杀进去,就很容易被套住。当然这样子也很容易拿到大行情,但是就风险而言绝对是很高的。所以,最好“让子弹飞”,耐心看看后面的走势可能会减少很多不必要的麻烦。进场很简单,被套住了再解套就麻烦了。

(2)如果要追,那么请等待1—2根左右的K线收盘价确定突破成功了之后再介入。虽然还是无法完全避开假突破,但是这样子被套的概率会低很多。通常情况下如果是假突破,可能第一时间趋势就会被逆转。真的突破的话,行情走起来也可能要回踩关键位,所以可以等待几根K线的发力情况再判断是不是真的有效突破。

(3)请严格执行我们的交易计划。如果你的交易计划里压根没有追涨杀跌的计划或者技巧,那请不要贸然去尝试这种高风险的交易行为。这里给一个小建议:如果是真的要追,那么止损的设置就是关键位下方。

大家对于关键位的画法应该有所了解了,但是不积跬步无以至千里,我们平时应该多画一些关键位,这样会让我们在画关键位这个技巧上面有更多的经验,日积月累,画得越多越有经验,关键位画得越好,交易也就做得越好!

## 5.4 其他关键位

### 5.4.1 跳空缺口

缺口可能是除了水平位之外最重要的关键位之一了。跳空缺口一般出现在日线和周线级别。因为这是两个结算的常用时间周期。当然,盘中也有很小的概率出现跳空缺口,突发事件导致大量的交易是跳空的主要原因,比如说美联储利率决议、非农数据等。

图 5—14 是欧元日线走势，灰色区域出现了一个跳空缺口，行情过了 18 个交易日才将其填补，并且填补之后出现了快速下跌。在此之后，当价格再次试探该缺口的时候再一次被打压。

**图 5—14　欧元日线走势中的跳空缺口**

虽然缺口的上下沿价格都是关键位，但是缺口最重要的位置是缺口产生时的位置。低开缺口最关键是缺口上方价位，高开缺口最关键是缺口下方价位，因为一旦触及这些价格，缺口就被回补了。当然，很多时候整个缺口都会变成一个关键区域。

图 5—15 是欧元日线走势，出现了低开缺口之后很快被补上。但是之后这个缺口就像地板一样支撑着价格，在后续的行情里这个缺口出现了 5 次较为明显的拐点，途中的最后一次拐头甚至创出了几个月的新高。

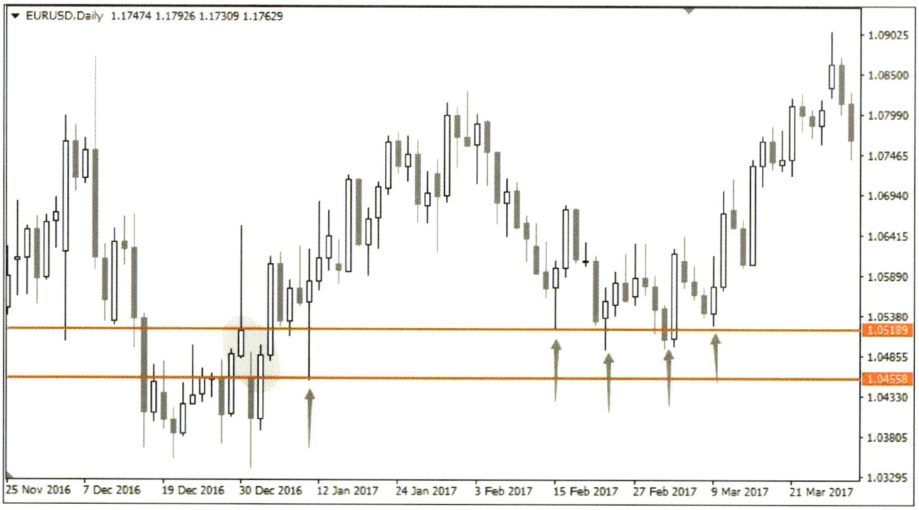


**图 5—15 欧元日线走势中缺口的支撑作用**

### 5.4.2 整数关口

整数位是比较明显的心理价位。它们可能不会有特别的形态或者其他分析指标的关键位，但是当价格触及的时候，很容易出现反应。当然，不是所有的整数位都是关键位。如果所有的整数都是关键位，那还需要我们去判断关键位吗？

整数关口我们可以适当关注，不过有效性不稳定，具体情况还需要交易员视情况而定。

### 5.4.3 黄金分割

黄金分割是比较有效的关键位。不仅仅一段趋势可以用黄金分割来研判关键位置，甚至单根K线也可以用黄金分割来划分。

其画法是从一波明显的趋势起点画到终点，然后判断其折返走势所运行到的之前趋势长度的具体百分比位置。38.2%、50%和61.8%都是较为关键的位置,如果行情到了这些位置并产生一些信号的话,我们同样可以进行操作。黄金分割所选取的起点和终点必须是极值,即必须是从最高点画到最低点,或者从最低点画到最高点。

图5—16是黄金日线级别行情,大家可以看到这一段走势中,当行情由升转跌,38.2%和61.8%这两个位置起到了比较明显的作用。

**图5—16 黄金日线级别行情中的黄金分割**

这里需要注意:黄金分割线比较适合走势明朗的单边走势,如果遇到盘整则会失效,因为横向市场的折返可以忽略不计。

除了上述这些关键水平位,市场上还有许多其他的关键位的判定方式。比如说均线。均线的用法有很多,比如说两根均线会产生金叉和死叉,或者大家习惯把大周期均线作为"控盘线",就好比是多和空的分水岭。当价格在均线上方就是看多,当价格在均线下方就是看空。还有布林指标的中轨线,以及MACD动能柱的0轴等,都是技术指标热爱者比较喜欢用的多空分水岭,也就是关键位。如果大家有兴趣的话可以自己去试试看,这里就不再详述。

# 第 6 章　价格行为交易法（Price Action）

经过前几章的学习，我们已经掌握了使用裸 K 线交易法的基础知识。现在，我将给大家讲解我们的裸 K 线交易系统（Price Action），把最核心的实战交易方法给大家做一个详解。本章也是我给机构交易员培训的核心内容。

## 6.1　信号的研判

我们的信号是 Pinbar 以及各种 K 线组合形态。根据我们的理念，组合形态就是 Pinbar 的多根 K 线形态，也是 Pinbar。那么 Pinbar 有强有弱，我们需要对信号进行研判，过滤掉那些不合格的，剩下那些符合我们要求的才可以操作。

关于信号的研判准则一共有 2＋6＝8 条。前两条是必要的基本条件，也就是说，如果有一条不符合，则不能作为信号交易；后面六条是细节选项，符合我们要求的细节越多，信号强度越大、成功率越高。

两个基本条件：

（1）是否处于明显的关键位？

（2）是不是处于明显的高位或者低位？

六个细节项：

（1）整个 Pinbar 在盘面上是否明显？

（2）有没有假突破？

(3)Pinbar 的实体有没有包含在之前的 K 线(左眼)的最高价和最低价之内,并且信号的幅度要大于左眼?

(4)是不是顺着较大级别趋势?

(5)突破入场的盈亏比是否大于 1.5∶1?

(6)信号所处波段的趋势对比前期走势是否没有出现明显的加速?或者信号前面是否有缓冲趋势?

以上六个细节项没有先后之分,我个人比较偏向于假突破,而其他交易员可能更喜欢顺趋势,这些都不影响我们交易。每一个选项就是一星,星越多,则表示信号越强。当信号得到 3 个以上的星的时候,就符合我们的交易条件了。

我们来解读一下这些准则。

### 6.1.1　两个基本条件

#### 1. 是否处于明显的关键位?

我们做的所有交易都是围绕着关键位进行的,如果脱离了关键位,信号是没有意义的。价格是在关键位之间运行的,这就是 Price Action,这就是价格行为!所以这一点是必须要符合的。

如图 6—1 所示,我们需要关注的是画圈的部分,因为这些区域是价格触及关

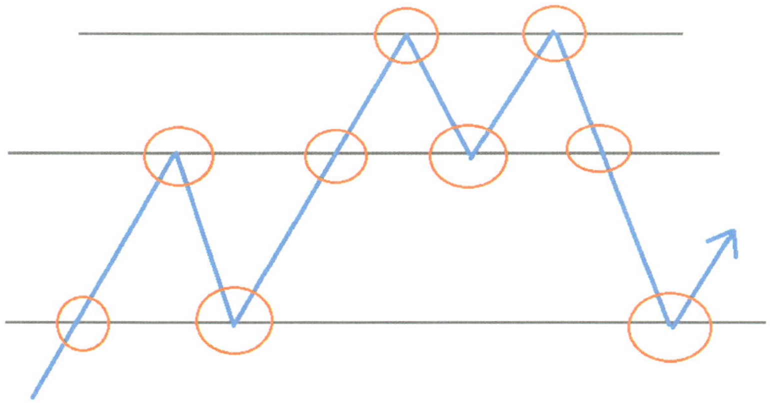

**图 6—1　走势的重要区域**

键位的区域。在这些区域出现的信号，才是我们需要研判的信号。而当价格处于两个关键位之间的时候，是我们等待的时间，或者是持仓时间，暂时不能交易。

有很多位置都可以成为关键位，但是我们做交易的话不可能考虑到每一个关键位，所以尽量画出你认为的“关键位”。至于如何判断关键位的强弱，在之前已经讲过了，我们应该在那些“较强”的关键位上操作，而回避那些“较弱”的关键位。

如果有一些信号形态非常好，但是不在关键位的，我们不能交易这种“信号”，因为风险系数太高。而且，脱离关键位出现的 Pinbar 并不能称为“信号”。

图 6—2 是黄金 4 小时线的一段走势，我画出了比较明显的关键位。

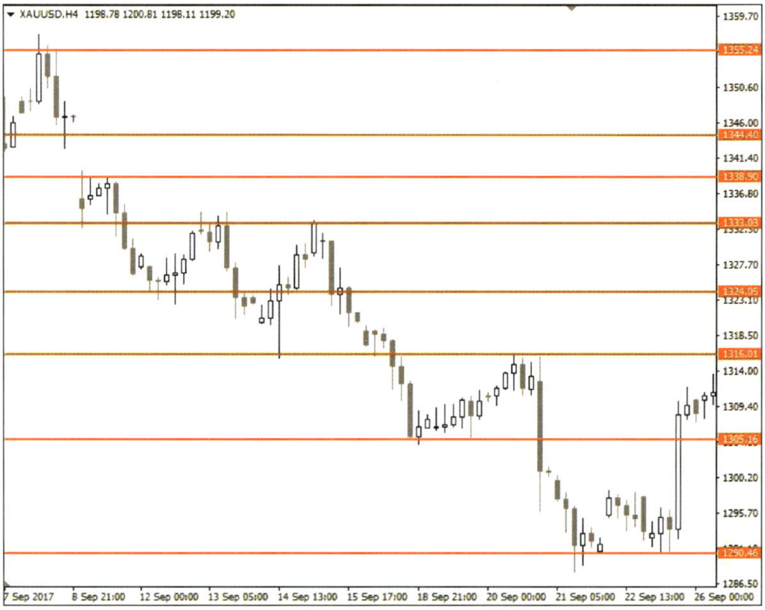


**图 6—2　比较明显的关键位**

## 2. 是不是处于明显的高位或者低位?

明显的高位或者低位是指：至少在信号之前有 3 根以上的 K 线是有明确的趋势并且信号自己处于最高点或者最低点。这里的周期最小不得低于 4 小时周期。也就是说最少在之前的 12 个小时之内，行情是有趋势的，哪怕是很短的小趋势,但是必须要能明显分辨的。震荡市场中我们只交易在区间边缘的 Pinbar,而且必须伴随着明确的次级趋势。而处于震荡区间的 Pinbar,是绝对不能作为交易信号的。

图 6—3 加元日线,打×的都是不符合我们要求的 Pinbar,打"√"的是符合要求的 Pinbar。

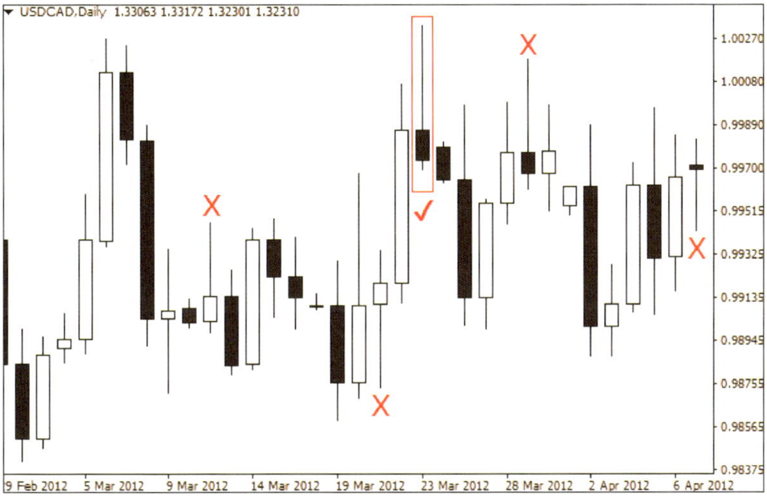


**图 6—3　符合或不符合处于明显的高位或低位的 Pinbar**

## 6.1.2　六个细节项

以下六个条件,要求我们的信号至少符合其中三个条件,我们才可以操作。满足条件越多,说明信号越有效。

### 1. 整个 Pinbar 在盘面上是否明显?如果明显,则信号更强

如果 Pinbar 在盘面上非常显眼,说明信号更强。这一点是为了保证 Pinbar 自身的长度,如果相比之下幅度较小的话,很可能是因为市场在其交易时段内的交投并不活跃,多头和空头都没有特别重视。

本身 Pinbar 的定义就至少是中阳线或者中阴线级别的长度,如果说 Pinbar 的幅度很小的话,不仅不能成为信号,甚至还不能称之为 Pinbar。

图6—4是欧元日线级别的一段走势。灰色区域标出了4个Pinbar，但是就有效性而言，除了第一个，其他的都不能作为信号，因为长度是硬伤！如果Pinbar自己的长度都很短，说明机构在其形成的时段没有投入力量、没有重视，那么对于后续走势的指导作用就很弱。

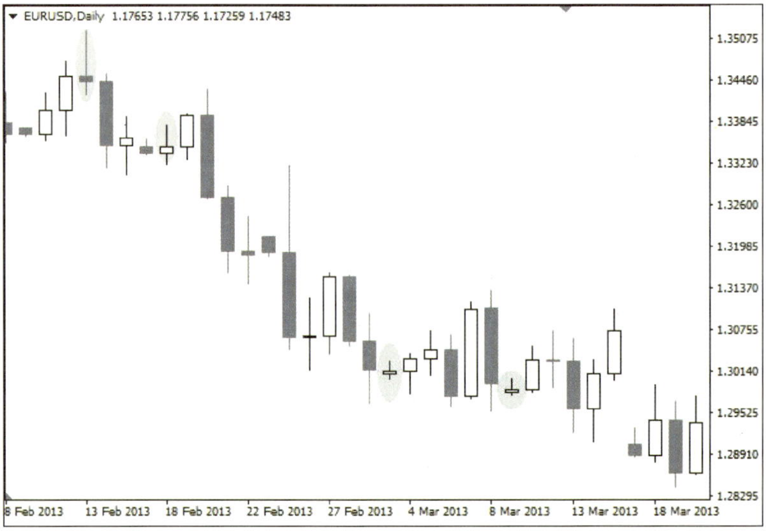


**图6—4 Pinbar是否明显**

所以，如果Pinbar在整个盘面上都比较明显，那么这个信号强度就相对更强，对我们的交易也更有意义。

### 2. 有没有假突破？有假突破，信号更强

我们之前说过：假突破是因为突破方向违背了机构交易者的本意，其背后是机构交易者的洗盘过程。机构利用其资金优势做出价格要突破的假象，引诱散户跟进，然后再反向操作，让跟进去的散户被套住或者止损出场。这一个过程在图上的表现就是假突破。假突破虽然是一个为散户投资者准备的陷阱，但是也暴露了机构的真实意图，就是突破的反方向。

所以，如果一个信号伴随着假突破出现，那么这个信号有更大的概率使得价格反转。

图 6—5 是黄金日线级别走势，高位出现吞没并伴随着假突破，价格一路向下！

**图 6—5　假突破**

图 6—6 依旧是黄金日线级别走势，在图中灰色区域是关键位区间，此处出现一个 Pinbar 并且伴随着假突破，价格后续也出现了快速的下跌。

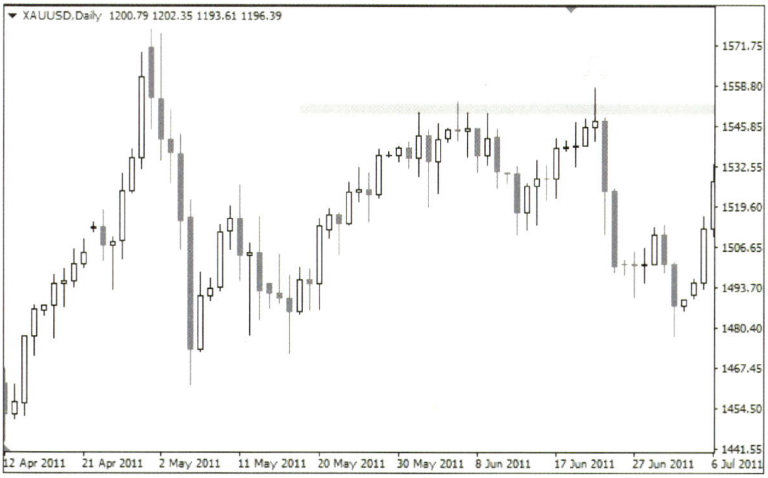


**图 6—6　假突破**

我个人认为假突破的有效性实在是交易员的一大福利，因为只要配合适当的关键位和K线形态成功率实在太高了！我也希望大家一定要多多注意这个优质的情况。

有一种情况是比较特殊的，就是一个信号穿过了多个关键位，如图6—7所示。当然，因为关键位有一定的主观性，所以我们只能凭主观来判断关键位的作用。我给大家几个小贴士，希望可以帮助大家来处理这种比较棘手的情况：(1)如果几个关键位中有一个是特别明显特别强势的，那么可以主要参考最强关键位，其他关键位可以暂时忽略。(2)如果关键位强度都差不多，或者自己无法判断关键位的强弱，就选择突破进场，因为突破了信号，就把信号区间之内的所有关键位都突破了。(3)这种情况下的止损也不是特别好设置，如果空间够的话采取破影线止损是最好的，尽量设在所有的关键位之后。如果止损实在过大，可以设置在最近的关键位之后。

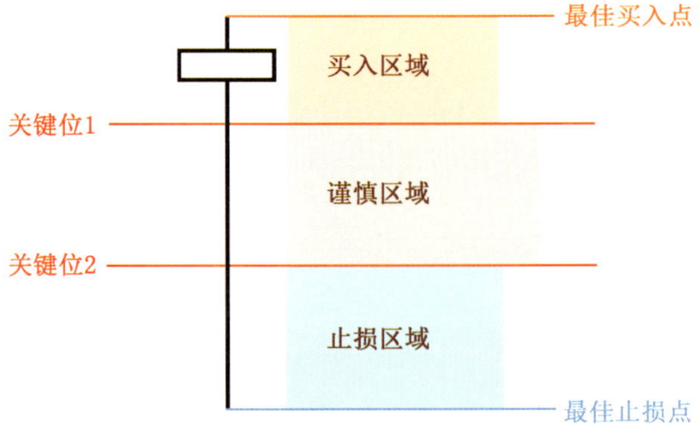


**图6—7 一个信号穿过多个关键位**

图6—7已经把两个关键位和Pinbar之间的关系画出来了，大家可以作为参考。其中：突破点是最佳的买入点；从突破点到关键位1是买入区域；关键位1到关键位2的区间是谨慎区域，在这个区间尽量是以保守为主；关键位2到影线低点为止损区域；而止损的最好位置是影线低点。看空的Pinbar只要反过来看就行了。

当然,如果一个信号穿过了多个关键位,那么一定是假突破。

综上所述:如果信号存在假突破,就表示其反转的力度非常强。

3. Pinbar 的实体有没有包含在之前的 K 线(左眼)的最高价和最低价之内?并且信号的幅度要大于左眼?如果都满足,信号更强

这是为了防止有 Pinbar 是处于强势的上涨趋势但是却给我们释放看空的信号,或者是处于快速下跌的趋势却给我们看涨的信号。如果是强趋势,会导致 Pinbar 因为迅速上涨或者下跌而使得 K 线实体脱离前一个 K 线的震荡区间,如图 6—8 所示。此类 Pinbar 我们是需要谨慎观察的,实体脱离说明价格走得很强势,此时如果逆势可能会加大我们的风险。

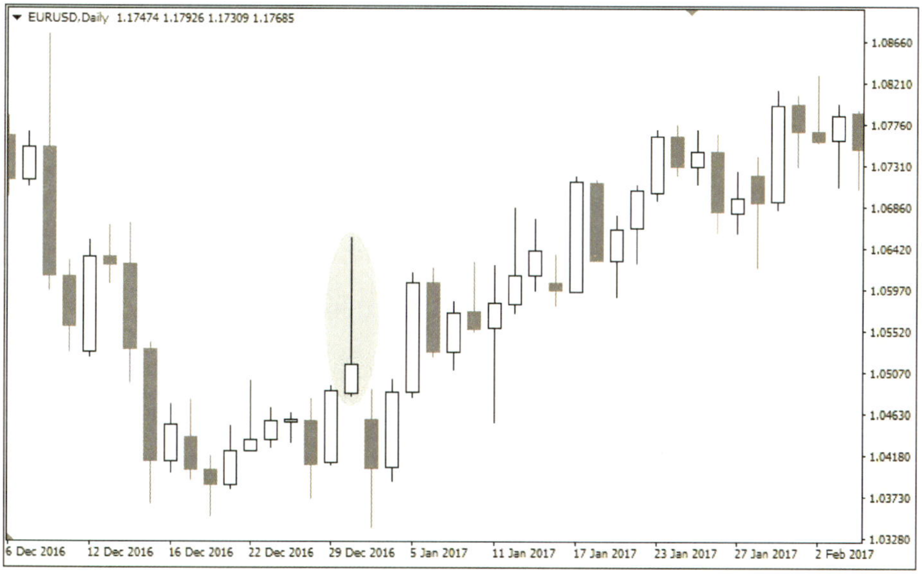


**图 6—8　Pinbar 的实体没有包含在左眼的最高价和最低价之内**

如果前一根 K 线(左眼)的幅度比信号还要大,那么此前的单边力量可能还没有结束,而且如果左眼是大线,则说明在左眼有较大的力量在争夺,那么相应的,对于我们信号的力量投入就会减少,也就降低了信号的能量。如图 6—9 所示。

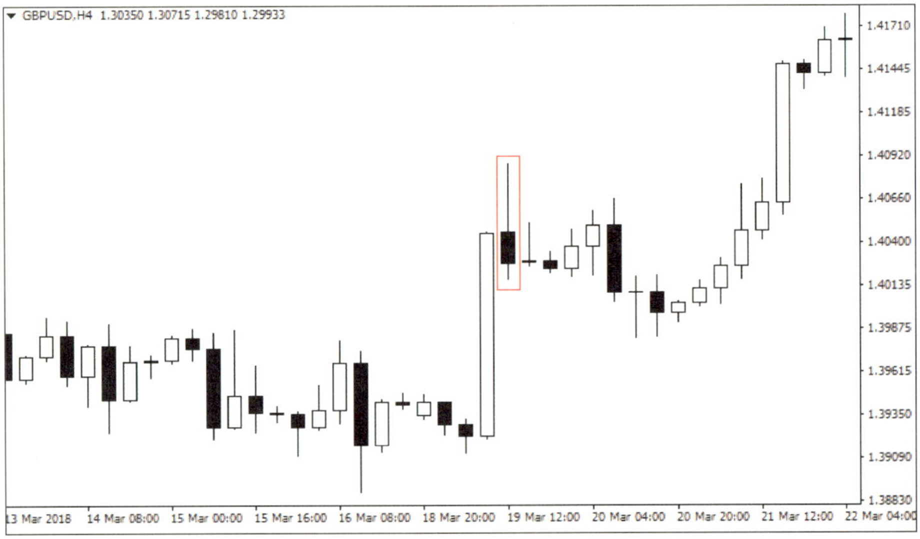


**图6—9　左眼的幅度大于信号**

所以,如果Pinbar的实体包含在左眼的最高价和最低价之内,并且信号的幅度要大于左眼的话,我们认为该Pinbar具有更强的稳定性,也更有意义。

4. 是不是顺着较大级别趋势? 顺趋势,信号更强

还有一类Pinbar效果也非常好,就是在单边趋势中出现的一些顺趋势的Pinbar。比如说行情是上涨趋势,当价格开始回调时,可能价格会遇到某些关键位而受到支撑,如果此时出现了较为满意的看涨Pinbar,这个信号的成功率将会得到提高。一般认为:如果回调不超过之前较大趋势的61.8%,则趋势没有被改变。但是依旧要观察信号所处的行情环境,因为不是每一波走势都很明显。如果行情走势比较凌乱,可以认为信号不符合这个条件。

图6—10澳元日线图,一路上涨的走势开始回调,回调之后出现了一个Pinbar,此时正好遇到之前的一个关键位,价格随后继续拉升。

在空头市场这个也是有效的。图6—11是日元4小时线级别走势,行情处于弱势,反弹之后在前期关键位出现Pinbar,随后价格开始继续下跌。

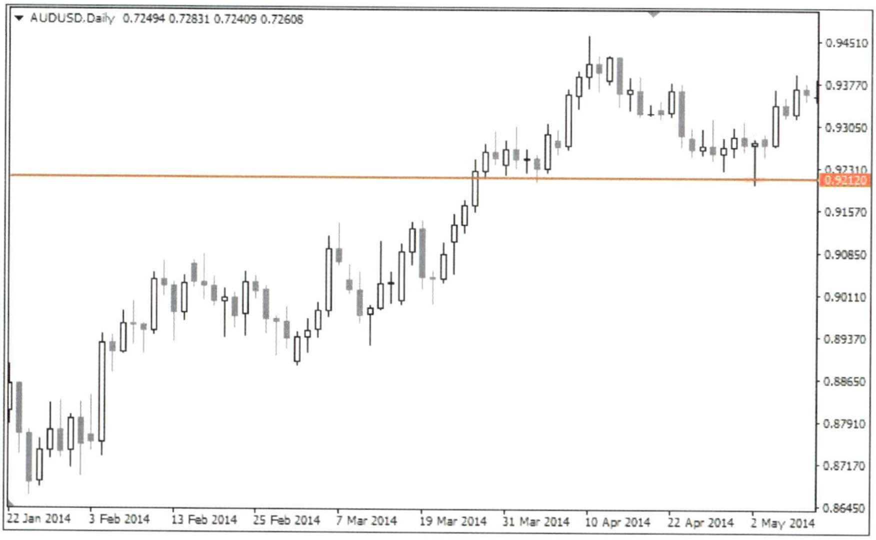


图 6—10　涨势回调中出现看涨 Pinbar

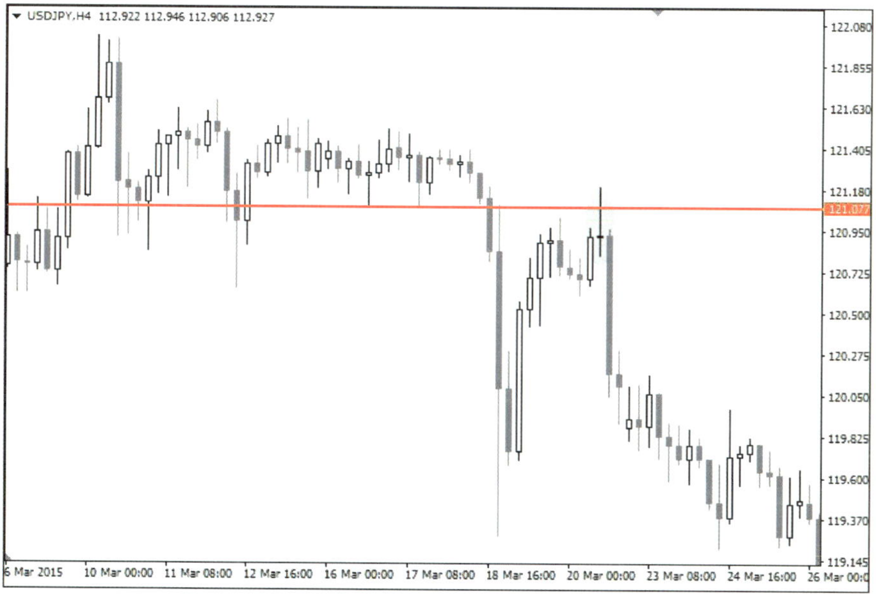


图 6—11　弱势反弹中出现看跌 Pinbar

在上涨趋势中做多的胜率会明显大于做空的胜率；同样地，在下跌趋势中做空的胜率也会明显大于做多的胜率。也就是说，只要没有出现明确的拐头信号，顺势而为是我们的优势选择。

综上所述：如果 Pinbar 的指向是顺着较大级别趋势，那么会增加我们的成功概率。

### 5. 盈利空间是不是足够大？突破入场的盈亏比是否大于 1.5∶1？满足盈亏比大于 1.5∶1，则信号更强

当后续的价格突破了信号，我们就认为信号成立了。此时信号要开始发力，所以我们的成功率是比较高的。如果这个时候我们预期的止盈（突破的点位到下一个关键位的长度）和止损（Pinbar 的长度）满足 1.5∶1 或者更高，则代表这笔交易对我们来说有比较有利的风险和收益比。

很多人喜欢买彩票，是因为彩票具有"四两拨千斤"的可能。2 元钱可能中 100 万元，这预期的最大盈亏比达到了 500000∶1。也有人愿意去买保险，因为我们只要缴纳了保费，那么一旦遇到状况可能获得数倍于我们保费的赔偿，也是因为其盈亏比较高。

我们做交易的时候也是需要看"盈亏比"的，我们更希望以较小的亏损来博取较大的利润。那么预期的盈亏比一定是以最"悲观"的状况来设定的：最大的止损和最小的利润。当信号被反向突破影线，说明信号彻底失败，这就是最大的止损；当价格走到第一个关键位就止步反转，这是最小的第一目标。我们的 1.5∶1 最小盈亏比就是按照这个状况来设定的。

所以，如果该信号突破入场后面临的止损和盈利比大于 1.5∶1，则认为该信号拥有充足的盈利空间，更有利于我们获利。

### 6. 信号所处波段的趋势对比前期走势是否没有出现明显的加速？或者信号前面是否有缓冲趋势？至少符合以上两点中的一点的信号成功率更高

行情加速在盘面上的具体表现形式就是斜率的增加。

斜率＝价格的波动幅度/所用的时间，斜率越大说明在相同单位时间之内价格波动的力度越大，即价格走势越强。斜率是用来和其他的斜率作比较的。

就是说，你必须参考现在的趋势和之前的趋势，如果你单独拿出一个斜率，并不能说明什么，因为只凭一个斜率是无法让你正确认识到现有的趋势是变强了还是变弱了。这就跟细节项里面的“信号是不是比较明显”十分类似，需要比较才能得出结论。

要研判斜率是比较简单的，通过简单的画线工具就可以测量出来，甚至肉眼都可以观察出来两波趋势有没有出现加速。如果说 Pinbar 所处的那一波趋势对比之前的走势有一个明显的加速，那么我们可以认为市场在这里有所加强，此时如果我们去做逆势交易，那么对我们是不利的，所以我们尽量选择那些没有发生加速的行情去做。比如说，信号告诉我们是做多的，但是信号所属的那波下跌走势比之前的那波下跌还要快，那么此时我们做多单风险就比较大了。相反，如果信号所处的趋势相比之前的趋势斜率较小，也就是说市场行情在这里有一个减速——哪怕它还是在下跌，但是它是有所减速的，那么此时我们做多单是可取的，至少比加速状态下要更安全。

但是，只有处于高低点很明显的趋势行情，斜率才有意义。如果是横盘，那么斜率是没有意义的。也就是说信号和之前的那一波走势所组成的空间一定要足够大，如果空间太小，就不存在加速这种说法。如图 6－12 所示，S(空间)太小的话，不属于加速。

**图 6－12　S(空间)太小不属于加速**

另外一种情况是行情在信号之前出现缓冲。缓冲是指超过三根以上的 K 线呈现出小幅整理、阴阳交错的状态，那么我们也可以认为趋势有一定的减速，我们是可以做交易的。

再则，如果信号之前的走势斜率很大则说明行情很强，此时出现反转信号不宜直接入场，而如果在一段时间之后出现了第二次信号，会是比较好的机会。

综上所述，我们得到了第六个细节项：信号所处波段的趋势对比前期走势没有出现明显的加速，或者信号前面有缓冲趋势，符合以上两点的信号成功率更高，符合一点，即可得分。判定为加速必须连续出现3根以上的中线，或者出现大K线；缓冲就是指3根以上K线的小幅盘整，且之前趋势不能是连续的大阴线。如图6—13、图6—14所示。

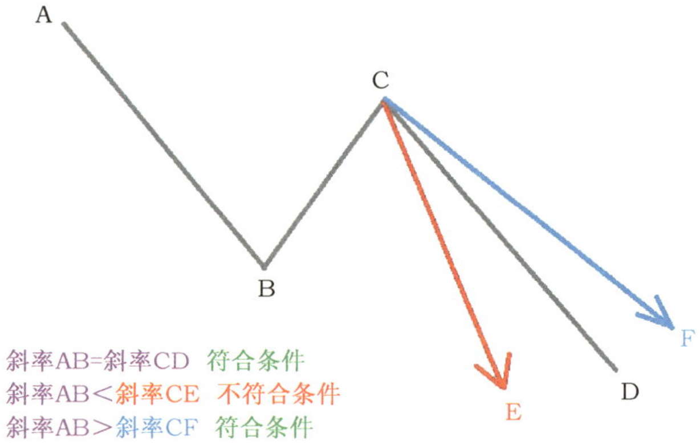


**图6—13　信号所处波段与前期走势对比**

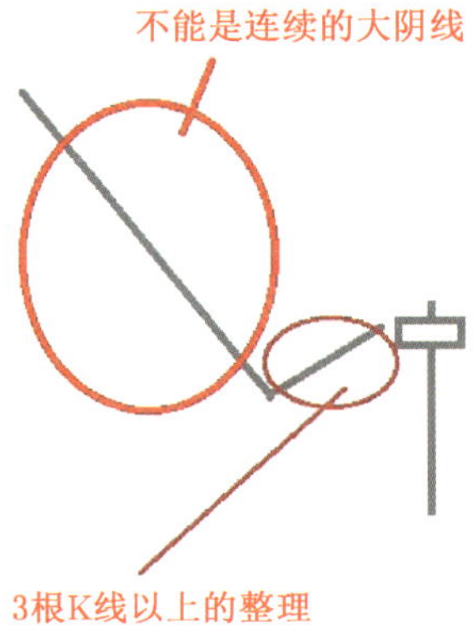


**图6—14　信号前面有缓冲趋势**

再则，如果盘面上只有单独的一波上涨，以及随后的下跌，则可以用下跌的斜率和之前的上涨斜率做比较，如图 6—15 所示。

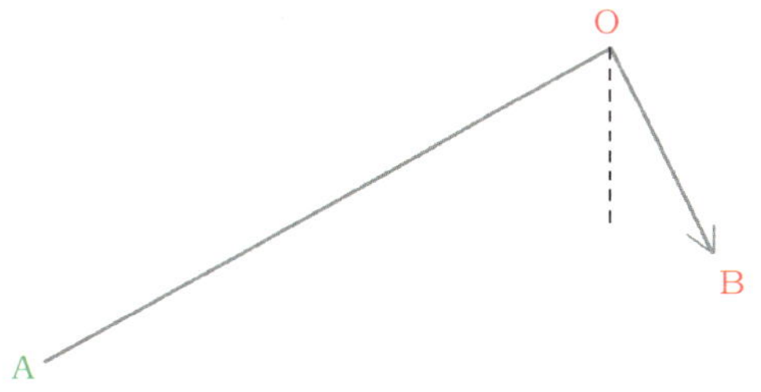


**图 6—15　斜率 OB＞斜率 OA，行情加速**

以上 8 点，就是我们以后遇到信号时的研判准则。我们要求必须达到 2＋3 以上，才可以入场交易。

## 6.2　盈利空间

下面我们讨论一下信号的盈利空间问题。

裸 K 线交易法最普遍设定的目标位就是下一个关键位。入场点到目标关键位的空间就是我们的利润。影响盈利空间的因素有很多，刨去关键位的因素，还有其他原因，比如说：操作周期、所处趋势强弱，还有交易标的的不同都是影响盈利空间的巨大原因。同样是日线级别，原油的波动就是比白银大很多；同样是股票，美股的交易量和波动就是比其他市场大得多。这些大的波动会导致整体 K 线的长度加大，从而使得我们的盈利空间放大。

通常 4 小时和日线的盈利空间都是可观的。不过，有的时候信号收线直接收在了关键位上，这导致我们的盈利空间非常小，而且有很大的概率信号是失败的。

还有一种比较常用的盈利设定方式是按照信号的自身长度来设定目标位，

比如说设定 1 个信号高度，或者 2 个信号高度，还有的会设定 3 个信号高度的止盈，这个对于信号的要求就比较高了，特别是信号的级别以及位置一定要特别好，不然的话 3 倍信号长度是比较难走出来的。

图 6—16 瑞郎日线级别走势，灰色区域出现看空 Pinbar，但是其收盘价直接靠近下方支撑位，受到关键位支撑，预期盈利很小，最终行情也以失败告终。

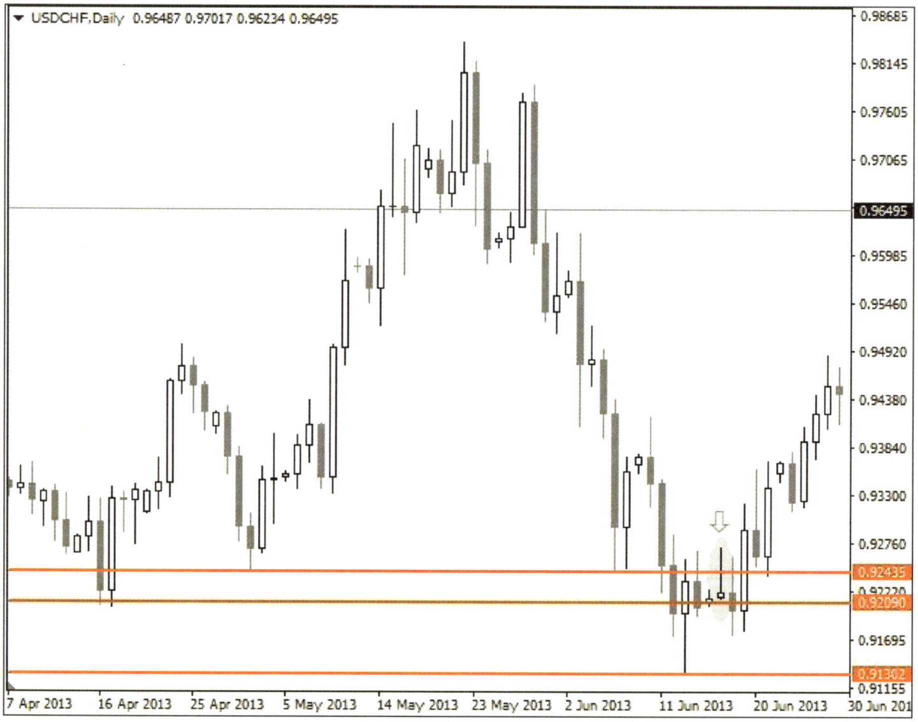


**图 6—16　看空 Pinbar 靠近下方支撑位，预期盈利很小**

我给的 1.5∶1，也就是预计利润∶预计亏损＝3∶2，相对来说是比较宽松的。许多人的盈亏比甚至要 2∶1 甚至更多，但从我的长期操盘经验来看，除非采取回调进场，不然最初的盈亏比很难达到 2∶1，因为本身我们要求的 Pinbar 信号就有长度的要求，而突破信号代表着信号成立，但是此时入场的话止损的设置就是整个 Pinbar 信号的长度了。

还有一点要说明的是：一个好的 Pinbar 所带来的行情，可能不是达到下一个关键位这么简单，其实后续的行情还有很大的空间。但是我们关键位的确就在那里，所以预期的盈利空间不会在一开始就非常大。

如果对于盈亏比有较高要求的话，我建议可以选择回调入场，这也是可以明显地加大盈亏比的一个方式。

如果选择回调信号 50%位置入场的话，止损就少了 50%，而这 50%会加入我们的预期盈利，所以要达到 2∶1 是非常简单的：因为相当于盈利空间只要有信号的 50%长度就可以了。

$(X+0.5):0.5>2:1$

得出 $X>0.5$

不过可能遇到一种很极端的情况，就是说关键位离信号特别近，导致就算通过回调 50%入场也无法达到 1.5∶1 的盈亏比，那么此时，我们需要通过回调 61.8%来交易。但是这样的风险也是较大的，因为一旦回调到了信号的 50%以上行情有可能会反向突破信号而导致交易失败。

还有一种常用的止损方式。我们实战中很容易遇到信号什么都好，就是盈亏比达不到要求，而等回调又很容易出现一去不复返的情况，所以我们可以将突破入场的止损设定在信号的 50%回调位置＋几个点的位置。就是说，如果信号破出但是又回调的，我们认为如果回调的幅度超过了信号的 50%，基本上信号会有较大的概率失败。

图 6－17 是英镑日线图，在关键位出现一个吞没看涨形态，但是由于 K 线自身长度较大，使得整体的盈利空间较小，所以这里我们可以采用突破入场＋50%的止损来交易。

如图 6－18，50%正好处于下方的关键位，我将止损稍微放大了几个点，就到关键位下方了，这样设置止损更加保险。

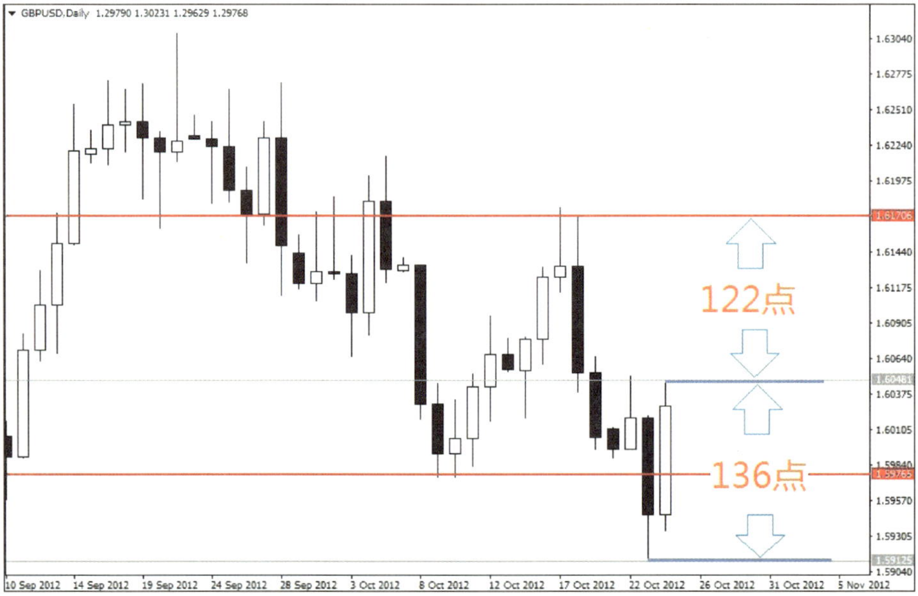


图 6—17　初始盈亏比达不到 1.5∶1

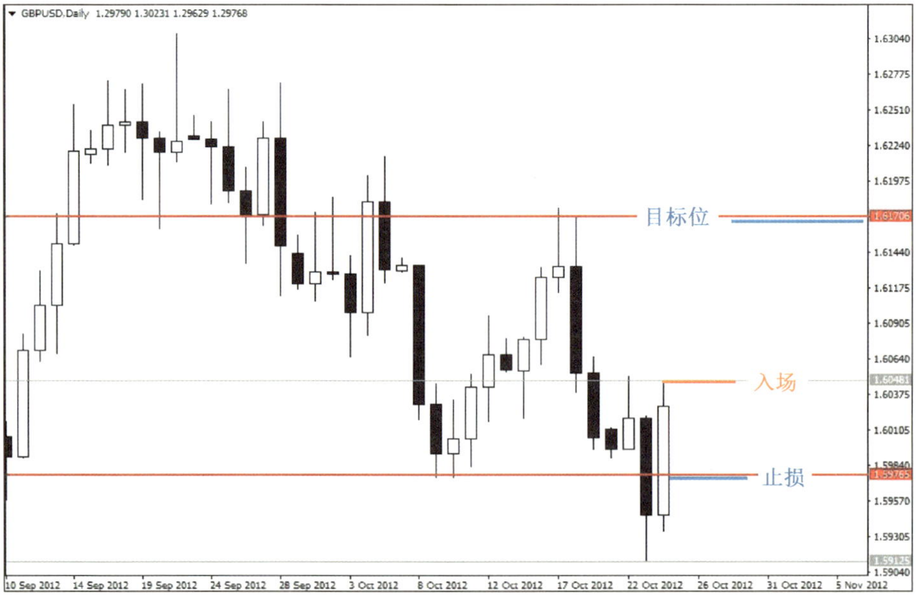


图 6—18　交易计划

我们看看后来的行情，如图 6—19 所示，行情顺利到达了我们的目标位。

**图 6—19　后续走势**

## 6.3　入场和止损方法

入场以及止损的选择是我们必须要面对的问题，这关系到我们的每一笔交易。一般情况下，Price Action 以突破入场为最佳，但是可能因为其止损过大而导致盈亏比不合理。按照我个人的交易系统，每一笔交易的盈亏比必须达到 1.5∶1，如果达不到这个要求，信号的强度再高，也不能操作。所以，入场方式和止损的选择，要根据具体情况而定，最重要的是必须要保证我们交易系统设定的盈亏比。

现在讲一下我们常用的入场和止损方式。

### 6.3.1 收线入场，反向破信号止损

等信号收完线就直接入场，这个需要我们事先判定其收盘的大概位置以便我们提早做好研判，也就是说，我们需要发现一些“快要收线”的信号，并且这个信号在我们对其研判和收盘的过程中没有发生重大的波动，还要保证其收盘之后第二根K线没有开盘跳空。一般4小时线比较常用，日线的话周二到周五会比较好，因为周一跳空的概率比较大。适合这种入场的止损方式是价格反向突破信号时出场。如图6—20所示。

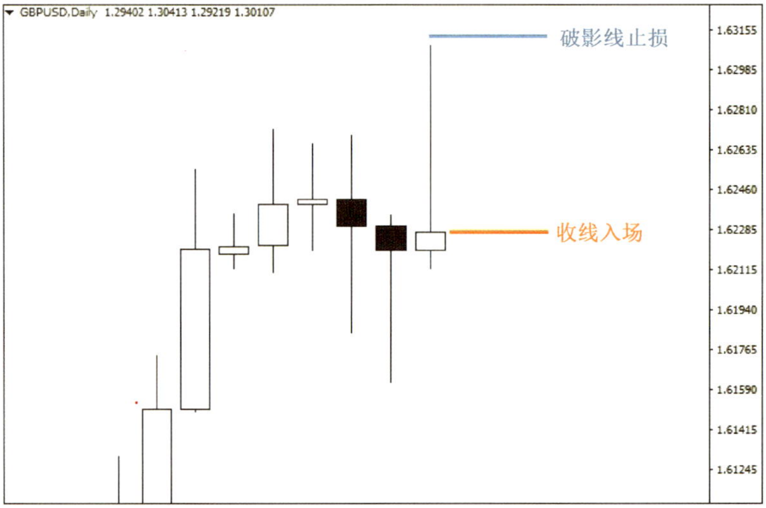


**图6—20 收线入场，反向破信号止损**

### 6.3.2 突破入场，反向破信号止损、回调超过信号50%止损

等行情突破信号的时候入场。这个方式是我们用得最多的方式，也是当盈利空间较大时比较稳健的方式。信号突破则说明信号已经成立，行情将有很大的概率走出我们的预判方向。如图6—21所示。

但是这种入场方式是有一定问题的，最头疼的就是止损问题，因为往往要面临一个信号高度的止损，点数会比较多。这时，我们可以选择把止损设置在

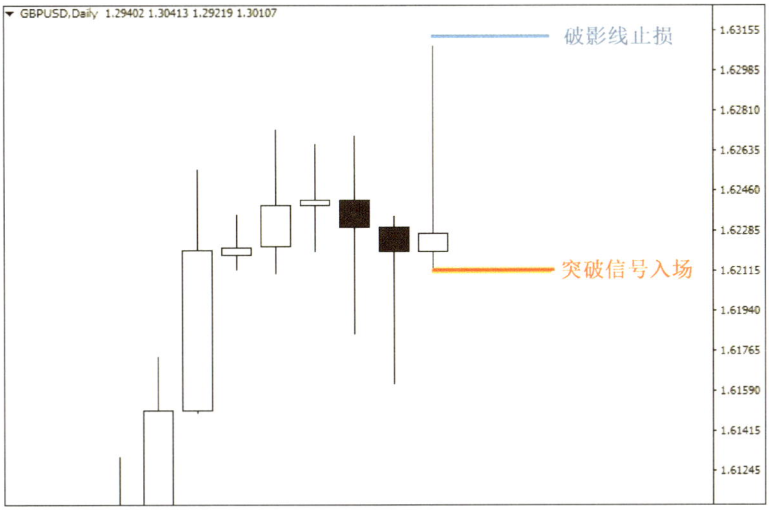


**图 6－21　突破入场，反向破信号止损**

信号高度 50％的位置来降低我们的止损。因为本身我们选择突破入场，已经向成功迈了一大步，即便价格折返，也很难回到信号的 50％以上，所以我们可以把这个位置设定为我们突破入场的止损位。如图 6－22 所示。

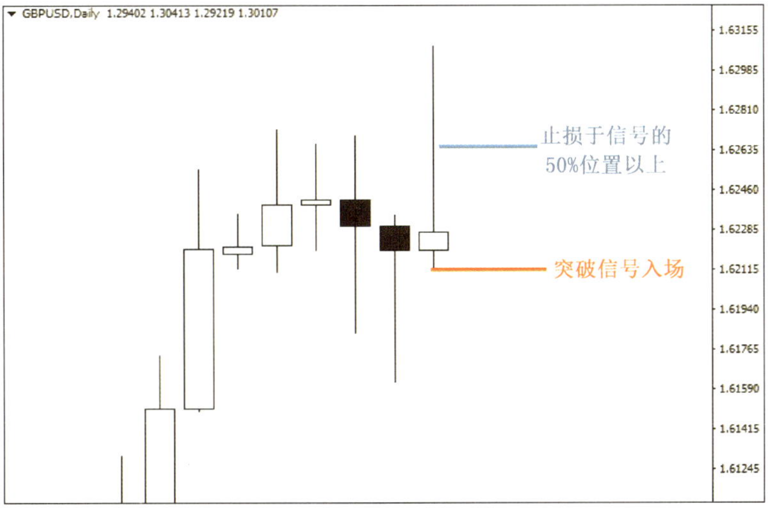


**图 6－22　突破入场，回调超过信号 50％止损**

### 6.3.3 回调信号的33.3%—38.2%区域入场，反向破信号止损

这也是一种常见入场方式，通常在盈利空间稍有不足的时候使用。如图6—23所示。

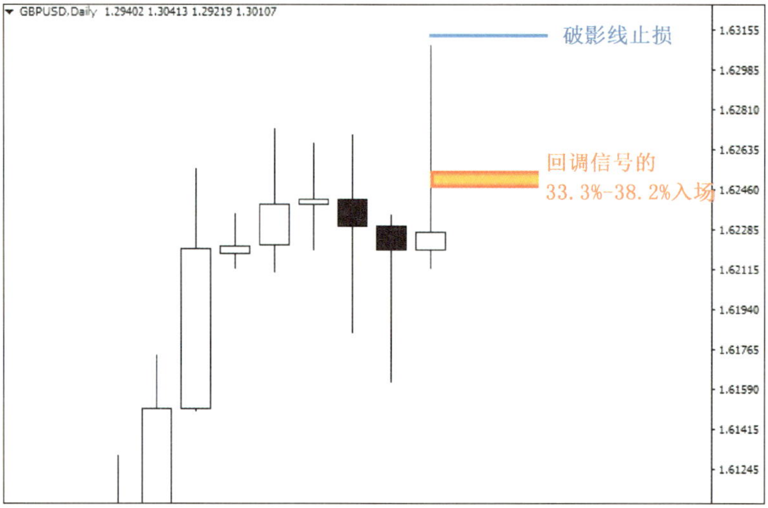


图6—23 回调信号的33.3%—38.2%区域入场，反向破信号止损

### 6.3.4 回调信号的50%入场，反向破信号止损

实战中应用次数非常多的一种进场方式，之所以常用是因为这种进场方式很容易拿到相对较高的盈亏比。如图6—24所示。

通常而言，选择回调50%入场有两种情况，一是信号实在太长，止损无法保证；二是盈利空间较小，必须选择50%回调才能保证1.5∶1的盈亏比。两种都说明比较被动，但是只要信号满足了2+3，我们就可以执行我们的交易策略。所以说50%也是一种可取的入场方式，不过市场给不给你机会等待回调却要另说了。

### 6.3.5 回调信号的61.8%—66.7%区域入场，反向破信号止损

这种回调的方式是风险较大了，如果行情真的给了你这个回调的位置，相

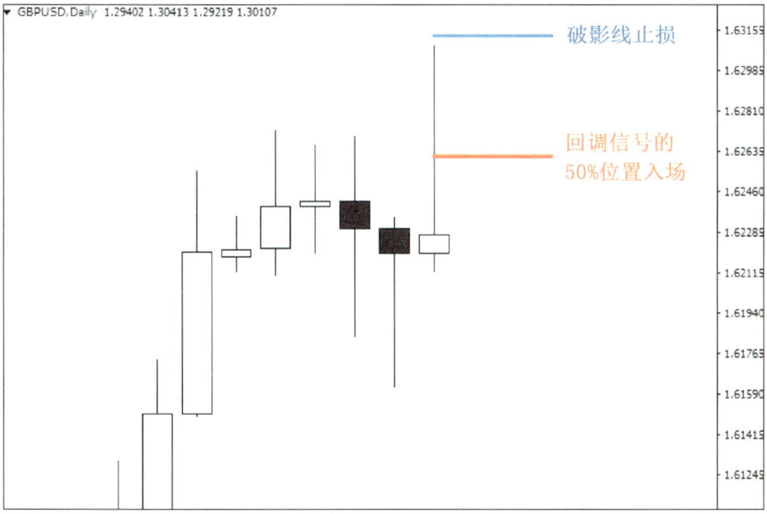


**图 6—24　回调信号的 50%入场,反向破信号止损**

对来说反转的概率也是非常大的。别以为只承担了信号 1/3 长度的止损而洋洋得意,止损越小同时意味着面临的止损的距离也就越小！如图 6—25 所示。

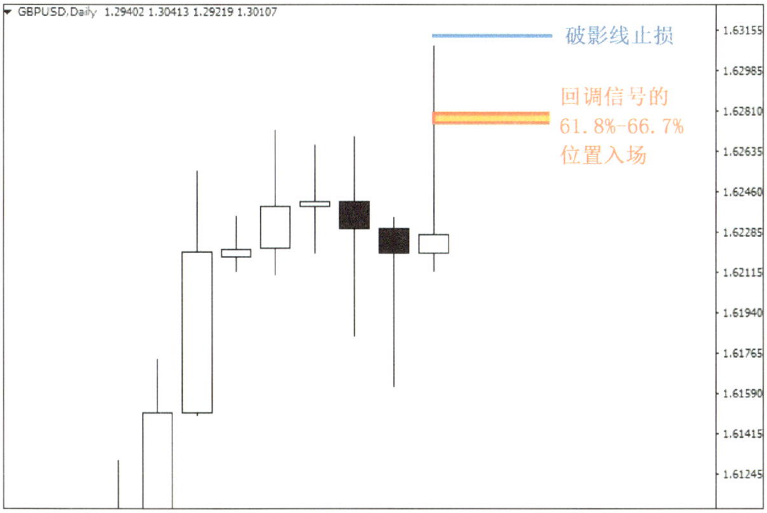


**图 6—25　回调信号的 61.8%—66.7%区域入场,反向破信号止损**

### 6.3.6 避免回调不到的补救方式

我们可以选择兼顾的一种交易手法：

如果可以的话，我们挂两个单：第一单是突破信号的入场单，止损放在信号的50%位置；第二单是回调入场单，止损放在信号的极值，即看空信号的最高点上方，看涨信号的最低点下方。如图6—26所示。

我们需要盯盘，等待其中一笔交易被触发，然后我们将另一笔订单取消，这样既可以保证我们不会错过行情的回调，也避免了我们因为等回调而错过突破进场的好时机。

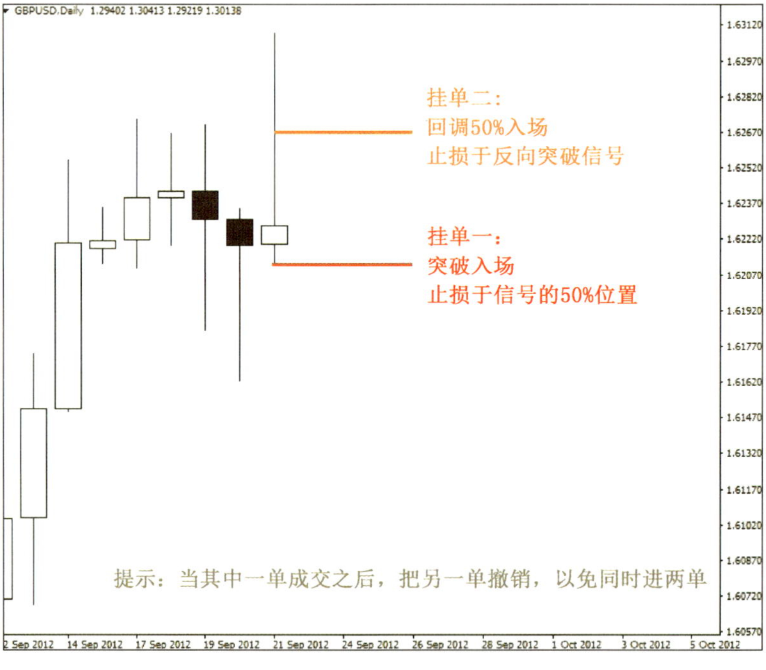


图6—26 挂两个单

### 6.3.7 应对止损过大的另一类进场方式：分批进场

如果一家玩具公司有100万元资金来生产玩具，不可能一次性就把所有的钱用来生产某一种玩具，这样一旦这种玩具卖不出去就可能血本无归了。正确的方式是分散生产：比如说先用 50 万元生产 10 种不同的玩具，等到投入市场之后，我们发现这 10 种玩具有 2 种特别受欢迎，那么再投入 50 万元生产这两种受欢迎的玩具。这样操作玩具公司的压力就小了很多，而且盈利的概率也更大。这种方法在市场上的应用就是分批进场。

如果我们计划的仓位是 10 手，那么可以分批为 2 手+3 手+5 手这样子操作。如果你愿意，可以分更多次，总体的持仓还是不变的。这里的止损要求依旧是最优止损位：信号的影线后方。

那么到底在什么位置分批进场呢？

我们需要用到黄金分割线对信号进行测量，而 Pinbar 的黄金分割都是由影线端开始的。

如图 6—27，是两个 Pinbar 的分割。左边这类 Pinbar 是先下后上，所以用黄金分割的话要从最低点往上画，画到最高点。此线收盘之后的右眼开盘价应该在 23.6%位置的上方。而右图则应该从最高点往最低点画。记住一点：黄金分割画单线的时候一定要把所有的价格都画进去。

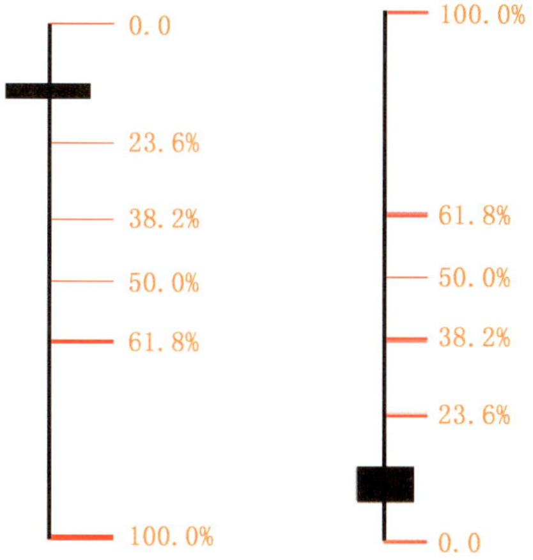


**图 6—27　两个 Pinbar 的分割**

黄金分割线最重要的几个点是：0、38.2%、50%和 61.8%、100%，这些比例就是常用的关键位，也就是说但凡价格触及这些位置，都有一定概率发生拐头。那么我们可以按照这些特殊点位来进行分批进场。这里大家可以给这些百分比排一个心理顺序，比如说我认为最重要的是突破信号，也就是0，再者是50％，最后是38.2％，其他百分比我暂时忽略。如果大家比较喜欢61.8％的话也可以给予关注。如果我们的计划持仓是10手，就可以分别在这些位置设置5手、3手、2手这样的方式持仓。如果你认为只有回调61.8％和突破信号这两个位置最重要，也可以设置5手和5手的进场方式。但关键位的强弱是有所不同的，所以我建议在分批进场的时候选择递增或者递减的方式入场。

还有一种情况：我们的计划是在价格突破信号以及价格回调到信号38.2％、50％的时候分三次入场，如果价格先回调到了38.2％的位置，我们选择先进2手，把止损放在影线后方；如果此时价格不再回调，而直接突破信号，那么我们可以再加5手，同样止损于影线后方。突破信号时的加仓应该是最后一次加仓操作，因为如果价格突破信号后再次拉回信号之内，说明其力量不是特别强，此时不适合再加仓了。如图6—28所示。

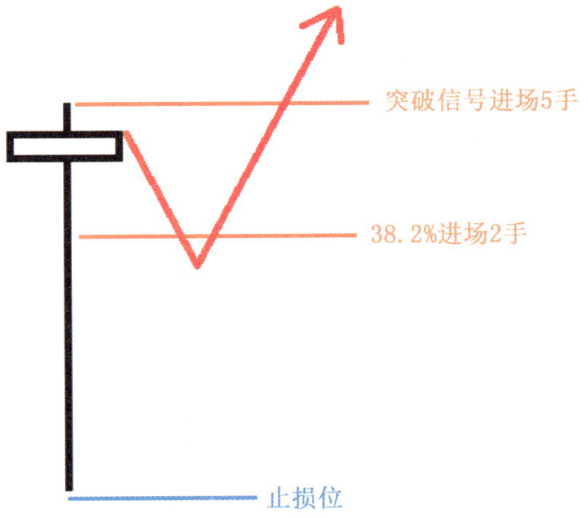


**图6—28　分批进场**

虽然这样子我们可能无法按照计划持仓10手，但是我们所面临的风险也比之前小了许多。

如果说价格按照我们的期望,陆续回调到了信号的 38.2%和 50%,那么我们可以分别进场 2 手和 3 手,等信号突破时再进 5 手,这样相对于直接突破入场 10 手,可以降低所承担的止损。如图 6—29 所示。

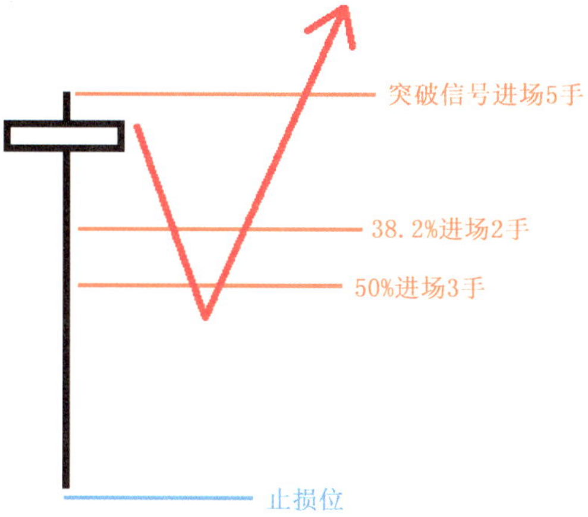


**图 6—29　分批进场**

而且如果价格没有突破信号而直接下砸导致我们止损,也是要比计划的亏损小很多。

也有人喜欢把 61.8%作为回调的入场位。61.8%的确是非常强的关键位,但是和 50%非常接近,而且很多时候价格往往打到 61.8%的位置就开始反弹,如果不是事先埋单基本上没有入场的机会。而 50%这个位置相对来说并没有那么苛刻,进场的成功率相对较高,所以我更加偏爱这种入场方式。当然,这些位置都可以作为入场位,每一个人都有自己的操作特点,可以根据自身习惯的交易方式来选择入场位以及相对应的持仓量。

总而言之,分批进场是为了降低止损而采取的入场方式,是一个折中的操作方法。如果价格直接突破并且打止盈,它不如破位入场;如果价格回调信号的 50%后再打止盈,也不如回调后直接入场获利高。但是它既避免了单次入场可能面临的止损过大问题,也保证了不会因为价格直接突破而错过入场机会。

### 6.3.8 没有明显关键位时的止损和止盈设置

有的时候行情会走到新高或者新低，此时我们如果有仓位的话，是没有很好的关键位让我们做止盈或者止损参考的。那么这个时候我们可以采用一种百分比止损止盈方式，比如说我们在创新高的时候，止盈往上拿30%或者20%，止损可以做一个最大回撤止损，比如说从最高点回撤10%，那么我们就离场。再比如做空时，行情创了新低，我们可以再往下拿30%做止盈，反弹超过10%止损。这个比例也可以根据具体的情况自己调整。

举个例子：你在95的时候入场做多，现在价格到了100，而且没有明显的关键位让我们止损止盈，此时我们可以把目标放到130，止损放到90。

# 第 7 章　裸 K 线交易法实战应用

我们已经学习了裸 K 线交易系统的绝大多数理论知识，下面我们将进入实战。以下实战都是以我个人的交易系统来操作的，仅供各位参考。各位在实战中应该有自己的特点，没有必要完全复制。

有些比较散乱的知识点我会在本章中通过实战案例给大家讲解。请耐心地看完本章，这对理解和掌握裸 K 线交易法有着至关重要的帮助。

## 7.1　黄金实战

### 7.1.1　黄金实战案例一：兼谈关键位的强弱和不同入场方法的利润差异

#### 1. 关键位的强弱

我们先来看一个黄金 4 小时线盘面的信号，见图 7－1。我们先参考一下图中较明显的一个价格区间，我画了两根线：上面的 A 线和下面的 B 线。而现在的价格已经运行到了图中所示的 5 区之后，A 线和 B 线组成了一个关键区间。那么，现在如何判定是 A 线更强还是 B 线更强？

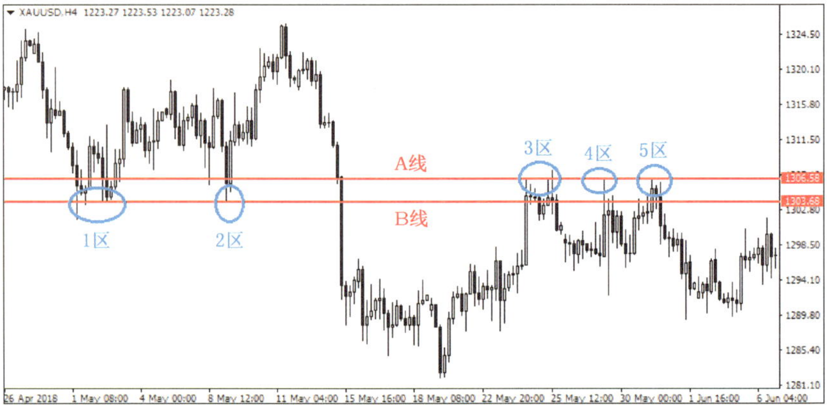


**图 7—1　黄金 4 小时线走势**

当价格运行到 1 区和 2 区的时候，发生了明显的反转，也就是说价格在这里是有支撑的。然后，价格破位下跌，跌穿 B 线。之后反弹至 3、4、5 区，受到了阻力。这很好地呼应了“极限转换原则”：当支撑或者阻力位被突破之后性质会发生转变。这里就是：支撑位被突破之后变成了阻力位！

根据我们的原则：拐点离现价越近，关键位越有效。而 1、2 区和 3、4、5 区是同级别的，并且通过的拐点数量相近。所以我们认为：A 线目前更加有效。

2. 不同入场方法的利润差异

然后，价格再次进行整理，在 5 区过去之后，出现了我们等待的信号——Pinbar。如图 7—2 所示。

现在是一个很明显的横向市场，也就是大家常说的盘整。通常情况下，我们盘整只关注两个关键位，即盘整上方阻力和盘整下方支撑，这两根线我已经画出来了。

我们先看看盘面上的一些具体数据（见图 7—2）：Pinbar 最高价是 1309.2，这是我们的止损参考位置；最低价是 1301.5，这是我们突破进场的参考位；下方关键位置 1292.6，这是我们参考止盈的位置。

接下来我们要对 Pinbar 进行研判。

Pinbar 的研判方法，我们一共有八条硬指标：两个基本条件和六个细节项。

**图 7—2　出现了 Pinbar**

两个基本条件：

(1)是否处于明显的关键位？

(2)是不是处于明显的高位或者低位？

这是两个必要条件，但不是充分条件，如果有一项不符合，则 Pinbar 不能交易。

六个细节项：

(1)整个 Pinbar 在盘面上是否明显？

(2)有没有假突破？

(3)Pinbar 的实体有没有包含在之前的 K 线(左眼)的最高价和最低价之内，并且左眼的幅度要比信号小？

(4)是不是顺着较大级别趋势？

(5)突破入场的盈亏比是否大于 1.5∶1？

(6)信号所处波段的趋势对比前期走势是否没有出现明显的加速？或者信号前面是否有缓冲趋势？

这六个条件必须要满足三个以上，我们的信号才算合格，才可以交易。

我要求的盈亏比是 1.5∶1，如果我们选择突破进场，则止损是 76 个点，盈利是 89 个点，盈亏比小于 1.5∶1，不符合我们的要求。当然，所有人都希望盈亏比越高越好！很多人的盈亏比要求都要达到 2∶1，这点可以根据自己的操作习惯和预期做调整，并不是一定要达到 1.5∶1 或者 2∶1，如果你愿意 1.2∶1 也是可以的。但是最好不要小于 1∶1，比如说 0.8∶1 这样子的，即每一单的预期盈利比预期的亏损还要少，因为这对于整个交易系统的正确率就有非常严苛的要求了。

为了达到盈亏比，我们考虑回调进场。如果回调 38.2%进场，那么止损是 47 个点，而止盈是 118 个点，盈亏比是 118∶47≈2.5∶1，这个盈亏比是符合我们预期的。如果我们选择 50%回调进场，那么止损是 38 个点，止盈则是 127 个点，盈亏比是 127∶38=3.3∶1！大家可以看到：如果选择回调，我们所获取的利润会比突破进场高出很多。而且，如果我们是固定风险建仓，也就是说，我们确定了每一笔交易损失的资金，以此来制定我们的交易策略，那么预期收益会更加夸张。

固定风险（亏损）建仓：每点波动所对应的资金变化×仓位大小×止损点位=设定的止损金额（这个金额是交易员自己设定好的，是不变的）

就拿这个例子来说，如果我们是固定亏损建仓，那么回调 50%入场的话，我们这边所面临的止损点位就少了 50%，这样我们的仓位可以增加接近 100%！（当然，要考虑给市场留出的空间，这里只是理论上接近 100%）而我们的利润空间，从 90 个点，提高到了 128 个点，那么，两种不同方式的盈利比就是 128×2∶90×1≈2.84∶1！这个是截然不同的交易了！同样的行情，大家看的点位和方向都一样的情况下，两种不同的入场方法带来的利润简直是天差地别！这就是回调入场的优势！不过并不是每次都可以拿到好的回调点位的，很多时候行情可能一去不返，所以稳定能够拿到的点位是突破入场和收线入场。

### 3. 信号研判及交易计划

现在我们对这个信号进行研判。

两个基本条件：

(1)是否处于明显的关键位？

答:是。此 Pinbar 在所处的价格之前有过明显的拐点,是一个有效的关键位。

(2)是不是处于明显的高位或者低位?

答:是。在此 Pinbar 之前 K 线走出了上涨趋势,Pinbar 处于明显的高位。

六个细节项:

(1)整个 Pinbar 在盘面上是否明显?

答:是的。Pinbar 幅度较大,在附近的盘面上看来是一个较明显的"鼻子"。

(2)有没有假突破?

答:有的。Pinbar 的影线刺穿了关键位,但是又收在了关键位下方,是一个假突破。

(3)Pinbar 的实体有没有包含在之前的 K 线(左眼)的最高价和最低价之内,并且左眼的幅度要比信号小?

答:满足。Pinbar 的实体部分包含在左边 K 线的最高价和最低价之内,而且左眼的幅度要比信号小。

(4)是不是顺着较大级别趋势?

答:不是。此时盘面并没有明显的趋势,价格正处于盘整行情。

(5)突破入场的盈亏比是否大于 1.5∶1?

答:不满足。

(6)信号所处波段的趋势对比前期走势是否没有出现明显的加速?或者信号前面是否有缓冲趋势?

答:该行情处于横盘整理后的小幅上扬,并未加速。

总体的评价是 2+4,可以进行操作。

这里由于盈利空间问题,我们选择收线入场,此时止损为 48 个点,盈利空间是 117,盈亏比为 117∶48=2.43∶1,符合我们的要求。我们把止盈位放在下方的关键位上方。

这样就可以得出我们的交易计划了,如图 7—3 所示。

后续的走势如图 7—4 所示,行情很快就走到了我们的目标位,我们的交易快速地止盈了。

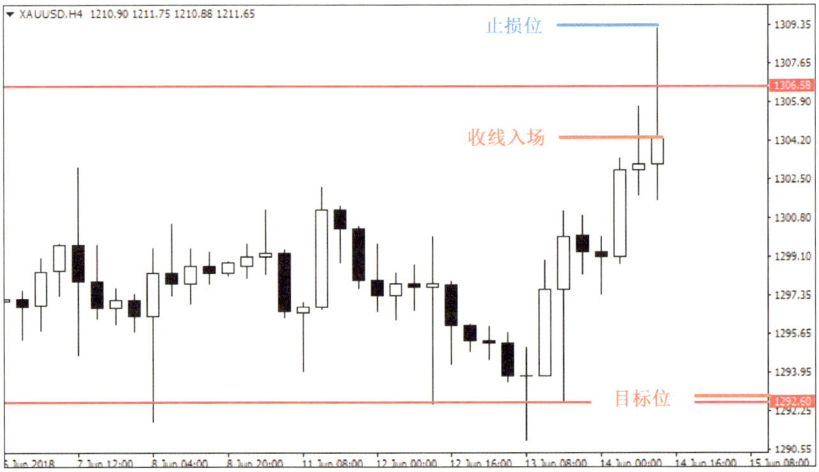


**图 7—3　交易计划**

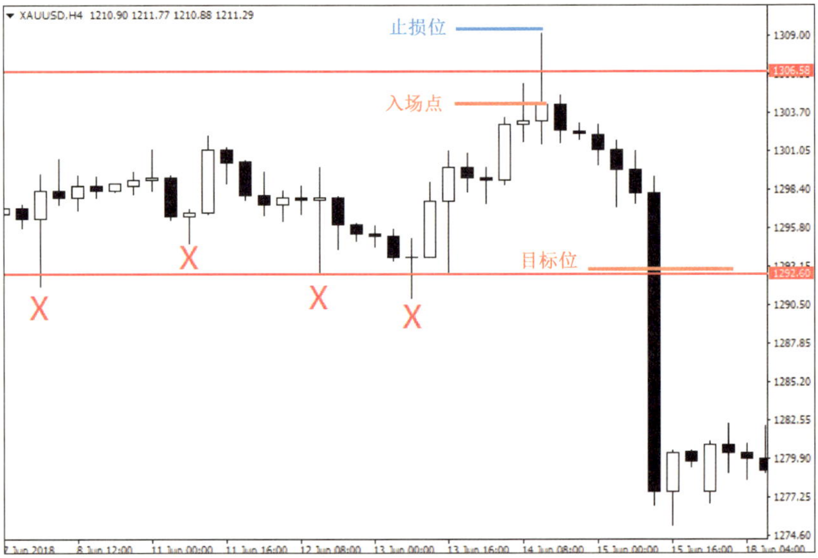


**图 7—4　后续走势**

价格走得很平稳，稍有回调之后就一路下跌。整个下跌持续了数月，最多超过 900 个点的跌幅，如图 7—5 所示。当然，我们这笔交易的盈利只有 100 多个点。

图 7—5　持续数月的下跌

可能有人要问了：下跌这么多，我们只抓了 100 个点，是不是太差劲了？

其实，在这波下跌的过程中，还有几个很好的操作机会。后面大家可以自己去看看。当然，我们有一些非常实用的出场方式，既可以让我们锁定现有收益，也可以避免在单边行情中过早离场而减少利润。

4. 无效信号

有一点我需要补充一下，其实在之前有人问过：图 7—4 中也有很多 Pinbar，而且后来都走得蛮好的，为什么你不选这些 Pinbar 作为信号呢？

在图 7—4 中，大家可以找到至少有 4 个形态较好的看涨 Pinbar，这些 Pinbar 自身的幅度还都不小，我用×标出了。但是大家可以看到，这些信号并不处于明显的高位或者低位，而是扭在一起，不符合我们的第二个基本要求，所以它们都被忽略了。

再者，图 7—4 的行情基本上就是横盘，而且幅度小得可怕，基本上是没有机会盈利的。这种行情，我们一般是直接跳过的，在这种行情下要判断后市的走向是不准确的，在这里所有的信号都视为无效信号。

### 7.1.2 黄金实战案例二：分批离场

我们再来看一个黄金的案例，图7—6是黄金4小时线级别的盘面，我们用×将Pinbar标出，并对其进行研判。

**图7—6 黄金4小时线级别盘面出现Pinbar**

两个基本条件：

(1)是否处于明显的关键位？

是的。处于明显的关键位。

(2)是不是处于明显的高位或者低位？

是的。该信号处于一波下跌趋势的明显低点。

六个细节项：

(1)整个Pinbar在盘面上是否明显？

是的，比较明显。

(2)有没有假突破？

有假突破。

(3)Pinbar的实体有没有包含在之前的K线(左眼)的最高价和最低价之

内，并且信号的幅度要大于左眼？

不满足。左眼的幅度大于信号。

(4)是不是顺着较大级别趋势？

是。短期内行情处于下探，但大级别上涨趋势并未破坏，该信号看多，属于顺势。

(5)突破入场的盈亏比是否大于 1.5 ∶ 1？

不满足。虽然把止盈放到上方的明显关键位是超过 1.5∶1 的盈亏比，但是信号左侧有一个波段高点，以此作为目标位并不满足要求。

(6)信号所处波段的趋势对比前期走势是否没有出现明显的加速？或者信号前面是否有缓冲趋势？

没有出现明显加速。

这个信号根据我们的研判，是 2+4 的信号，可以操作。在这里因为有一个比较次级的高点，所以这里的交易采用分批离场，交易思路如图 7—7。

**图 7—7　交易思路**

具体的计划是：这里采用回调信号的 30%左右入场，并且止损于信号下方，在第一目标位的时候选择少量出场，在第二目标位的时候平掉剩余所有仓位。

如图 7—8 所示，后续行情很快地走到了我们的预期点位，这笔交易以盈利收尾，而且我们的止盈位很巧妙，触及之后行情就开始回落。

**图 7—8 后续行情**

## 7.2 日元实战

### 7.2.1 日元实战案例

#### 1. 信号研判及交易计划

图 7—9 是日元日线级别走势，正处于一波较明显的上涨趋势中。而且没有太多的“鼻子”出现，说明在这段时间行情走得较为平稳，也适合我们交易。此时日线级别出现了一个 Pinbar。

这个位置出现 Pinbar 之后，我们将比较明显的拐点都画出来，这些都是近期会遇到的关键位，见图 7—10。

可能这个时候有朋友会问了：怎么这么多关键位啊？感觉所有的位置都是关键位啊，这还怎么操作啊！

要知道我们看的是日线图，两个关键位之间的距离少说也有几十个点，多则上百点，所以只是我们“看起来”关键位都集中在一起了，其实如果放在 4 小

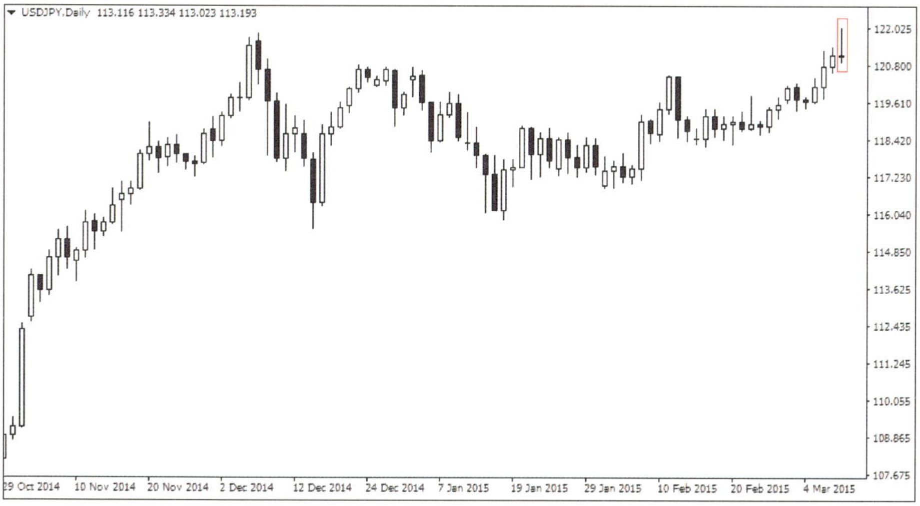


**图 7—9　日元日线级别走势出现 Pinbar**

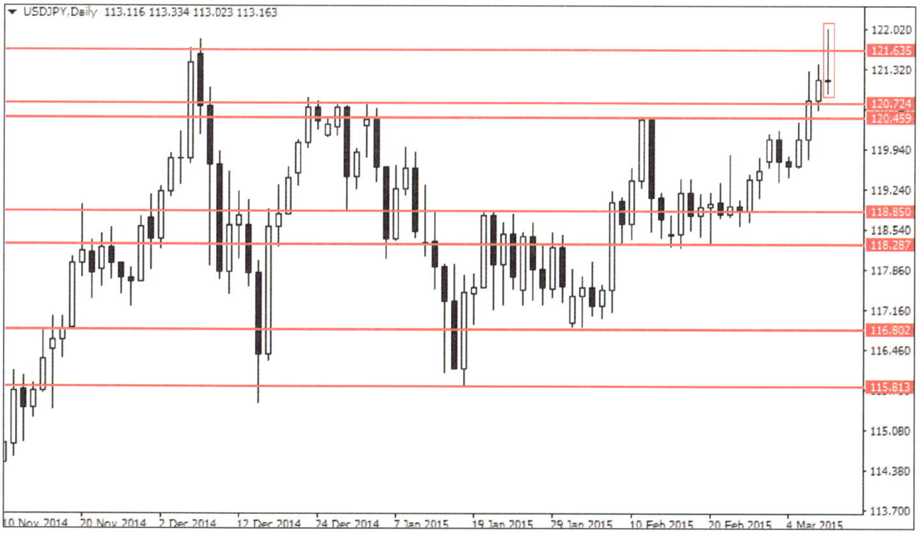


**图 7—10　比较明显的关键位**

时线图上看的话关键位之间的距离是很大的。

看起来我们需要对其进行研判。老规矩，还是我们之前设定好的研判系统。

两个基本条件：

(1)是否处于明显的关键位？

是的。这个 Pinbar 出现在了前期的高点，是一个明显而且有效的关键位。

(2)是不是处于明显的高位或者低位？

是的。在这个 Pinbar 之前是一段明显的上涨趋势。

符合我们交易系统的两个基本条件，那么我们有必要继续往下看了，现在可以对其进行细节研判。

六个细节项：

(1)整个 Pinbar 在盘面上是否明显？

不明显，这个 Pinbar 的长度一般，虽然也有 110 个点的幅度，但是相比较周围盘面并不算突出，不过也不能称之为小。所以这里可能有点争议。如果让我来判断的话，我个人认为是不符合"明显"这个标准的。

(2)有没有假突破？

有的，这个 Pinbar 在突破前高之后又转头下跌，收线于前高之下，这是一个假突破动作。

(3)Pinbar 的实体有没有包含在之前的 K 线(左眼)的最高价和最低价之内，并且信号的幅度要大于左眼？

是的，Pinbar 的开盘价和收盘价几乎持平，而且和左边 K 线的收盘价在同一价位，而且 Pinbar 的幅度要明显大于左边的 K 线。

(4)是不是顺着较大级别趋势？

不是，大趋势是上升趋势，这个用眼睛就可以看得出来。

(5)突破入场的盈亏比是否大于 1.5∶1？

不是，突破入场后随即就遇到关键位，止损 110 个点，而目标却只有 17 个点，不符合我们 1.5∶1 的盈亏比要求。

(6)信号所处波段的趋势对比前期走势是否没有出现明显的加速？或者信

号前面是否有缓冲趋势?

相比之前的上涨速度并没有出现明显加速。如图 7—11 所示:斜率 CD<斜率 AB。

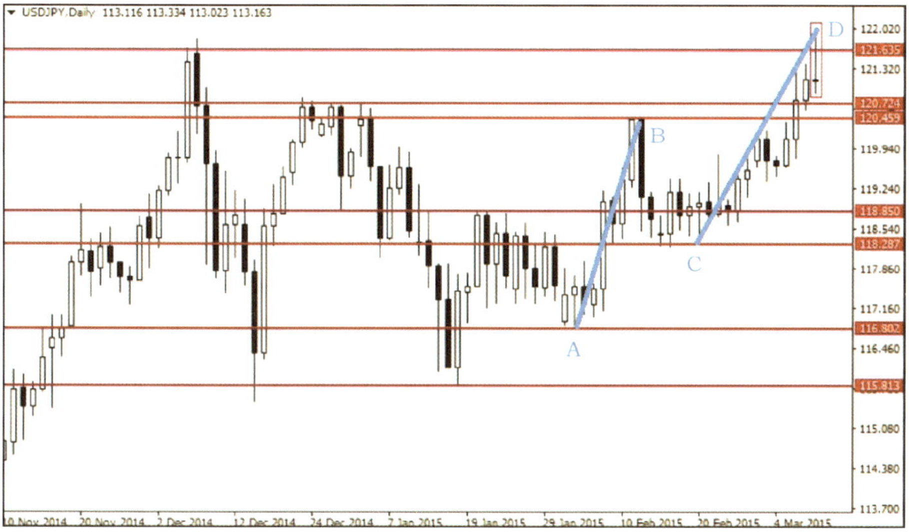


**图 7—11　斜率 CD<斜率 AB**

总体的评分是 2+3,可以进行操作。

盈利空间如果不够,我们就需要通过回调 50%信号位置进场了。可是通过计算出现了一个尴尬的事情:回调 50%的话,盈亏比是(55+17)∶55,依旧不符合 1.5∶1 的要求!

此时,我们需要通过回调信号的 61.8%来交易,则盈亏比是(69+17)∶41,这才符合要求,不过好在 61.8%的位置处于关键位下方。所以这个信号的进场方式是比较冒险的回调 61.8%进场。

我们制定好我们的交易计划:回调信号的 61.8%入场,止损于信号的上方,止盈在下一个目标位上方,如图 7—12 所示。

由于是回调 61.8%入场,但是行情未必会给我们这么深的回调,如果给到了,我们就入场;如果没有给到,我们就选择不做。

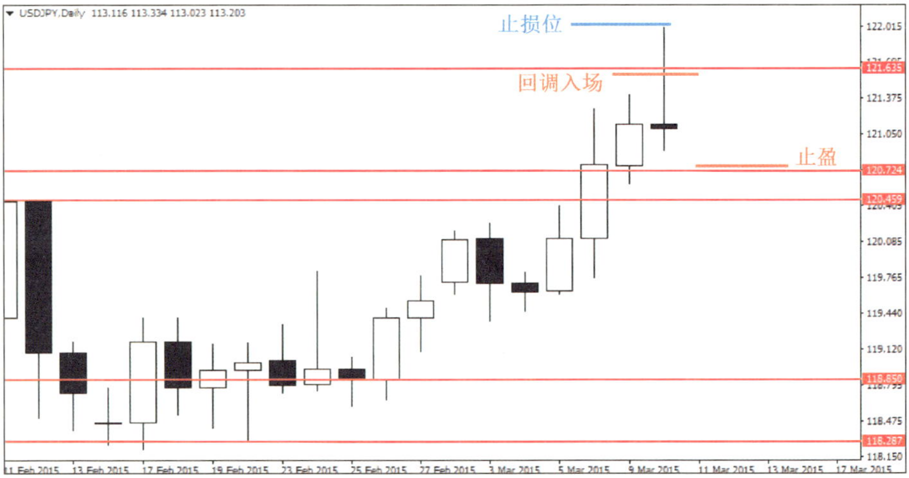


**图 7—12　交易计划**

如图 7—13，行情在右眼给到了我们入场位上并且很快就走到了我们的目标位置，这笔单子我们顺利地盈利出场。

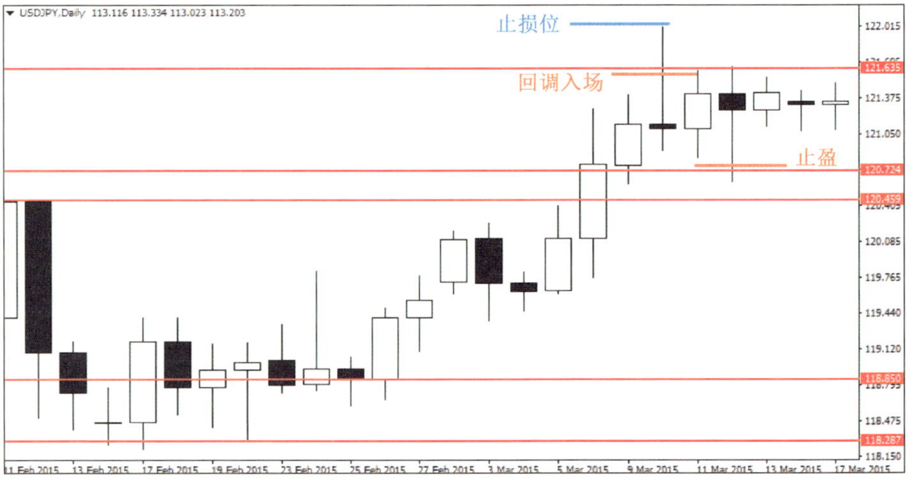


**图 7—13　后续走势**

我们的止损和止盈一定要留一定的空间，就像图 7—13 这样子，止损超过

Pinbar 的影线，而止盈要适当地给关键位留一点位置。

### 7.2.2　三线战法

我们来介绍一个在不扩大风险的情况下，有机会扩大收益的出场方式：三线战法。不过请注意：收益永远和风险成正比，没有一个方法既能保证最大化收益，又能把风险降到最低。

**在强势趋势里，一般行情的回调不会超过 3 根 K 线，如果超过 3 根 K 线，则行情反转的概率较大。三线战法**就是交易的时候不设置止盈，而只设置止损，止损按照最新的 3 根 K 线的极值来设定，直到行情打到止损为止。其原理是以 3 根 K 线作为一个较小的整理周期，把小级别整理周期的高低点作为我们的出场点。三线战法的信号研判和裸 K 线交易法一样，只是出场方式不同而已，要执行这个战术，初始止损必须设定在信号的极值后方。三线战法最重要的用处是在保证部分利润的同时可以抓住较强的单边趋势。

我们具体看看用三线战法来操作这笔交易会有什么不同。

在交易开始的时候，并没有任何区别，我们没有设置止盈，但是止损是一定要带着的！如图 7—14 所示。

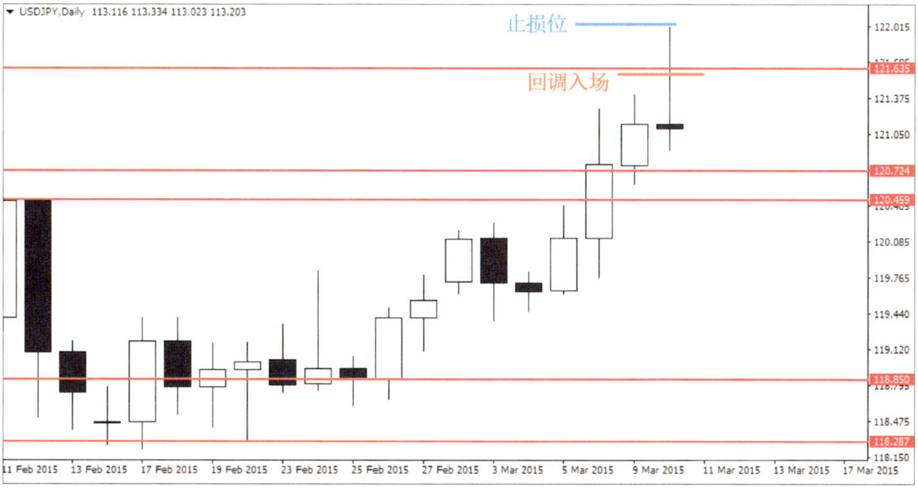


**图 7—14　设置止损位**

等两根K线出来的时候，我们需要把止损位放到这三根K线的最高价之上，当然，如果我们做的是多单，那么需要把止损位放到3根K线的最低价之下。这笔单子是空单，则需要把止损位放到3根K线的最高价上方，如图7—15所示。

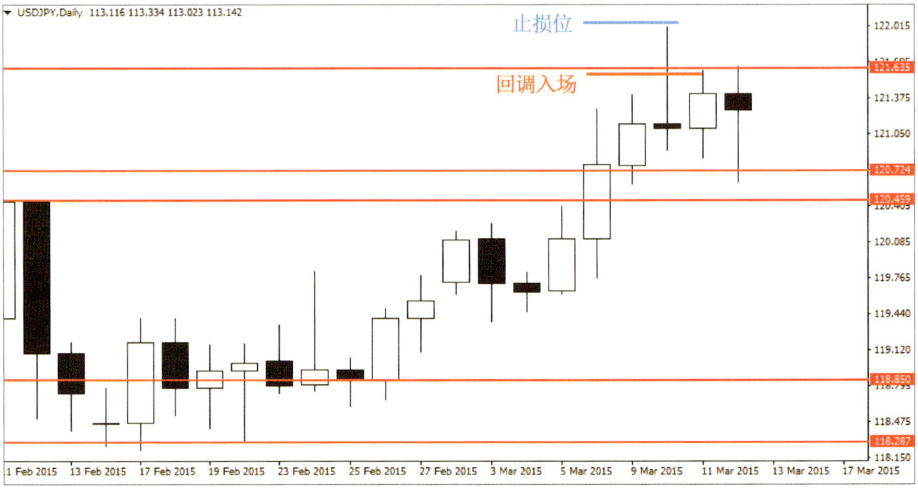


**图7—15　设置止损位到3根K线的最高价上方**

在这里，最高价还是信号的最高价，而且只能是信号的最高价，如果行情在信号出现后两根K线的时间内就突破高点，我们单子就已经止损出局了！所以暂时不用动止损位。

等到信号之后的第三根K线收线的时候，我们发现最新的3根K线最高价有所变化：最新的3根K线的最高价是第二根阴线的最高价，所以，我们需要把止损位移动到第二根K线的最高价的上方，如图7—16所示。

之后我们要继续按照最新的3根K线的最高价来设定我们的止损。

如图7—17所示，第八根线的时候我们移动的止损位已经不会让我们再亏损了。

我们继续看，如图7—18所示，行情下跌果断，一直没有触及我们的止损，我们按规则下调我们的止损位。

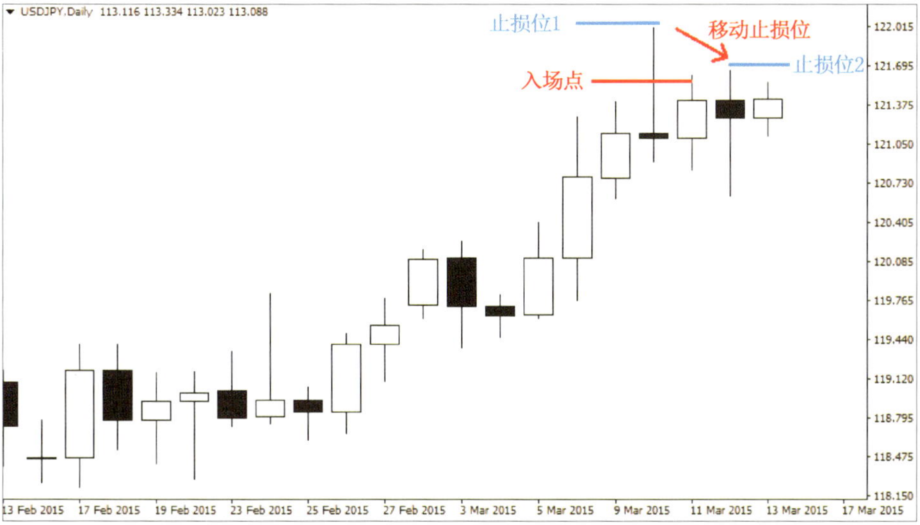


图 7—16　移动止损位

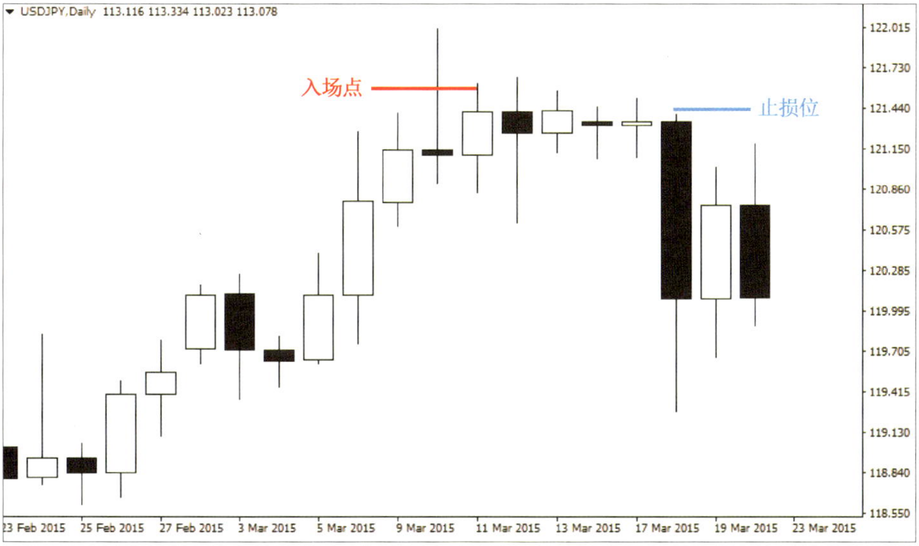


图 7—17　止损位移动到了不会再亏损的位置

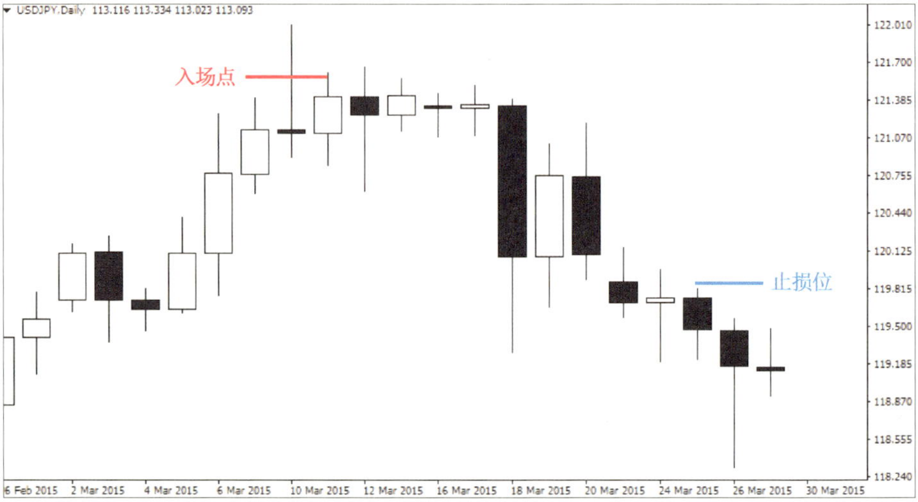


图 7—18 按规则下调止损位

如图 7—19,行情一个大阳线将我们止损打掉,我们平仓出局。而此时可以看到:我们从入场点到出场点一共有 170 个点!而当初我们的止损只有 50 个点不到,这个单子的盈亏比达到了 3∶1 以上。这是单纯的入场后设定止盈位和止损位所办不到的!

图 7—19 平仓出局

三线战法比较适用于出现在明显的、流畅的单边趋势行情的信号，而小幅盘整的走势则不太建议使用。小幅整理的行情，一般裸 K 线交易是做区间交易，很可能几根 K 线就走完了，这就不太适合用三线战法。

任何方法有优势肯定也存在劣势。就好像你买保险，保费就是你所承担的所有风险，而保单里所约定的赔偿方案就是你的预期收益。比如说车险，你付了保费之后，可能一年都没有任何故障或者事故，保险公司拿走了你的保费而不用承担任何支出，这个时候如果你没有买车险就省下了一笔钱，因为没有产生理赔。但是如果你的车出了问题，保险公司就有可能赔付超过你保费的损失，这个时候，你的保险就起到了该有的作用！

三线战法同样存在劣势。比如说行情在信号之后第一根 K 线就触及我们的最初目标位，然后就回来打掉我们的止损位，按照最初的交易计划，我们是可以盈利出场的。但是如果使用三线战法的话我们不仅拿不到本来该有的利润，而且还将亏损！所以我建议在行情比较激烈的时候（比如说盘面上出现很多很多的影线或者大阴线和大阳线交替）使用较为保守的交易计划，而当行情走得比较稳，并且信号出现在较大趋势的最高位或者最低位的时候，可以使用三线战法来博取较高利润。

## 7.3　原油实战

### 7.3.1　原油实战案例一

如图 7—20，是原油在 2012 年 12 月左右的日线级别走势，可以明显看到，在一波下跌之后，行情在低位震荡，此时出现了一个 Pinbar，我们用×标记出来了。

那么这个 Pinbar 是否可以交易呢？我们先要补上关键位，见图 7—21。

**图 7—20　原油日线级别走势中出现 Pinbar**

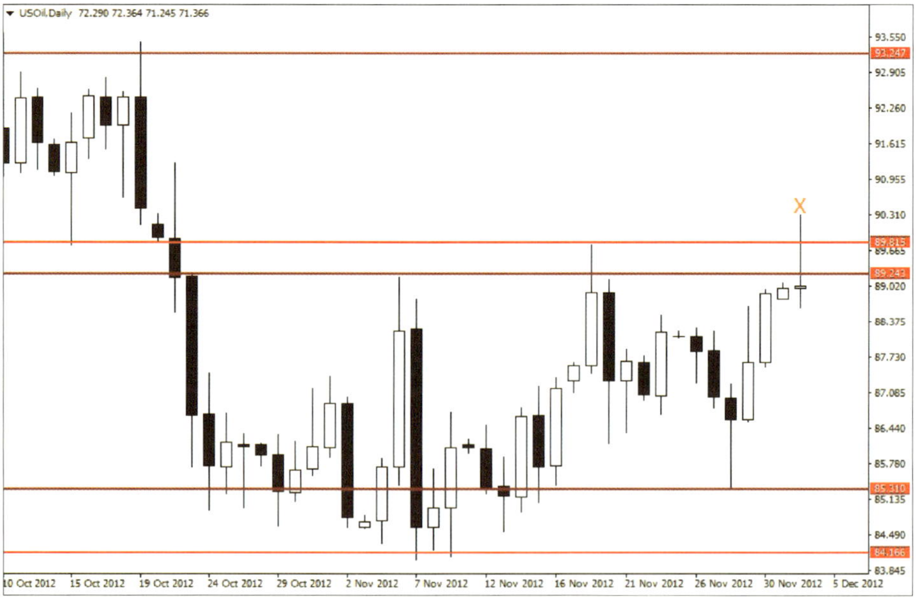


**图 7—21　关键位**

好了，我们可以对其进行研判了。

两个基本条件：

（1）是否处于明显的关键位？

是的。该信号处于两个关键位的压力区间。

（2）是不是处于明显的高位或者低位？

是的。该信号处于明显的一波小幅上涨的高点。

六个细节项：

（1）整个 Pinbar 在盘面上是否明显？

不明显，虽然信号的形态很标准，但是相比之下幅度不算大，在整个盘面上也不算特别明显。

（2）有没有假突破？

有的。信号突破了关键位，之后又收线于关键位下方，是一个明显的假突破行为。

（3）Pinbar 的实体有没有包含在之前的 K 线（左眼）的最高价和最低价之内，并且信号的幅度要大于左眼？

满足。左眼较小，而 Pinbar 的幅度比左眼大很多。

（4）是不是顺着较大级别趋势？

是的。现在处于下跌趋势，而这个信号是一个看空的信号，所以是顺势。

（5）突破入场的盈亏比是否大于 1.5∶1？

满足。该信号长度 170，而突破入场距离下方目标位有 325 个点，325∶170＝1.91∶1，符合我们对于盈亏比的要求。

（6）信号所处波段的趋势对比前期走势是否没有出现明显的加速？或者信号前面是否有缓冲趋势？

震荡行情，无加速。

综上所述，这个信号的强度为 2＋5，是一个非常好的信号，可以进行操作。

既然盈利空间足够大，我们对于进场的选择就可以采用最好的突破信号入场，并且把止损位放在信号的影线后方——这样设置止损位也是最保险的。我们的交易计划就制定出来了。

如图7—22，我们选择突破信号入场，止损一共175点（加了5点的保险空间），止盈一共310点（让给了市场15个点），这个空间大家自己去把握就行了，我的习惯是5个点左右。不过有人习惯只给1个点，就是说影线的最高点再加一个点作为止损，关键位也可能拿得比较死，这里并不做硬性规定。就像一门手艺，需要自己去体会、去把握，每个人都有适合自己的节奏。

**图7—22　交易计划**

那么入场之后，我们就等待市场走出来就行了。

如图7—23，最终价格顺利到达我们的目标位，之后就开始拐头向上，也说明我们的关键位画得不错，我们设置的目标位附近就有较强的支撑，如果不是及时出场，就有可能回吐利润。

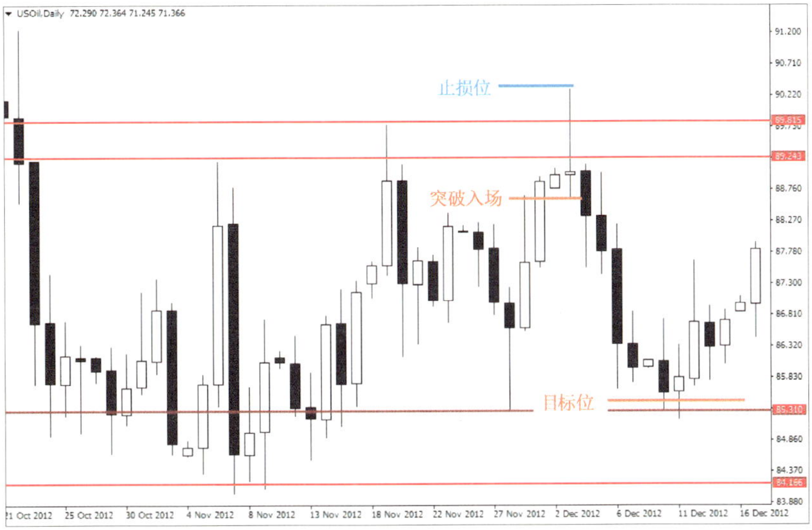


**图 7—23　后续走势**

### 7.3.2　原油实战案例二

图 7—24 是原油期货 2015—2016 年的一段日线盘面，经历了持久的上涨之后，日线级别高位出现乌云盖顶，并且正处于 2015 年 10 月期间的高点附近。

这是一个非常明显的拐点位置，我们对这个乌云盖顶进行研判，先画出其附近的关键位，如图 7—25 所示。

那么也请大家自己先思考思考，按照自己的分析方法，这个信号能得几分？

两个基本条件：

(1)是否处于明显的关键位？

是的。处于明显的大级别拐点位置。

(2)是不是处于明显的高位或者低位？

是的。该信号处于明确的高点。

六个细节项：

(1)整个 Pinbar 在盘面上是否明显？

是的。比较明显。

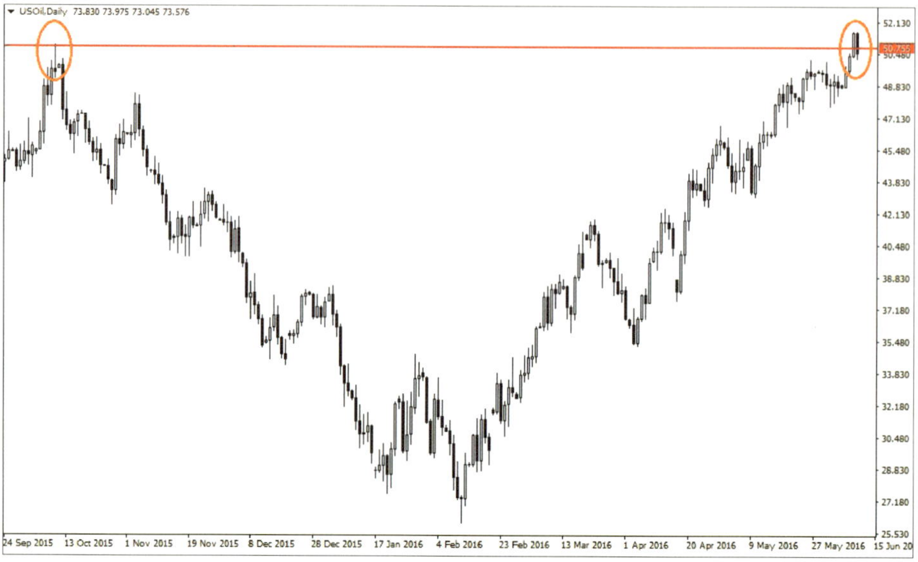


图 7—24 原油日线盘面出现乌云盖顶

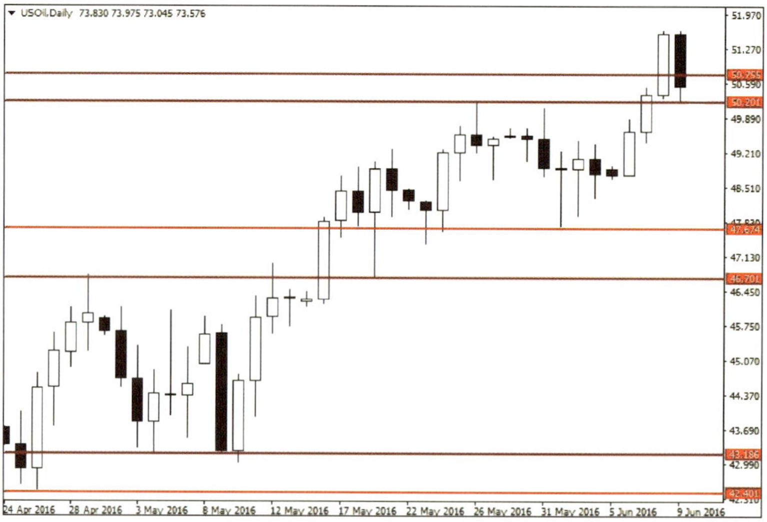


图 7—25 关键位

(2)有没有假突破?

有的。左线突破了之前的高点,然后右线又收回于高点之下,是一个明显的假突破。

(3)Pinbar 的实体有没有包含在之前的 K 线(左眼)的最高价和最低价之内,并且信号的幅度要大于左眼?

是的。如果把乌云盖顶形态合成一个 Pinbar,则其实体处于前一根 K 线的幅度之内,并且其长度要大于左眼。

(4)是不是顺着较大级别趋势?

不是。大级别是上涨,而这个吞没属于看空信号。

(5)突破入场的盈亏比是否大于 1.5∶1?

是的。突破信号入场时止损要 140 多点,而盈利将近 250 个点,盈亏比是 250∶140=1.78∶1,符合我们的 1.5∶1 的要求。

(6)信号所处波段的趋势对比前期走势是否没有出现明显的加速?或者信号前面是否有缓冲趋势?

没有出现明显加速。

信号得分 2+5,可以交易。

不过,乌云盖顶形态的下方,也就是乌云盖顶形态被突破的位置,正好是一个小级别的高点,虽然说上方的大级别压力位明显强于这个关键位,但是保险起见,我们选择突破入场,因为突破时不但信号成立,而且突破了下方的高点关键位,下跌趋势会更强,何况我们这笔交易突破入场的盈亏比大于 1.5∶1,完全可以把止损设置在前高上方!

如图 7—26 所示,具体的入场、止损位和止盈位的设定参考。这里插一句:这里选择破位入场然后止损设置在信号的 50%位置也是不错的选择,因为上方大级别关键位正好在信号的 50%下方,是一个很保险的止损位。

如图 7—27,行情顺利走到了我们的目标位。

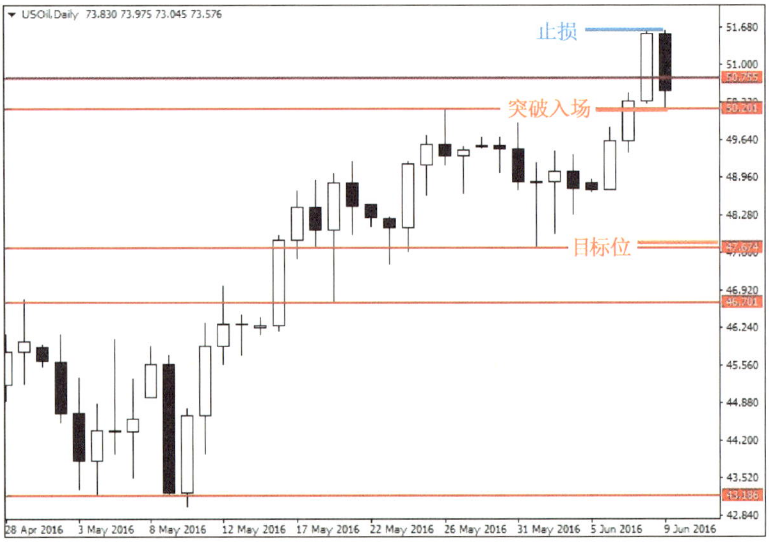


图 7—26 交易计划

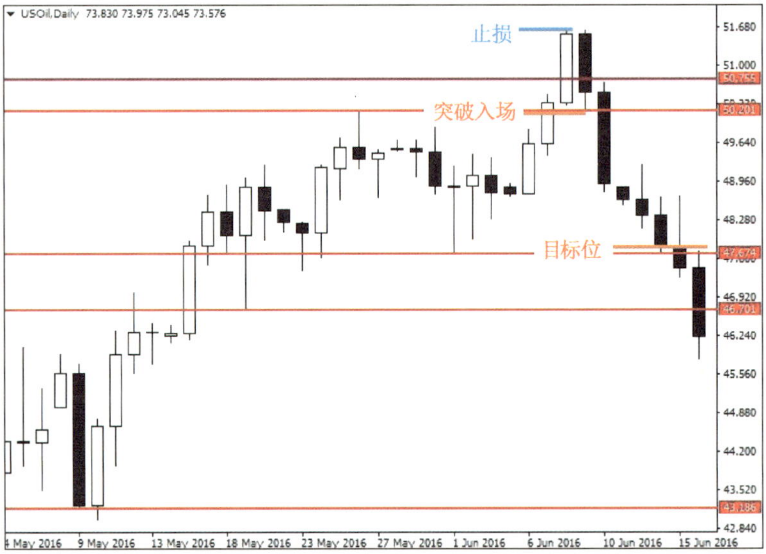


图 7—27 后续走势

## 7.3.3　原油实战案例三

后续的行情又是连着几根阴线，此时行情再次出现了我们需要的信号，如图 7—28 所示，日线级别一个看涨吞没形态，再一次让我们看到了不错的交易信号。

**图 7—28　出现看涨吞没形态**

这个信号我目测就是很不错的信号，不过安全起见，我们依旧对其进行研判。

两个基本条件：

(1)是否处于明显的关键位？

是的。其处于两个较明显的关键位。

(2)是不是处于明显的高位或者低位？

是的。信号之前是一波明显的下跌走势。

六个细节项：

(1)整个 Pinbar 在盘面上是否明显？

是的。这个 Pinbar 是由一个吞没组成，吞没的幅度很大，非常显眼。

(2)有没有假突破？

有的。最下方关键位有被突破，后续又收回来，是一个明显的假突破。

(3)Pinbar的实体有没有包含在之前的K线(左眼)的最高价和最低价之内，并且信号的幅度要大于左眼？

是的。吞没形态组成的Pinbar实体处于左眼之内，而且比左眼要大。

(4)是不是顺着较大级别趋势？

是的。虽然有所下跌，但是较大趋势目前还是上涨趋势。

(5)突破入场的盈亏比是否大于1.5∶1？

不满足。盈利空间190余点，由于信号幅度过大，止损有240多点。

(6)信号所处波段的趋势对比前期走势是否没有出现明显的加速？或者信号前面是否有缓冲趋势？

之前趋势是单边上涨，而信号所处的波段下跌速度较大，属于加速。

这个信号最终是2+4的优质信号，这里有一点特殊情况是这个吞没形态穿过了2个关键位，那么，回调入场不太合适，因为如果回调的话要下穿关键位，这个时候对我们看多是不利的，所以，这个信号只能突破入场，并且把止损设置在50%位置。

如图7—29，这笔交易的入场和止损位、止盈位的参考点位都用线标出了。

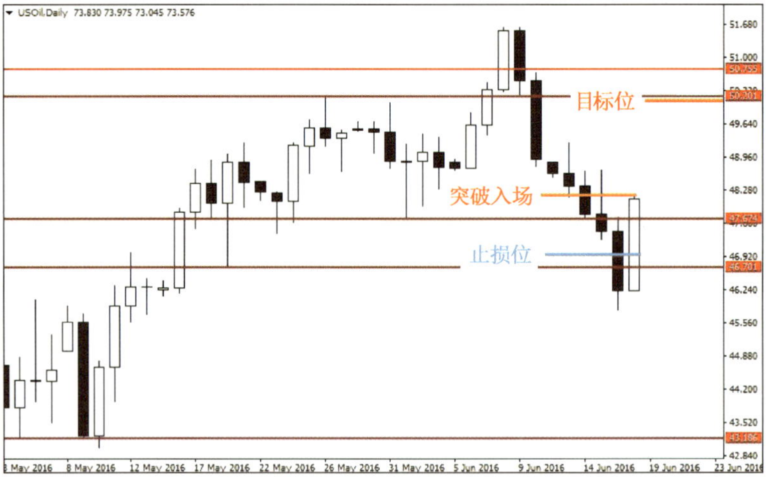


**图7—29　交易计划**

这笔单子走得也挺快的，如图 7—30，3 根线到止盈位，当然，考虑到是日线级别，3 天的持仓对于新手可能会比较难熬，但是这已经是很快的一笔交易了。有的交易可能耗时几个月都有可能。

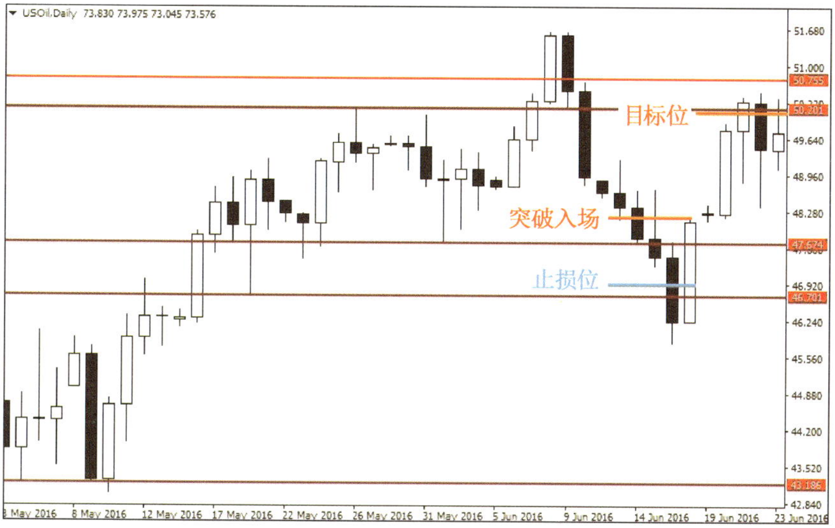


图 7—30　后续走势

### 7.3.4　原油实战案例四：三线战法

#### 1. 信号研判及交易计划

我们再往下看，如图 7—31，2016 年 10 月原油盘面在前期高位附近出现看空吞没。

我们先把明显的关键位画出来，如图 7—32 所示。可能还有一些比较隐蔽的关键位，大家不要钻牛角尖，我们做最明显的关键位就可以了。

**图 7—31　出现看空吞没**

**图 7—32　关键位**

我们对这个信号进行研判。

两个基本条件：

(1)是否处于明显的关键位？

是的。信号处于非常明显的拐点。

(2)是不是处于明显的高位或者低位?

是的。信号之前处于明显的上涨趋势高点。

六个细节项:

(1)整个 Pinbar 在盘面上是否明显?

明显。信号是一个较大幅度的吞没形态。

(2)有没有假突破?

有。此吞没无论是对于较早之前的高点还是近期的高点,都是假突破。

(3)Pinbar 的实体有没有包含在之前的 K 线(左眼)的最高价和最低价之内,并且信号的幅度要大于左眼?

是的。都满足。

(4)是不是顺着较大级别趋势?

不是。目前趋势是上涨趋势,但是这个信号是看空信号。

(5)突破入场的盈亏比是否大于 1.5∶1?

不满足。信号长度有 149 个点,而突破后距离最近的目标位只有 155 个点,盈亏比约为 1∶1,所以不满足。

(6)信号所处波段的趋势对比前期走势是否没有出现明显的加速?或者信号前面是否有缓冲趋势?

没有出现明显加速。

最终该吞没形态为 2+4,符合我们的交易要求,可以操作。

如图 7—33,这里我们采用双保险战术,挂两个单:突破入场,止损位放在信号的 50%位置上方;回调 50%入场,止损位放在前期高点上方。不过这里还可以使用回调 33%入场,因为按照我们的交易要求,盈亏比要达到 1.5∶1,则我们需要的盈利和亏损达到这一比例即可,所以,在这种情况之下,我们可以使用回调 1/3 的方式入场,这时的盈利空间是 204 个点,止损有 100 个点,盈亏比达到了 2∶1,如果我们采取回调 50%入场的话,我们的盈亏比是 230∶75=3.07∶1,这笔交易的盈亏比将会非常有优势。

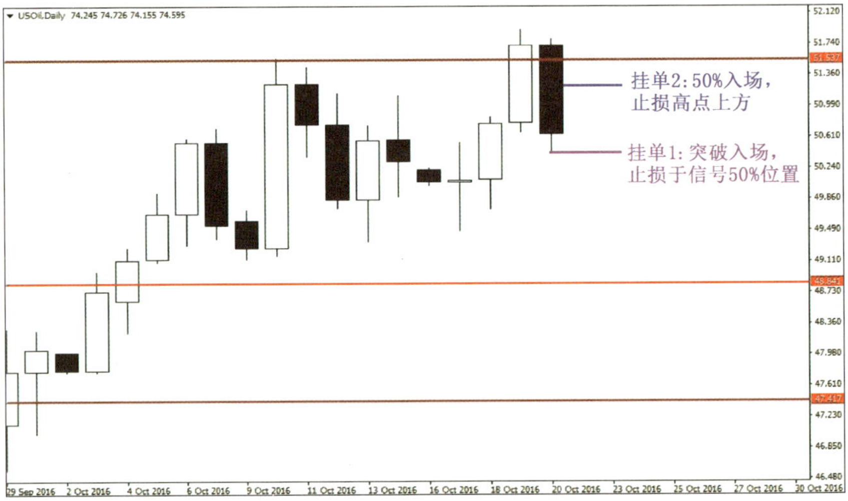


图 7—33　交易计划

如图 7—34 所示，最后行情是先突破了信号，然后顺利地走到了我们的目标位。

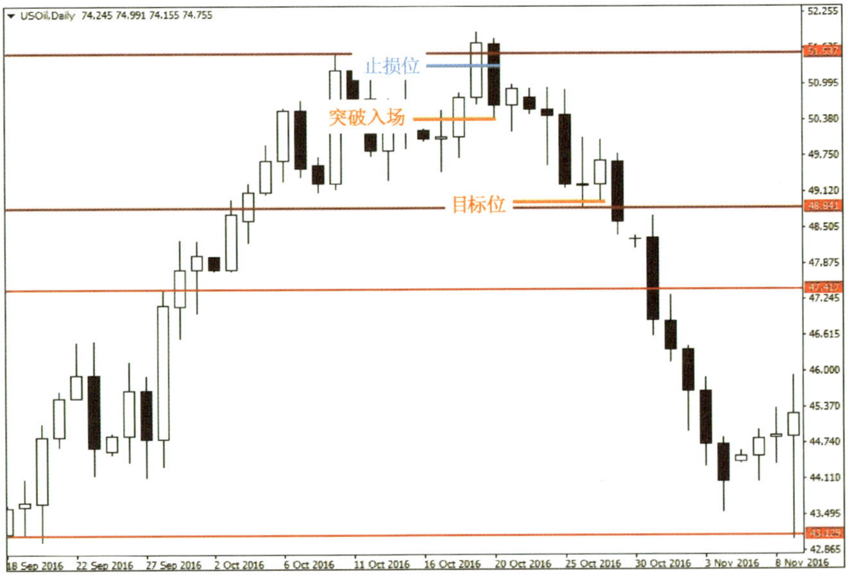


图 7—34　后续走势

不过，正如我们之前提到的，这个信号如果用回调 33%来做也是可以的，而且盈亏比还是 2∶1，可以获得不错利润的。

## 2. 三线战法

这里的走势非常流畅，如果试一下三线战法，我们看看能不能获得更大收益。

我们通过破位入场，设置止损于信号末端之后，不设置止盈，然后按照最新的 3 根 K 线的极值来移动止损位，止损不能放大，只能缩小。三线战法的最后必然是以打止损出场，但是通过不断地移动止损，可以获得非常夸张的单边收益。

如图 7—35 所示，我们的入场位设置在 2 号 K 线的最低价，我们在 3 号 K 线形成的期间突破了该最低价，所以我们入场，最初的止损位于 1 号 K 线的最高价上方，之后按照最新的 3 根 K 线的最高价不断地移动止损之后，最终止损放在了 4 号 K 线最高位，然后 5 号 K 线（画了圈）触及此止损位，导致我们平仓出场。这笔单子的总体利润达到了 540 个点，而最初的止损只有 150 个点，盈亏比超过了 3∶1。这就是三线战法的神奇所在。

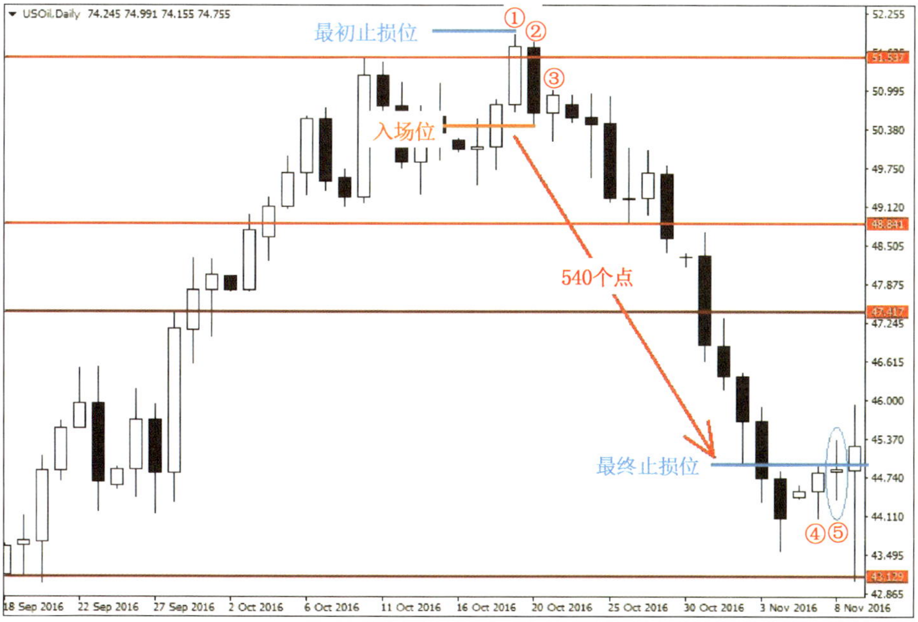


**图 7—35　三线战法**

### 7.3.5 原油实战案例五

紧接着我们这笔交易，行情又给出了一个很明显的 Pinbar 信号，如图 7—36。这是一个在关键位出现的巨大的 Pinbar，我们需要对其进行研判。

**图 7—36 出现 Pinbar**

两个基本条件：

(1)是否处于明显的关键位？

是的。这个 Pinbar 处于明确的关键位上。

(2)是不是处于明显的高位或者低位？

是的。Pinbar 自身处于一波下跌趋势的低点。

六个细节项：

(1)整个 Pinbar 在盘面上是否明显？

很明显。这个信号的长度非常大，是一个明显的 Pinbar。

(2)有没有假突破？

没有。关键位踩得比较精准，没有明显的假突破。这里有朋友可能会觉得之前的那 3 根阳线之前有一个拐点，我个人认为只有 3 根 K 线的小波段不足够让我们重视。我们可以比较一下下方和这个小低点的差距。

如图 7—37 所示，灰色区域内的拐点非常明显，而粉色小级别拐点的级别就太小了，而且在触及这个位置的时候，没有出现长度很大的线，这也说明这个位置多和空投入的力量都不大，所以可以暂时无视。

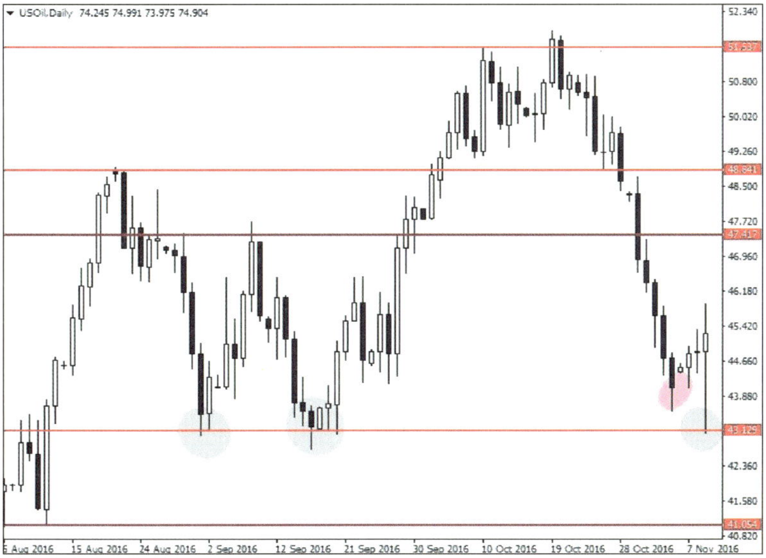


**图 7—37　拐点的比较**

(3)Pinbar 的实体有没有包含在之前的 K 线(左眼)的最高价和最低价之内，并且信号的幅度要大于左眼?

是的。满足。

(4)是不是顺着较大级别趋势?

不是。较大级别趋势是下跌趋势，这个信号是一个看多信号，所以不算顺趋势。

(5)突破入场的盈亏比是否大于 1.5∶1?

不满足。突破入场目标位有150个点，但是却面临了290个点的止损！所以不满足我们的盈亏比，需要采用回调入场。

(6)信号所处波段的趋势对比前期走势是否没有出现明显的加速？或者信号前面是否有缓冲趋势？

出现连续的较大阴线，下跌趋势明显加速。

这个信号最终拿到了2+2，不可操作。最终该信号也以失败告终，随后日线又在关键位收出了一个Pinbar，见图7—38，那么我们继续对新出来的Pinbar做研判。

### 7.3.6 原油实战案例六：三线战法

#### 1. 信号研判及交易计划

如图7—38，由于之前Pinbar的幅度很大，而且自此行情下探并且突破低点，所以我把Pinbar的高点视为拐点，作为我们需要观察的关键位。

**图7—38 出现Pinbar**

我们对这个信号进行研判。

两个基本条件：

(1)是否处于明显的关键位？

是的。信号处于明显的关键位。

(2)是不是处于明显的高位或者低位？

是的。信号处于近一段行情的低点。

六个细节项：

(1)整个 Pinbar 在盘面上是否明显？

是的。虽然之前的 Pinbar 更大，但是这个信号依旧非常显眼。

(2)有没有假突破？

有的。信号突破了关键位之后再次拉升到关键位上方，形成了一个 Pinbar。

(3)Pinbar 的实体有没有包含在之前的 K 线(左眼)的最高价和最低价之内，并且信号的幅度要大于左眼？

没有。Pinbar 左边的 K 线是个小阳线，而 K 线实体完全超过了小阳线。

(4)是不是顺着较大级别趋势？

不是。当前趋势是下跌趋势，而这个信号是一看涨信号，所以不属于顺趋势交易。

(5)突破入场的盈亏比是否大于 1.5∶1？

不满足。突破入场后盈利空间有 205 点，而止损有 160 个点，所以不满足 1.5∶1 的盈亏比要求。

(6)信号所处波段的趋势对比前期走势是否没有出现明显的加速？或者信号前面是否有缓冲趋势？

虽然之前是连续阴线，但在信号之前有一波震荡整理，即有缓冲趋势。

最终得出信号的有效性为 2+3，可以交易。

鉴于这个信号的自身长度以及关键位所在的位置，我有两个方案给大家参考：

(1)突破信号买入，止损于信号回调的50%下方，因为下方关键位在信号的50%上方，所以我们把止损设置在信号的50%以下是很保险的。

(2)回调33%左右买入，止损于信号的最低价下方，因为关键位约在信号的40%位置，所以不太可能回调到50%，如果真的回调到了50%，也就是关键位下方，那么这个信号就有危险了，我们不应该做多。

同样的，我们这里可以采取双保险，同时挂两个单，看哪个单子先成交就把另一个单子撤销掉。如图7—39所示，就是我们的交易计划。

**图7—39 交易计划**

那么我们看一下行情到底是怎么走的，见图7—40。

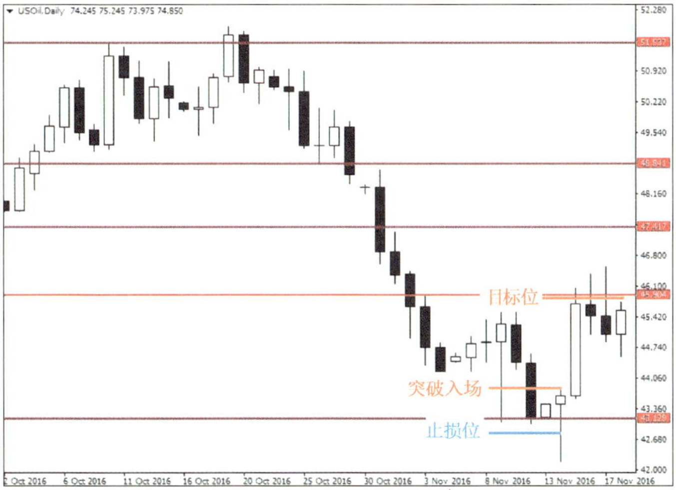


**图 7—40　后续走势**

行情最终没有给回调的机会，就拉上去直接走到了我们的目标位。

## 2. 三线战法

我们之前说过三线战法，看看这里如果用三线战法会不会有扩大盈利的机会。我们依旧突破入场，初始止损放在最低点下方，见图 7—41。

**图 7—41　三线战法初始交易计划**

等3根K线之后，第一次挪动止损，如图7—42。

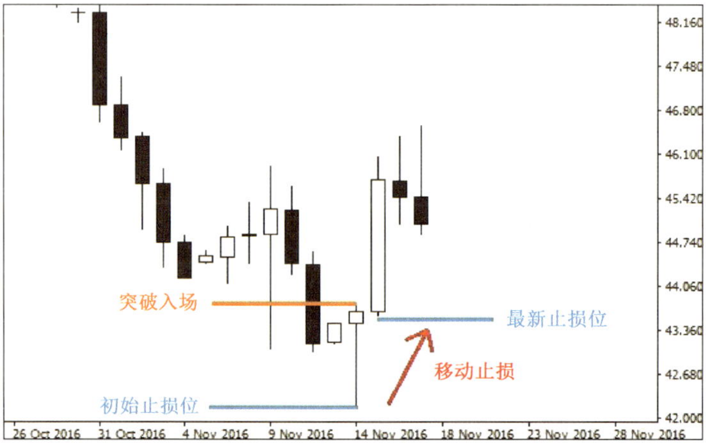


**图7—42　移动止损**

之后随着行情的演变，我们要继续挪动几次止损。

最终，我们的单子触及最新设定的止损离场，但是我们却是获利的。

如图7—43所示，我们来总结一下三线战法在这笔交易的过程：

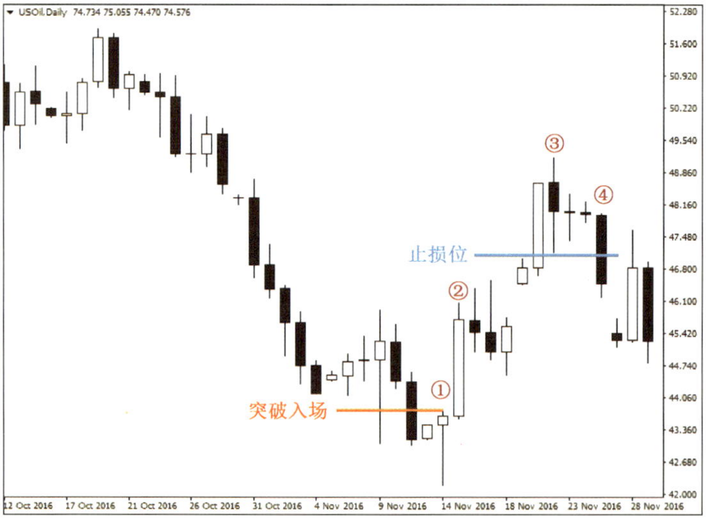


**图7—43　三线战法交易总结**

我们由 1 号 K 线判断行情要上涨，然后选择突破 1 号 K 线的最高位入场，入场的时间是在 2 号 K 线形成的过程中，最初的止损放在 1 号 K 线最低点下方，但没有设置止盈。随后，我们按照最新的 3 根 K 线的最低价来设置我们的止损，最终的止损位于 3 号 K 线的最低点，由 4 号 K 线击穿来结束我们的交易。整体获利 330 点，而最初的止损在 160 点左右，最终的盈亏比达到了 2∶1。

## 7.4　瑞郎实战

### 7.4.1　瑞郎实战案例一

图 7—44 为 2018 年 2 月附近瑞郎的走势，首先看到的是瑞郎在走下跌趋势，并且在低位出现了一个类似“吞没”形态的 K 线组合。根据之前的学习，我们知道这种 K 线是可以合并成 Pinbar 并且作为信号的，所以我们对其进行研判。

**图 7—44　出现吞没形态**

我们先把较为明显的关键位画出来，如图7—45所示。那些不是特别明显的关键位，如果后续有需要或者被再次验证，我们再加上去。

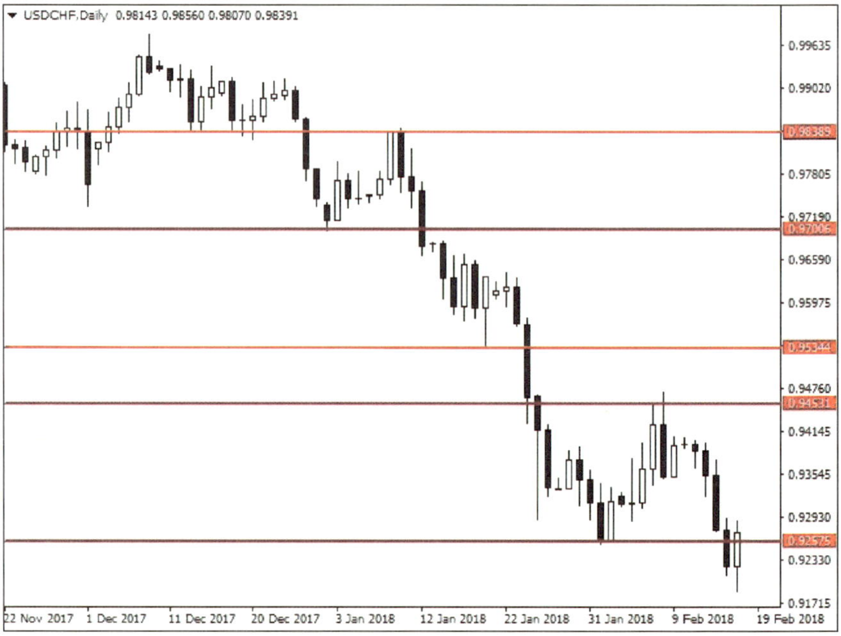


**图7—45　关键位**

好了，我们开始研判。

两个基本条件：

(1)是否处于明显的关键位？

是的。信号的位置是前期下跌趋势的低点附近。

(2)是不是处于明显的高位或者低位？

是的。信号之前有7根K线处于明显的下跌趋势，而信号由2根K线组合而成，满足条件。

六个细节项：

(1)整个Pinbar在盘面上是否明显？

不明显。至少相比之下前面有很多K线的幅度都要大于组合成信号的这两根K线，所以相比较之下，并不明显。但是K线自身的幅度是100个点，长度并不小。

(2)有没有假突破？

有的。信号的左半部分直接突破前期低点，并且收盘在前低之下，而右半部分则上攻了前低并且收于前低上方，是一个标准的低位假突破。

(3)Pinbar的实体有没有包含在之前的K线(左眼)的最高价和最低价之内，并且信号的幅度要大于左眼？

没有。Pinbar(信号)的实体很小，合成之后的Pinbar据观察实体并不在左眼范围之内，并且左眼的幅度要比信号大。

(4)是不是顺着较大级别趋势？

不是。行情属于下跌趋势，而信号是一个看多信号，并不是顺势操作。

(5)突破入场的盈亏比是否大于1.5：1？

满足。突破入场的止损是信号本身，这个信号的长度是99个点，而上方的关键位离入场点有161个点，所以这个信号的盈亏比约为1.6：1，大于1.5：1的要求，符合条件。

(6)信号所处波段的趋势对比前期走势是否没有出现明显的加速？或者信号前面是否有缓冲趋势？

没有出现明显加速。

因此我们得出这个信号是2＋3，符合我们的进场要求，所以我们决定执行这笔交易——别忘了设定止损！

我们的交易已经计划好了止盈和止损，如图7—46所示，就等行情突破信号高点入场了。

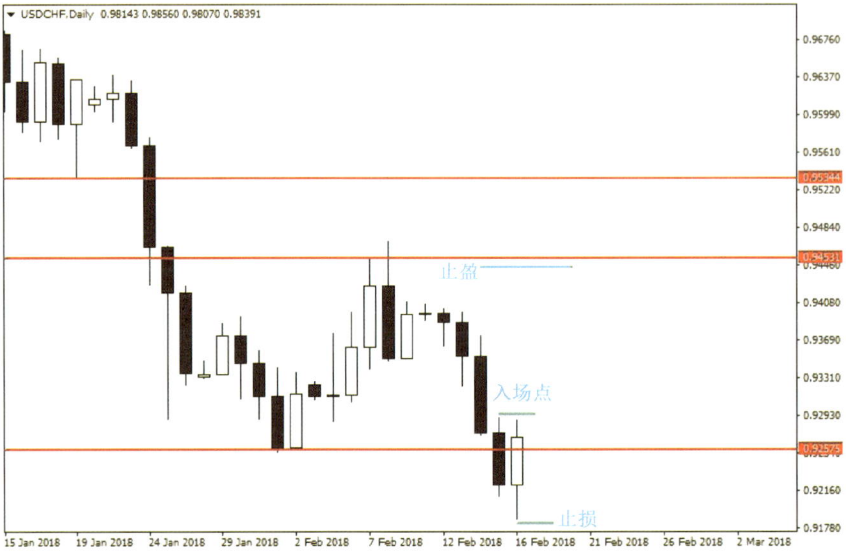


**图 7—46　交易计划**

如图 7—47，这笔交易最终顺利打止盈离场了。

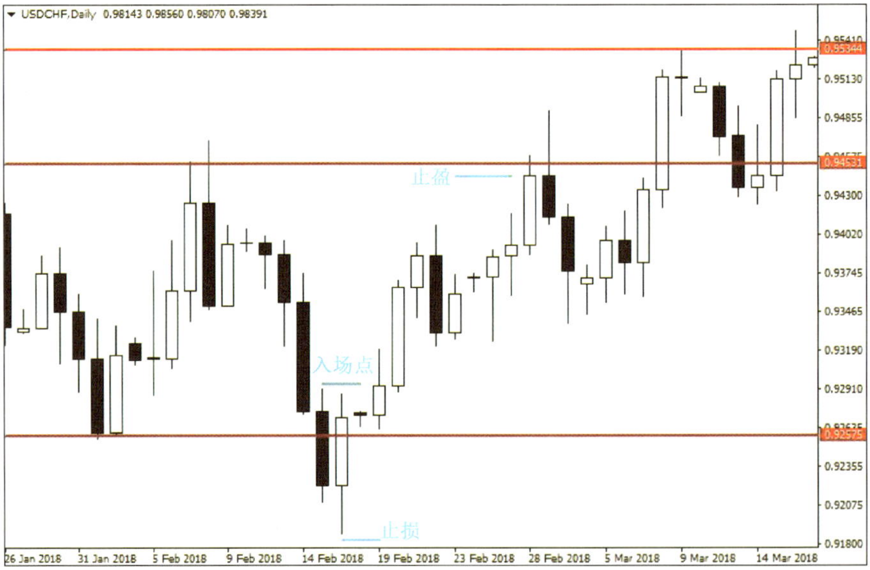


**图 7—47　后续走势**

### 7.4.2　瑞郎实战案例二

图 7—48 是瑞郎 4 小时线级别的盘面，我们用×将 Pinbar 标出，并对其进行研判。

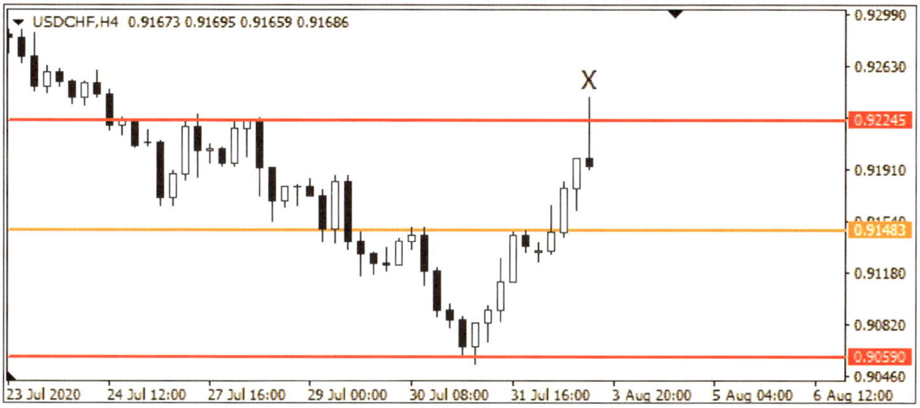


**图 7—48　瑞郎 4 小时线级别的盘面出现 Pinbar**

两个基本条件：

(1)是否处于明显的关键位？

是的。处于明显的关键位。

(2)是不是处于明显的高位或者低位？

是的。该信号处于一波上涨趋势的明显高点。

六个细节项：

(1)整个 Pinbar 在盘面上是否明显？

是的，比较明显。

(2)有没有假突破？

有假突破。

(3)Pinbar 的实体有没有包含在之前的 K 线(左眼)的最高价和最低价之内，并且信号的幅度要大于左眼？

满足。

(4)是不是顺着较大级别趋势？

是。大趋势向下，短期内行情处于反弹，该信号看空，属于顺势。

(5)突破入场的盈亏比是否大于1.5∶1

不满足。黄线位置属于第一个次级关键位，按照这个位置来说不满足1.5∶1。

(6)信号所处波段的趋势对比前期走势是否没有出现明显的加速？或者信号前面是否有缓冲趋势？

左侧下跌趋势的斜率较小而信号所处波段斜率较大，属于加速。

这个信号根据我们的研判，是2+4的信号，可以操作。因为有一个次级关键位，所以交易采用分批离场，交易思路如图7—49所示。

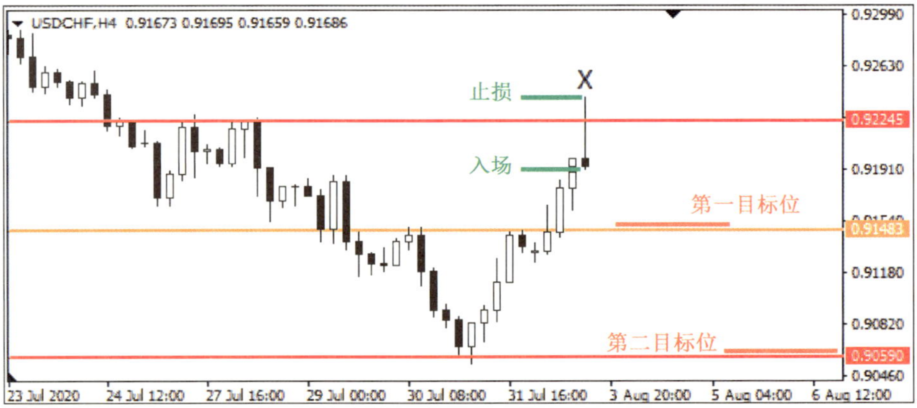


**图7—49 交易思路**

具体的计划是：突破信号入场，并且止损于信号上方，在第一目标位的时候选择少量出场，在第二目标位的时候平掉剩余所有仓位。

后续行情很快地走到了我们的预期点位，如图7—50所示，这笔交易以盈利收尾。

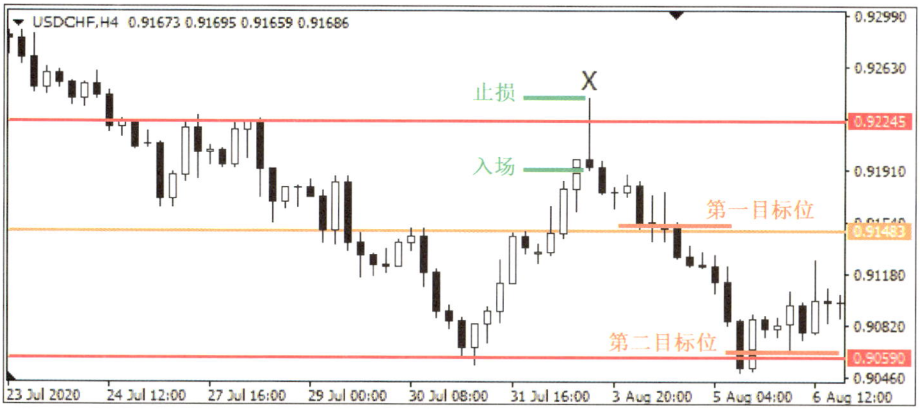


**图 7—50　后续走势**

## 7.4.3　瑞郎实战案例三

图 7—51 是美元兑瑞郎日线级别盘面出现的信号，我们用×标出，并对其进行研判。

**图 7—51　瑞郎日线级别盘面出现 Pinbar**

两个基本条件：

(1)是否处于明显的关键位？

是的。处于明显的关键位。

(2)是不是处于明显的高位或者低位？

是的。该信号处于一波上涨趋势的明显高点。

六个细节项：

(1)整个 Pinbar 在盘面上是否明显？

不明显。

(2)有没有假突破？

有假突破。

(3)Pinbar 的实体有没有包含在之前的 K 线(左眼)的最高价和最低价之内,并且信号的幅度要大于左眼？

满足。

(4)是不是顺着较大级别趋势？

不是,目前趋势向上,该信号看空,属于逆势。

(5)突破入场的盈亏比是否大于 1.5 ∶ 1？

满足。

(6)信号所处波段的趋势对比前期走势是否没有出现明显的加速？或者信号前面是否有缓冲趋势？

没有出现明显加速。

这个信号根据我们的研判,是 2+4 的信号,可以操作。交易思路如图 7—52 所示。

具体的计划是:这里采用突破信号入场,并且止损于信号上方,止盈于下方关键位之上。

**图 7—52　交易思路**

后续行情很快地走到了我们的预期点位，如图 7—53 所示，这笔交易以盈利收尾。

**图 7—53　后续走势**

### 7.4.4 瑞郎实战案例四

再来看一个组合信号案例，见图 7－54。我们用×将信号标出，并且对其进行研判。

**图 7—54 瑞郎日线级别盘面出现组合信号**

两个基本条件：

(1)是否处于明显的关键位？

是的。处于明显的关键位。

(2)是不是处于明显的高位或者低位？

是的。该信号处于一波上涨趋势的高点。

六个细节项：

(1)整个 Pinbar 在盘面上是否明显？

不明显。

(2)有没有假突破？

有假突破。

(3)Pinbar 的实体有没有包含在之前的 K 线(左眼)的最高价和最低价之

内，并且信号的幅度要大于左眼？

满足。

(4)是不是顺着较大级别趋势？

是。该走势属于下跌之后的反弹，而该信号看空，属于顺势。

(5)突破入场的盈亏比是否大于 1.5∶1

不满足。最近的关键位不够 1.5∶1。

(6)信号所处波段的趋势对比前期走势是否没有出现明显的加速？或者信号前面是否有缓冲趋势？

没有出现明显加速。

这个信号根据我们的研判，是 2+4 的信号，可以操作。在这里因为有一个次级关键位，所以这里的交易采用分批离场，交易思路如图 7—55 所示。

图 7—55　交易思路

具体的计划是：这里采用收线入场，并且止损于信号上方，在第一目标位的时候选择少量出场，在第二目标位的时候平掉剩余所有仓位。

后续行情很快地走到了我们的预期点位，如图 7—56 所示，这笔交易以盈利收尾。

**图7—56　后续走势**

## 7.5　欧元实战

### 7.5.1　欧元实战案例一

如图7—57,欧元日线级别,高位下跌之后出现一个Pinbar,这里我们对其进行研判。

两个基本条件:

(1)是否处于明显的关键位?

是的。这个信号下方有两个关键位。

(2)是不是处于明显的高位或者低位?

是的。该Pinbar处于短暂回落的第三根K线,虽然时间短,但是幅度够大。

如图7—58所示,AB段的幅度约等于CD段的幅度。虽然K线的个数AB段明显要多于CD段,但是市场力度上,CD段要大于AB段。

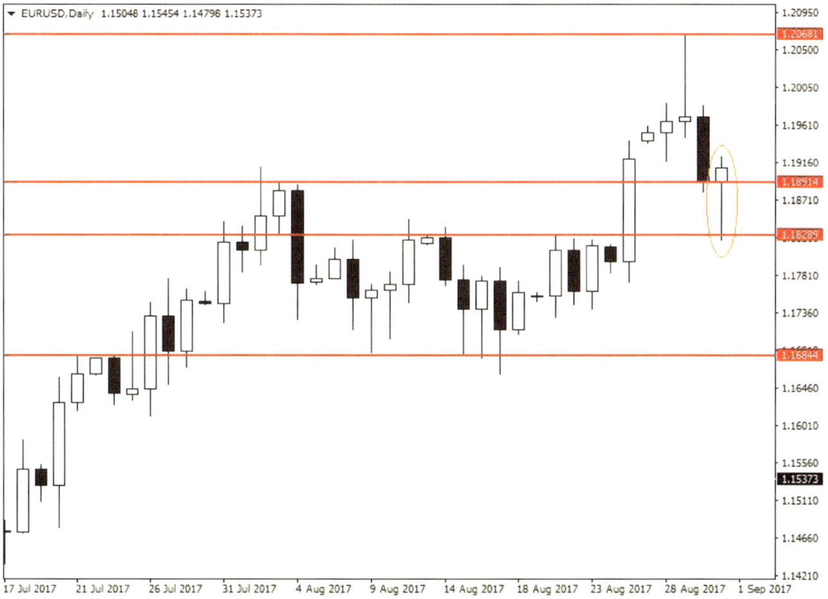


图 7—57　出现 Pinbar

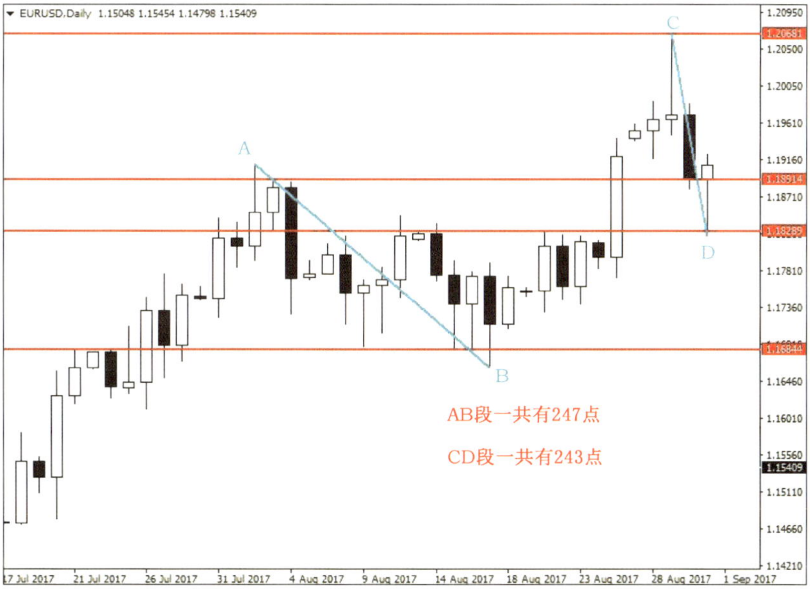


图 7—58　CD 段的回落幅度够大

六个细节项：

(1)整个 Pinbar 在盘面上是否明显?

不太明显。

(2)有没有假突破?

有的。价格虽然对于下方关键位踩得很精准，但是上方关键位却是假突破。

(3)Pinbar 的实体有没有包含在之前的 K 线(左眼)的最高价和最低价之内，并且信号的幅度要大于左眼?

不满足，虽然实体被左眼包含，但是左眼的幅度有 105 点，而信号只有 100 点，左眼幅度大于信号幅度，所以不满足。

(4)是不是顺着较大级别趋势?

是的。目前处于上涨趋势高位，这个信号是看多的，所以是顺趋势操作。

(5)突破入场的盈亏比是否大于 1.5∶1?

很勉强。突破入场的盈利空间有 144 个点，而止损有 100 个点，略微小于 1.5∶1，严格来说是不满足的。

(6)信号所处波段的趋势对比前期走势是否没有出现明显的加速？或者信号前面是否有缓冲趋势?

出现加速，尽管不明显。

这里需要详细说明一下：CD 和 AB 不是主趋势，而是整理趋势，而且是下跌走势。如果说下跌加速，那是必须在下跌趋势中才可以，而盘面是上涨之后的回落，所以不能用 CD 和 AB 做比较，而是应该用 BC 和 CD 做比较。而 CD 只出现了一根阴线，不算明显加速。如图 7—59 所示。

最终信号强度为 2+2，不可以操作，然而，后续行情还是向上走到了 C 线。并且在高位再一次出现了 Pinbar，如图 7—60 所示。

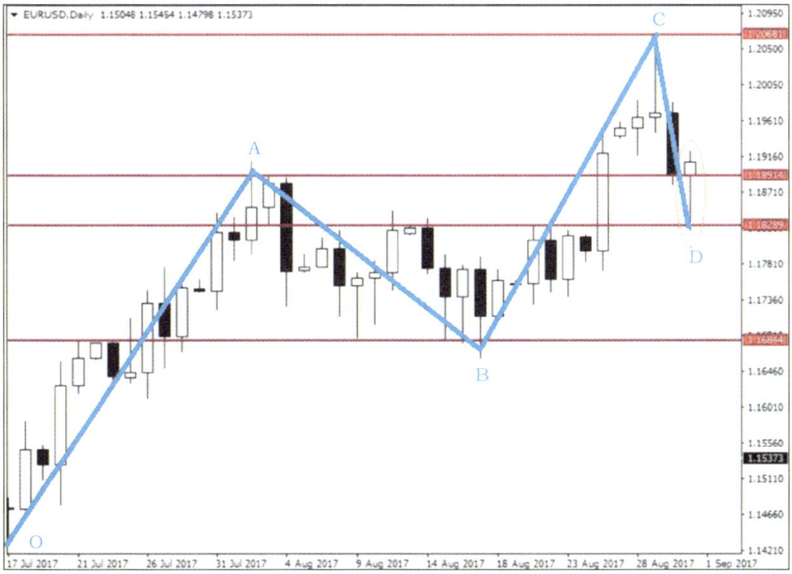


**图 7—59　出现加速**

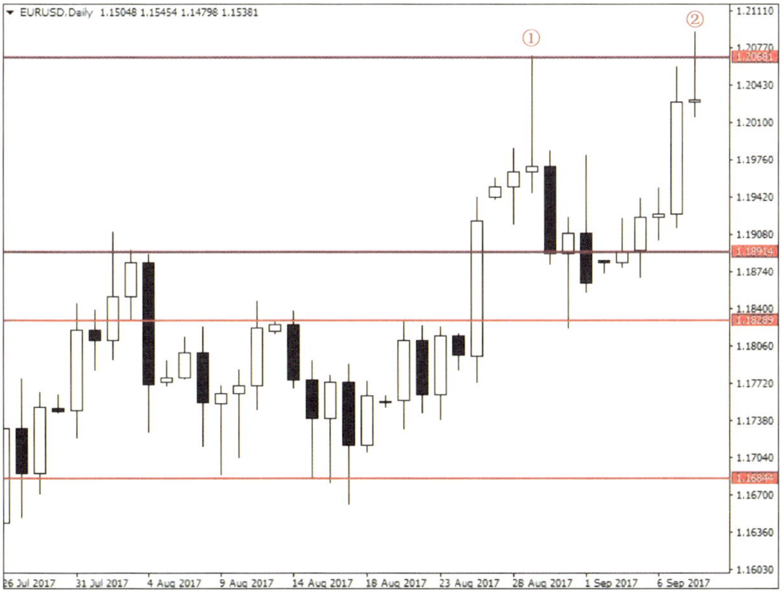


**图 7—60　出现高位 Pinbar①和②**

### 7.5.2 欧元实战案例二

图7—60中的这两个Pinbar，我们要讨论的是第二个信号。第一个信号形态很不错，但是很可惜，并不处在关键位上。所以这笔交易我们没有做，虽然后续行情也是有所下跌，但是按照我们的交易系统，我们不能操作。

但是第一个信号，却是一个明显的高点，它自己成了一个关键位，那么等到第二个信号出现的时候，我们就可以对其进行研判了。

两个基本条件：

(1)是否处于明显的关键位？

是的。之前的Pinbar给了一个明显的高点，所以这个新出来的信号是处于关键位的。

(2)是不是处于明显的高位或者低位？

是的。信号之前有一波短期上涨，而信号正处于目前的高点。

六个细节项：

(1)整个Pinbar在盘面上是否明显？

不太明显。之前的Pinbar和左眼都比信号幅度大。

(2)有没有假突破？

有的。是一个明显的假突破，创了新高之后又有所回落。

(3)Pinbar的实体有没有包含在之前的K线(左眼)的最高价和最低价之内，并且信号的幅度要大于左眼？

不满足。虽然Pinbar的实体被左眼包含，但是左眼的幅度要大于信号。

(4)是不是顺着较大级别趋势？

不是。这个信号是一个明显的看空信号，但是目前依旧处于上涨行情高点，属于逆势操作。

(5)突破入场的盈亏比是否大于1.5∶1？

是的。突破入场止损约80个点，而预期的止盈有120个点，正好满足1.5∶1的盈亏比。

(6)信号所处波段的趋势对比前期走势是否没有出现明显的加速？或者信号前面是否有缓冲趋势？

没有出现明显加速。

得出信号强度是 2+3，可以操作。由于其盈利空间够大，我们选择突破信号入场，并且止损放在信号的最高点之后，目标则放在下方关键位之上。

如图 7—61 所示，我们的交易计划已经出来了。那么有朋友可能会觉得止损位是否可以放在信号的 50%位置呢？这里，我的建议是放在最高点上方，如果觉得止损过大，也可以放在关键位上方。因为该信号 50%的位置处于关键位下方，很容易被触及，所以把止损位放在关键位上方会比较保险。

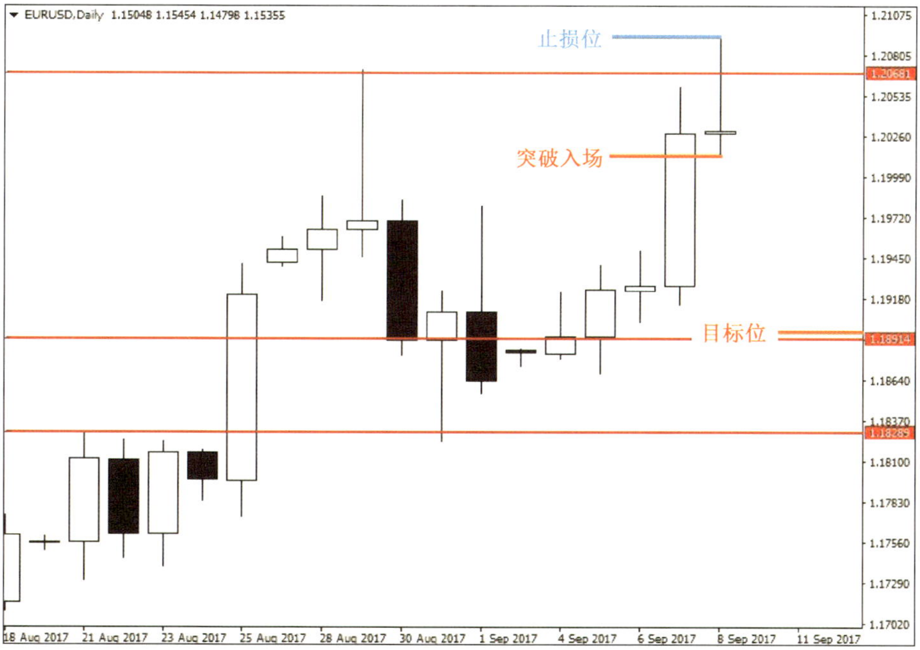


**图 7—61　交易计划**

如图 7—62，价格突破之后一路下跌，我们顺利止盈离场。

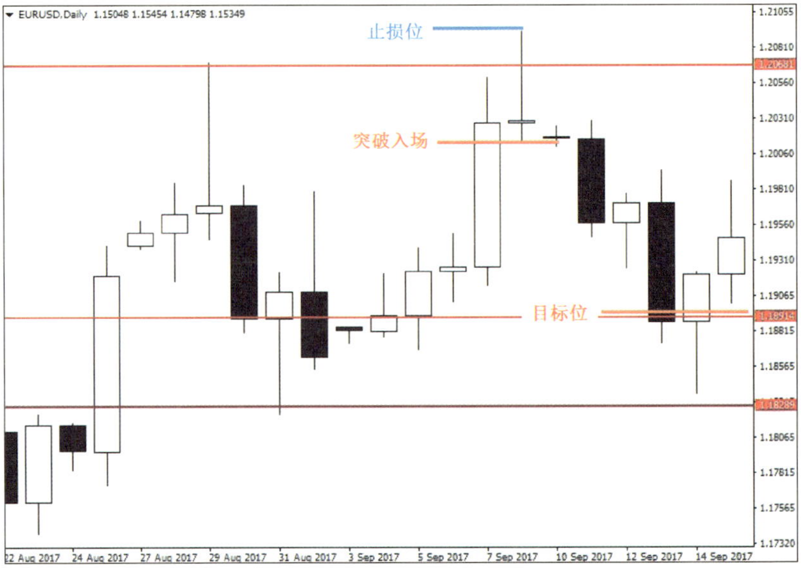


**图 7—62 后续走势**

## 7.5.3 欧元实战案例三

我们再看一段欧元的走势，如图 7—63。

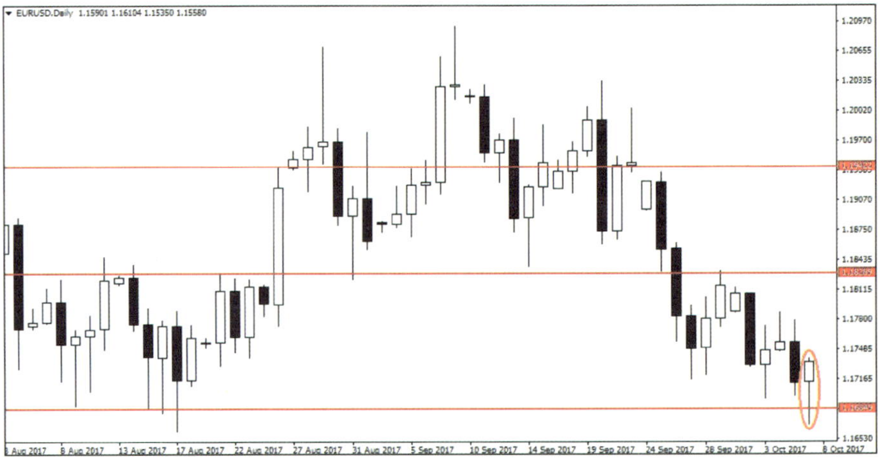


**图 7—63 欧元走势中出现 Pinbar**

同样是欧元的日线级别走势，发生在之前那笔交易之后一个月左右时间，在下方关键位出现一个 Pinbar，这个 Pinbar 引起了我的注意，我们现在来对其进行研判。

两个基本条件：

(1)是否处于明显的关键位？

是的。处于明显的关键位。

(2)是不是处于明显的高位或者低位？

是的。该信号处于一波下跌趋势的明显低点。

六个细节项：

(1)整个 Pinbar 在盘面上是否明显？

不明显。相对而言该信号幅度较小。

(2)有没有假突破？

没有。虽然突破了画的关键位，但是并未打破前期低点，所以并不是一个明显的假突破。

(3)Pinbar 的实体有没有包含在之前的 K 线(左眼)的最高价和最低价之内，并且信号的幅度要大于左眼？

不满足。左眼的幅度大于信号(见图 7—64)。

**图 7—64 左眼幅度大于信号幅度**

(4)是不是顺着较大级别趋势?

不是。短期内行情处于下探,该信号看多,不属于顺势。

(5)突破入场的盈亏比是否大于1.5∶1?

不满足。突破止损要70个点,而目标只有90个点,不满足1.5∶1的盈亏比要求。

(6)信号所处波段的趋势对比前期走势是否没有出现明显的加速?或者信号前面是否有缓冲趋势?

没有出现明显加速。

这个信号根据我们的研判,是2+1的信号,不能操作。不过行情依旧走得很不错。

如图7—65所示,行情在这里的确走到了关键位,但是这个信号就是不符合我们的交易系统,因为它在我们看来不够完美,这笔交易没有操作。可能有人觉得我们少赚了一笔,但是在我看来我们并没有做错!依旧是按照我们的交易系统在操作,而不是凭感觉来交易。能让一个交易员长久盈利的是一套稳定的交易系统,而不是患得患失,妄想把握市场的每一次机会。

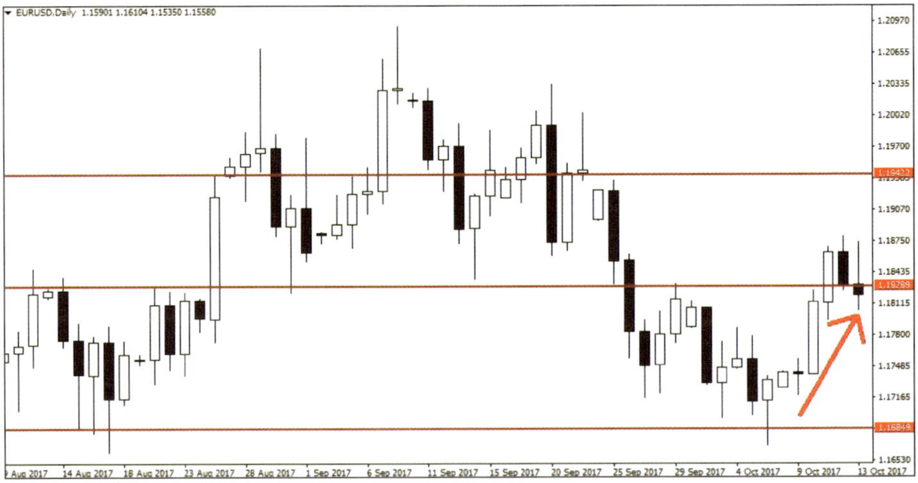


**图7—65 后续走势**

### 7.5.4　欧元实战案例四:三线战法

#### 1. 信号研判及交易计划

我们继续来看,如图 7—66,欧元在一波下跌之后在低位出现了一个 Pinbar,我们对其进行研判。

**图 7—66　出现 Pinbar**

两个基本条件:

(1)是否处于明显的关键位?

是的。Pinbar 处于较明显的前低附近。

(2)是不是处于明显的高位或者低位?

是的。该 Pinbar 处于一波下跌行情的低点位置。

六个细节项:

(1)整个 Pinbar 在盘面上是否明显?

不明显。这个信号虽然自己的幅度有 60 个点,但是相比较之下,的确不算明显。

(2)有没有假突破？

有的，其突破了之前的低点，然后收回于低点上方，是一个明显的假突破。

(3)Pinbar的实体有没有包含在之前的K线(左眼)的最高价和最低价之内，并且信号的幅度要大于左眼？

满足。

(4)是不是顺着较大级别趋势？

不是。目前是下跌趋势，这个信号是一个看涨信号，所以不满足顺势。

(5)突破入场的盈亏比是否大于1.5：1？

不满足。该信号突破后的止损是60个点，止盈是70个点，不满足1.5：1的盈亏比要求。

(6)信号所处波段的趋势对比前期走势是否没有出现明显的加速？或者信号前面是否有缓冲趋势？

没有出现明显加速。

该信号的强度是2+3，满足我们的进场要求，所以可以操作。进场方式可以选择收线入场。如果收线入场的话，我们面临的止损是48个点，而止盈有82个点，82：42=1.95：1，完全符合我们的盈亏比要求。当然，你也可以选择33%或者50%回调入场。这里并不是特别推荐突破入场，因为这个信号的幅度不大，如果突破入场的话，我们的止损位要放在信号的50%位置，而这个信号的50%位置正好处于关键位上方，很容易因为整理的延续而触及我们的止损。

如图7—67，我们的交易计划就已经出来了。我们在其收线之后就可以买入了，止损位于影线下方，目标位在上方关键位。

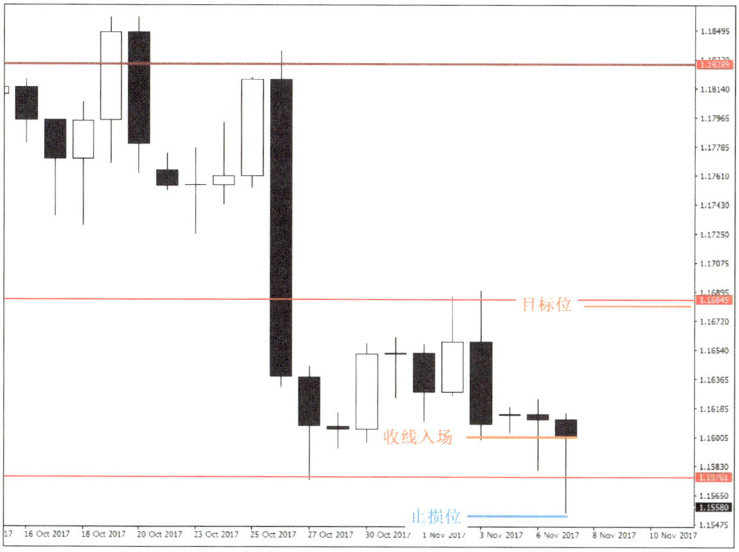


**图 7—67　交易计划**

如图 7—68，最终我们的交易顺利打了止盈。

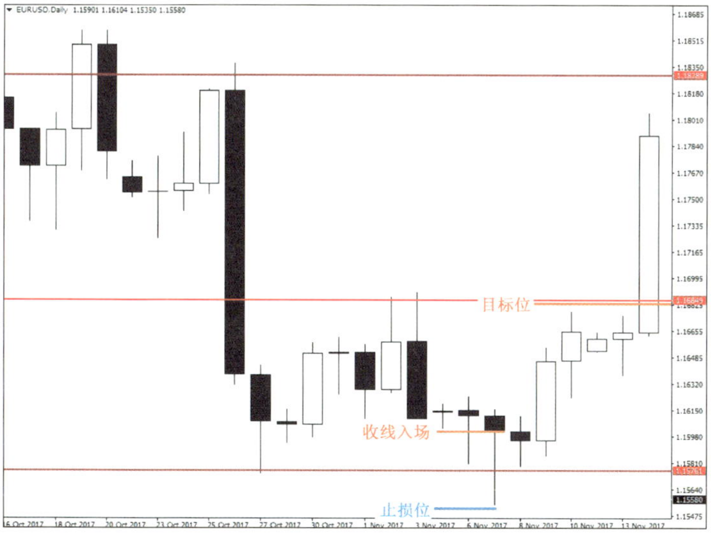


**图 7—68　后续走势**

## 2. 三线战法

那么这笔交易如果我们采用三线战法会怎么样呢?

我们知道,三线战法入场方式和普通的交易一样,但是止损一定是设置在影线后方的,就如图7—69所示。

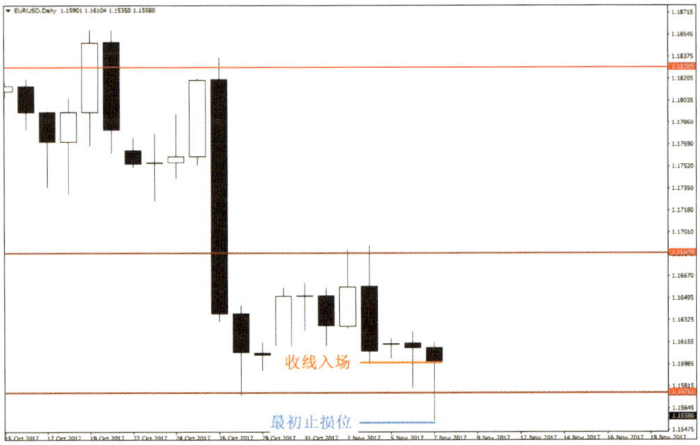


**图7—69 三线战法初始交易计划**

然后我们根据三线战法原则:把止损移动到最新的3根K线的最低价,当然,止损只能越来越小,不能越移越大。

图7—70为第一次移动止损位。

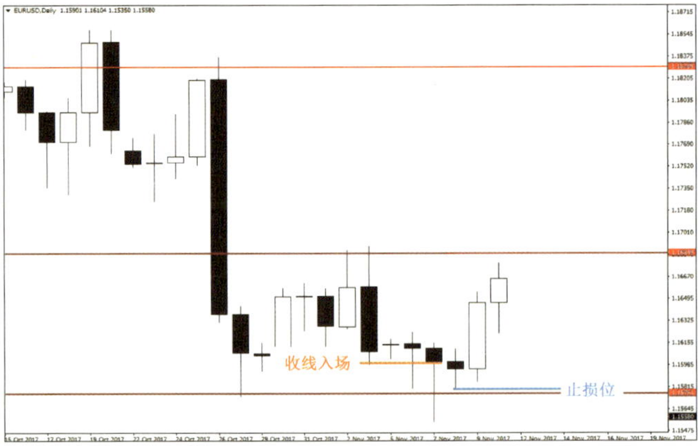


**图7—70 第一次移动止损位**

如图 7—71，出现大阳线之后，我们选择最近的三根 K 线的最低点作为止损参考。

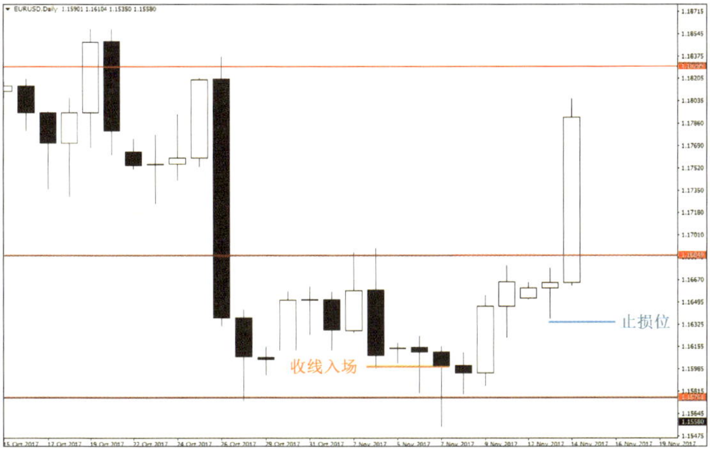


**图 7—71　出现大阳线之后的止损位**

大阳线之后出现回落，此时的止损位如图 7—72 所示。

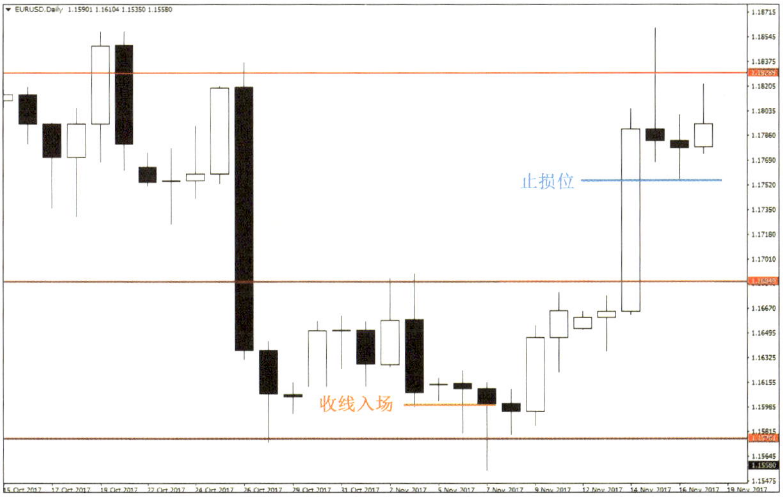


**图 7—72　出现回落后的止损位**

当然，这个位置是最终的止损位，之后价格回落触及该止损，我们平仓离场，如图 7—73 所示。

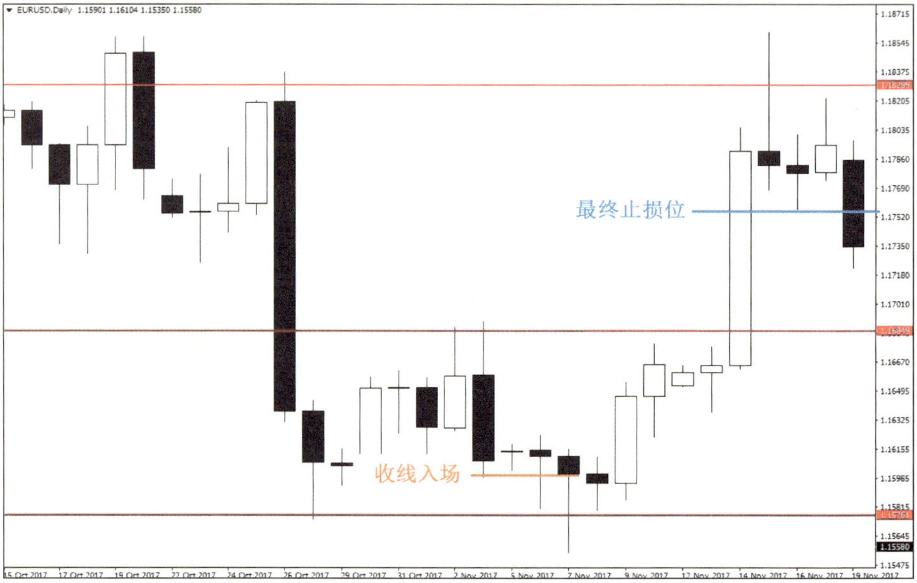


**图 7—73 平仓离场**

让我们再整体回顾一下这笔交易，如图 7—74，我们根据研判 1 号 K 线得出可以尝试做多，并选择在 1 号 K 线收线后买进，并且把止损设定在 1 号 K 线的最低点下方。之后在 2 号 K 线的时段内，我们进场并设定了初始止损位，然后把止损位移动到最新的 3 根 K 线的最低价。最终，我们按照规则把止损位放到了 3 号 K 线的最低点下方，4 号 K 线触及我们的止损位让我们出局。那么，我们最后的利润一共有 152 个点，较之前多了约 70 个点，翻了近一倍。而当初面临的止损有 48 个点，盈亏比超过了 3∶1。所以如果能够合适地使用三线战法，对我们的获利将会有非常大的帮助。

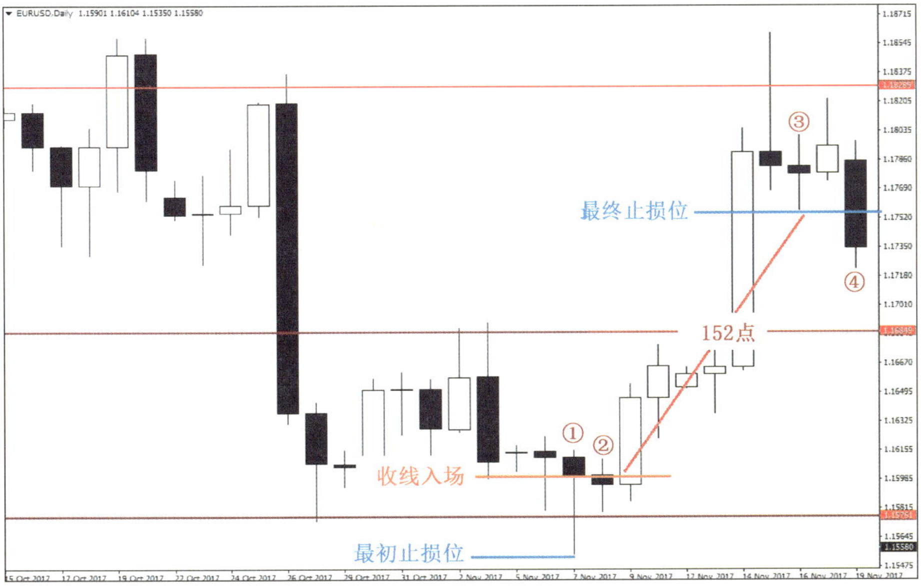


图7—74 三线战法交易总结

# 7.6 白银实战

## 7.6.1 白银实战案例一

我们来看一段白银日线图的行情，如图7—75所示。

2013年的9月左右伦敦银的日线走势图，我们发现在一段上涨行情之后，在盘面上出现了一较为明显的Pinbar信号。我们观察得出，其位置正好经过了前期的拐点，所以它可能是我们要等待的交易信号，拉近盘面，画出附近的关键位。

**图 7—75 白银日线图出现 Pinbar**

如图 7—76 所示，我们将 5 月 20 日到 8 月底的明显的拐点，都在盘面上标记了出来，这些位置就是我们接下来的交易所需要关注的点位，当然，这些点位也要根据最新的行情反应来进行调整，这点在之前的教学中就有提到。

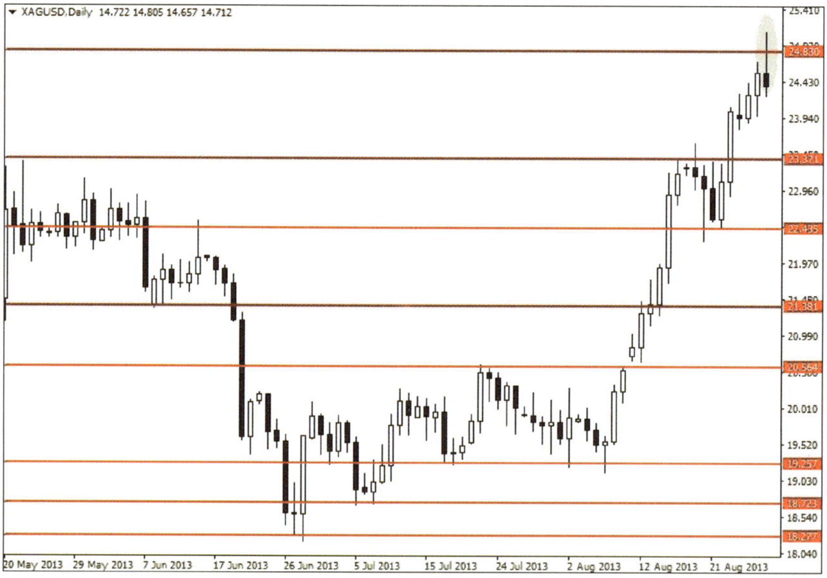


**图 7—76 关键位**

下面我们对信号进行研判。

两个基本条件：

(1)是否处于明显的关键位？

是的。处于之前明显的拐点。

(2)是不是处于明显的高位或者低位？

是的。信号出现于一波明确的上涨趋势高位。

六个细节项：

(1)整个 Pinbar 在盘面上是否明显？

明显。这个信号的鼻子在附近盘面是比较突出的，幅度也够。

(2)有没有假突破？

有的。信号突破了之前高点，然后收线于高点下方，是一个假突破。

(3)Pinbar 的实体有没有包含在之前的 K 线(左眼)的最高价和最低价之内，并且信号的幅度要大于左眼？

满足。

(4)是不是顺着较大级别趋势？

不是。现在观察行情是比较强的上涨趋势，这个信号是看空信号，所以不算顺势。

(5)突破入场的盈亏比是否大于 1.5∶1？

不满足。突破入场面临的止损是 85 个点以上，而目标位也只有 85 个点，所以不满足。

(6)信号所处波段的趋势对比前期走势是否没有出现明显的加速？或者信号前面是否有缓冲趋势？

没有出现明显加速。

信号满足 2+4，我们选择挂两个单：(1)突破信号入场，止损于信号的 50%以上；(2)回调信号 50%入场，止损于信号高点以上。

如图 7—77 所示，两笔交易用不同的颜色标出，下方关键位是我们的目标位，也就是止盈位置。

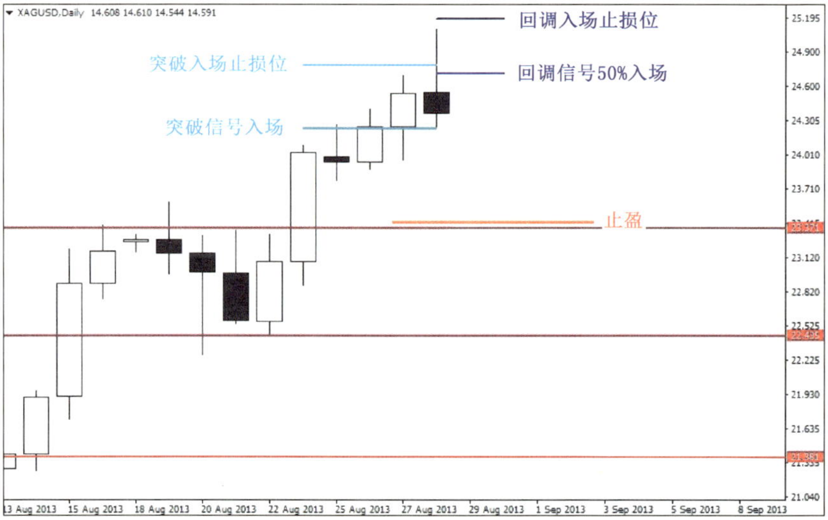


图 7—77 交易计划

如图 7—78 所示，行情突破之后直接下跌，我们跟进破位单，顺利达到止盈目标。

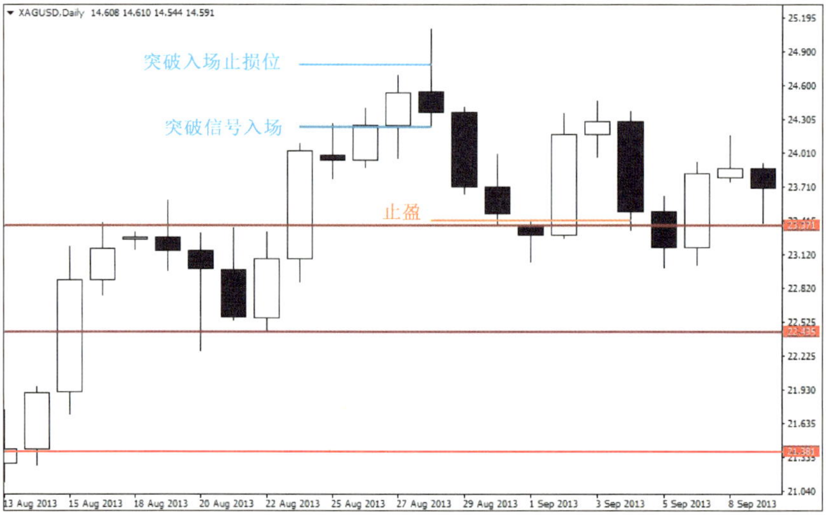


图 7—78 后续行情

### 7.6.2　白银实战案例二

我们继续等待之后的交易信号。

在之后的行情中，出现了图 7—79 的一个信号，我们对其进行研判。

**图 7—79　出现 Pinbar**

两个基本条件：

(1)是否处于明显的关键位？

是。处于之前的一个拐点位置，属于关键位。

(2)是不是处于明显的高位或者低位？

是的。之前行情处于明显的下跌趋势，信号出现在最低点。

六个细节项：

(1)整个 Pinbar 在盘面上是否明显？

比较明显。

(2)有没有假突破？

没有。

(3)Pinbar的实体有没有包含在之前的K线(左眼)的最高价和最低价之内,并且信号的幅度要大于左眼?

不满足。其左眼长度要大于信号长度。

(4)是不是顺着较大级别趋势?

满足。虽然小级别趋势在下跌,但是此时并没有跌破之前趋势的61.8%,所以我们依旧认为是看涨趋势。该信号所处位置正好为之前上涨趋势的回调61.8%位置,如图7—80所示。

**图7—80 信号位于上涨趋势回调的61.8%位置**

(5)突破入场的盈亏比是否大于1.5∶1?

不满足。上方压力很大,盈利空间有限。

(6)信号所处波段的趋势对比前期走势是否没有出现明显的加速?或者信号前面是否有缓冲趋势?

没有出现明显加速。前期上涨趋势的斜率要大于目前的下跌斜率。

信号强度为2+3,可以操作。由于上方关键位离现价非常近,我们需要等回调才能入场。为了满足条件,我们只能选择回调信号的61.8%才能入场。

然而,行情在下一根K线就打我们脸了,直接高开低走。入场条件被破坏,而且，我们观察一下关键位，如图 7—81 所示。

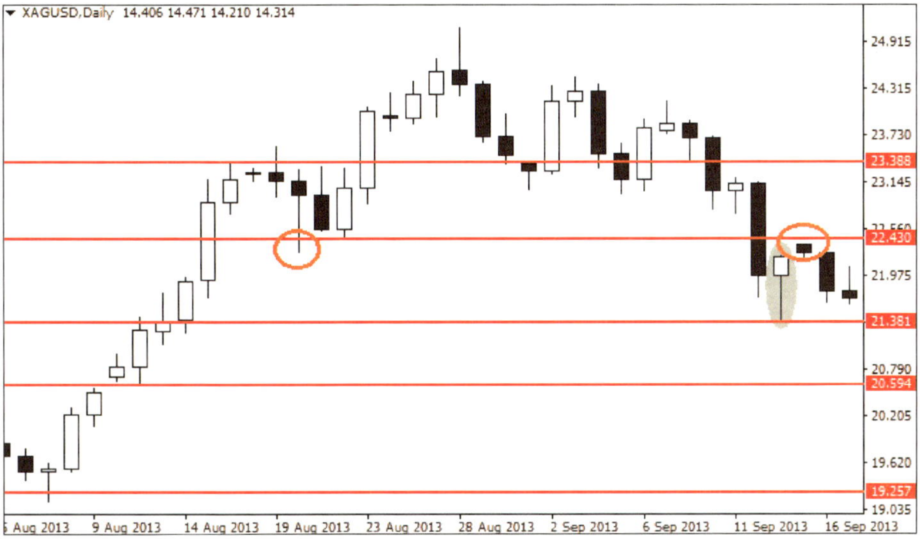


**图 7—81　回补缺口后下跌**

跳空突破了信号，而且其所处位置正好是之前的关键位附近，而且如果算下方影线的话，这个位置已经完完全全打到了关键位。所以，这笔交易没有给我们入场的机会就把我们的盈利空间走完了。因为没有给到回调入场位而错过的交易，后面还有一个。

## 7.6.3　白银实战案例三

如图 7—82，灰色区域出现了一个看涨吞没形态，研判之后是满足我们入场条件的，但是由于盈利空间问题，我们要等待 50％回调才可以满足我们交易系统所规定的 1.5∶1 的最低盈亏比条件，但是很可惜，没有回调到位置，就拉上去并且碰到了上方关键位。不过也不是毫无收获，上方打到关键位之后，在关键位收了一个黄昏星，也是我们的一个交易信号，此时，我们对这个黄昏星进行研判。

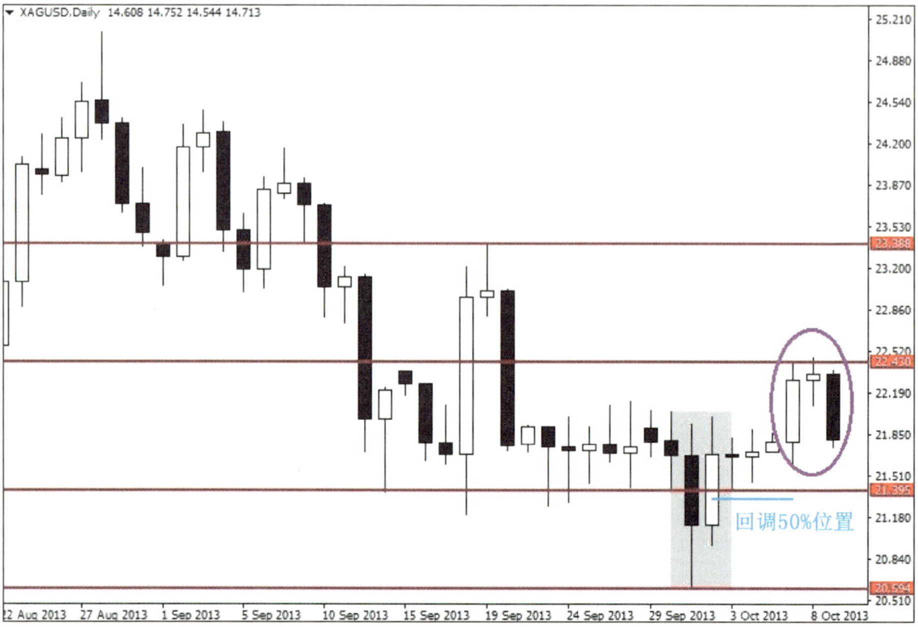


**图7—82　出现吞没形态和黄昏星形态**

两个基本条件：

(1)是否处于明显的关键位?

是的。处于之前的拐点位置附近。

我把整个区域展示出来，以便大家可以清晰地判断。如图7—83所示，这一水平的三个灰色区域都出现了较为明显的拐点，最右边的大阴线也说明价格在这个位置受到了压力。

(2)是不是处于明显的高位或者低位?

是的。之前的K线有一波较明显的上涨。

六个细节项：

(1)整个Pinbar在盘面上是否明显?

不明显。这里相比之下幅度并不算大。

(2)有没有假突破?

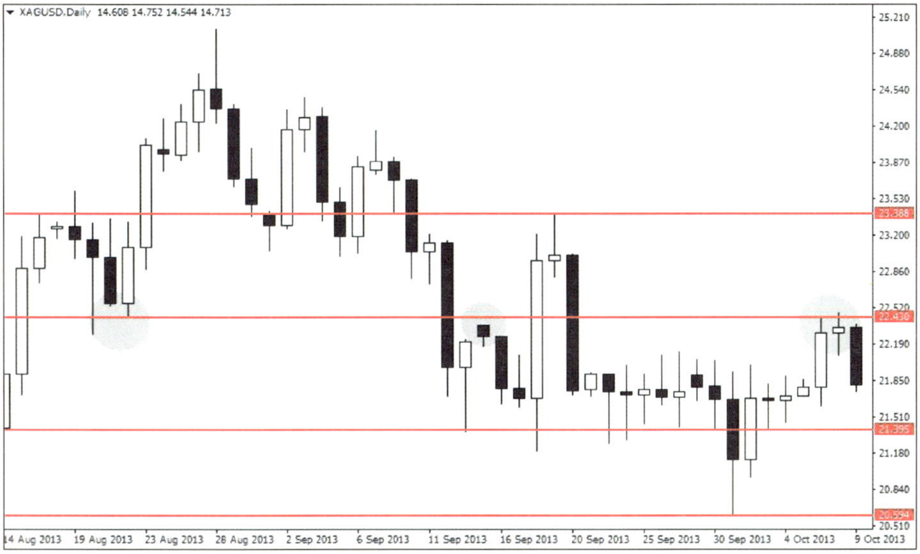


**图 7—83　三个拐点**

没有。关键位踩得很规整，并没有明显的假突破。

(3)Pinbar 的实体有没有包含在之前的 K 线(左眼)的最高价和最低价之内，并且信号的幅度要大于左眼？

满足。如果把该形态的三根 K 线合成一根，则可以得到一个 Pinbar，这个 Pinbar 的实体很小，包含在左边的那个小 K 线之内。而且信号长度明显大于左眼。

(4)是不是顺着较大级别趋势？

是的。目前看来是较明显的下跌趋势。

(5)突破入场的盈亏比是否大于 1.5∶1？

不满足。盈利空间很小，必须要选择回调信号的 61.8%才可以满足。

(6)信号所处波段的趋势对比前期走势是否没有出现明显的加速？或者信号前面是否有缓冲趋势？

没有出现明显加速。

这个信号是 2+3，同样是需要等回踩才可以入场。

好的，那么我们就等它回调。

我们的交易计划就如图7—84所示。此时，就等行情有没有给我们好的位置让我们入场了。

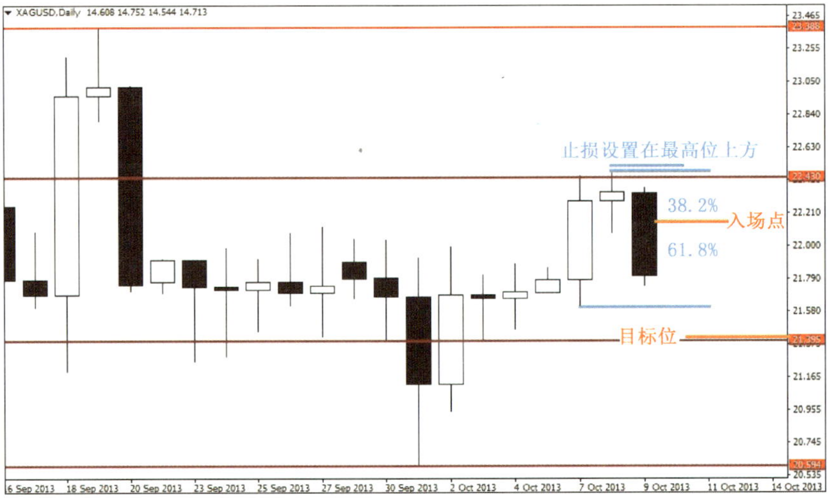


**图7—84 交易计划**

结果如图7—85所示。

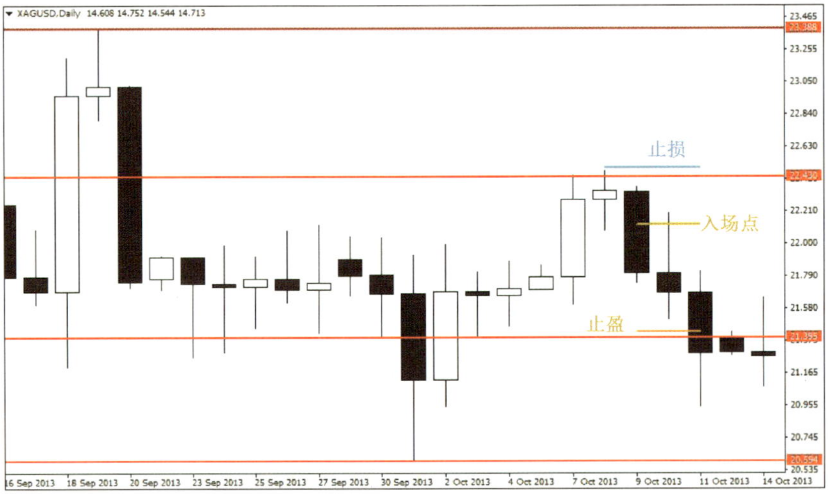


**图7—85 后续走势**

市场还是给了一个不错的回调位置，然后我们入场，之后第二根 K 线就到了我们的止盈位，我们顺利出局。

### 7.6.4　白银实战案例四

上一笔交易持续了 2 天时间都不到，然后又过了几天时间，盘面上再次出现了一个非常明显的 Pinbar：为了让大家感受到它来得多快，我不把上一笔交易的标记擦掉，如图 7—86 所示。

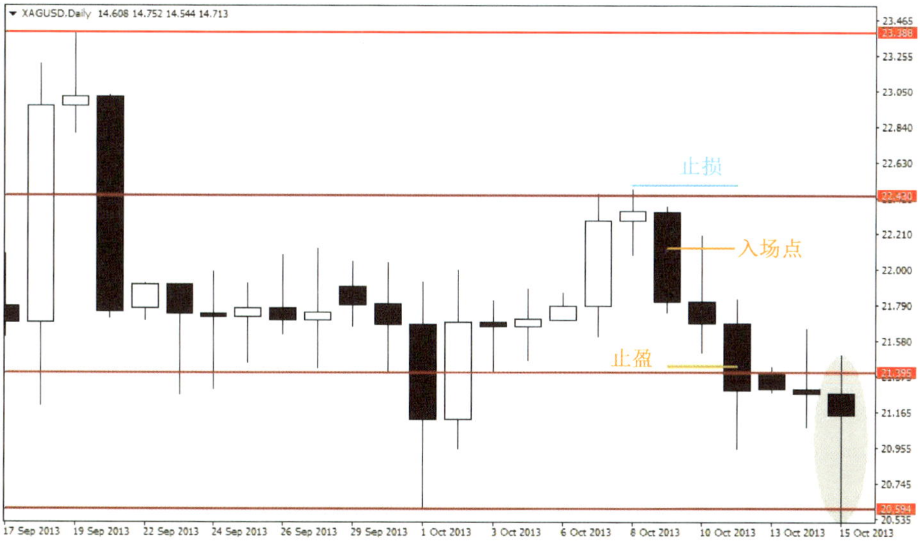


**图 7—86　出现 Pinbar**

一眼就看出来，这是一个很大的 Pinbar！我们迅速对其研判。

两个基本条件：

（1）是否处于明显的关键位？

是的。Pinbar 处于明显的关键位，而且是一个很强的关键位，为了让大家看到这个关键位有多强，我把之前的走势放大给大家看看，如图 7—87 所示。

**图7—87 放大时间长度的走势图**

之前的高点以及跳空缺口，再加上不久之前的拐点以及Pinbar自身的影线，都反映了这个位置是很强的关键位！

(2)是不是处于明显的高位或者低位？

是的。信号自身处于最低点。

六个细节项：

(1)整个Pinbar在盘面上是否明显？

是的。非常明显的一个Pinbar。

(2)有没有假突破？

有的。关键位和前期低点都被刺穿，但是之后又收回关键位上方，是一个标准的假突破，信号头部还有一个关键位，不过其强度远远不如下方关键位，可以忽视。

(3)Pinbar的实体有没有包含在之前的K线(左眼)的最高价和最低价之内，并且信号的幅度要大于左眼？

满足。

(4)是不是顺着较大级别趋势?

不是。当前趋势是较明显的下跌趋势,该信号看涨,所以不是顺趋势。

(5)突破入场的盈亏比是否大于1.5∶1?

不满足条件。突破入场之后的盈亏比约为1∶1,所以不满足1.5∶1的要求。

(6)信号所处波段的趋势对比前期走势是否没有出现明显的加速?或者信号前面是否有缓冲趋势?

没有出现明显加速。

好了,那么这个信号的最终研判是2+4,由于其盈利空间还是不错的(差不多1个信号高度),那么我们有较多的选择:

(1)可以用双保险来做:挂突破入场单和回调入场单,回调入场依旧是50%。

(2)收线入场。观察这个信号,它本身就是一个阴线,而且正好处于从最高点回落的38%附近,如要按照38%入场的话盈亏比是符合我们的要求的,所以可以选择收线入场。

双保险来做的,最终是破位入场,则止损55个点左右,止盈90个点左右,最终盈亏比是1.63∶1;收线入场的,止损70个点左右,止盈125个点左右,盈亏比为1.78∶1。

两种入场方式各有千秋,不能单纯地评价孰优孰劣,破位入场虽然盈亏比低而且止损风险较后者略大,但是基本能保证不错过机会;收线入场利润空间和止损都比较稳健,但如果止损的话,点位是比前者要多的。

这里,我个人选择收线入场,并且把止损放在信号最低价下方。如图7—88所示,收线入场的止盈和止损位置设定。入场之后,我们拿着单子就可以了。

如图7—89,行情走得非常好,我们的单子顺利地走到了目标位。

当然,如果我们选择破位入场并且止损位在信号的50%位置,这笔交易也是可以获得盈利的。

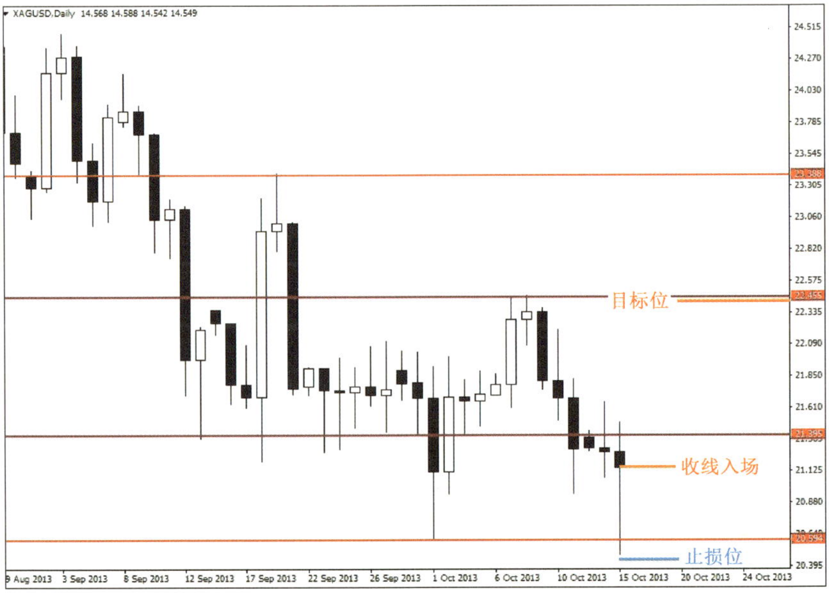


图 7—88 收线入场的交易计划

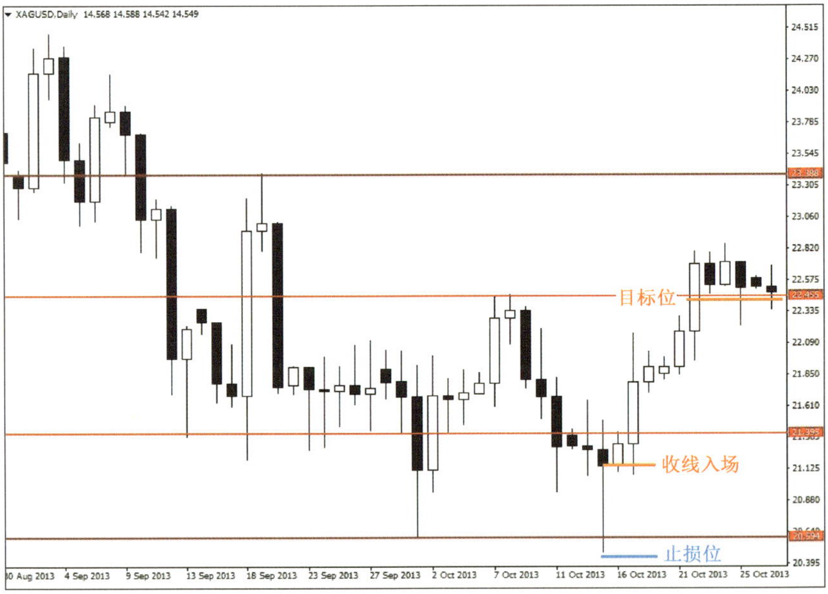


图 7—89 后续走势

图 7—90 是突破入场以及之后的止盈位及止损位设定参考方式。

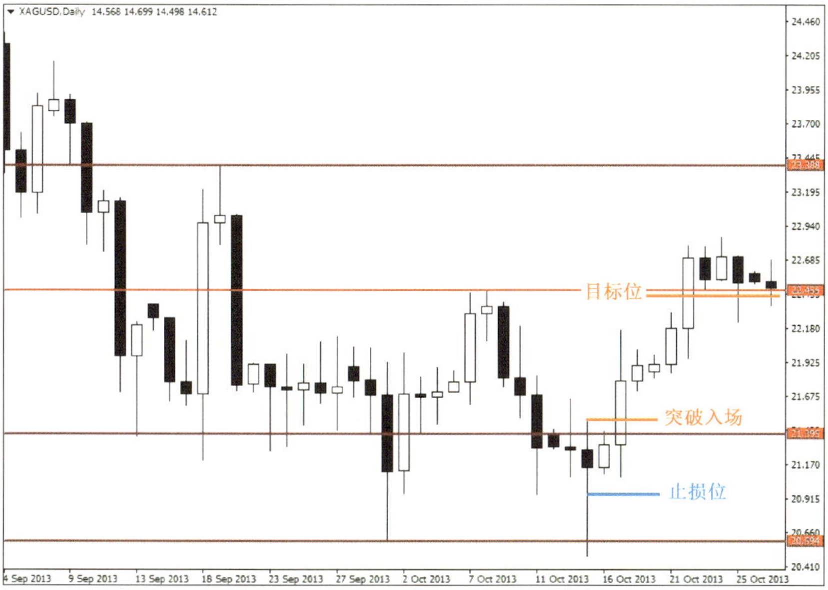


**图 7—90　突破入场的交易计划**

## 7.6.5　白银实战案例五

我们继续来看行情，看看有没有新的交易信号出来。

如图 7—91，依旧是白银盘面，在关键位附近再一次出现了一个日线 Pinbar！

不过此时，我们需要对关键位进行一些调整，因为在 Pinbar 之前出现了一个拐点，这个是需要我们作为关键位来参考的！

调整好之后，盘面上的关键位如图 7—92 所示。

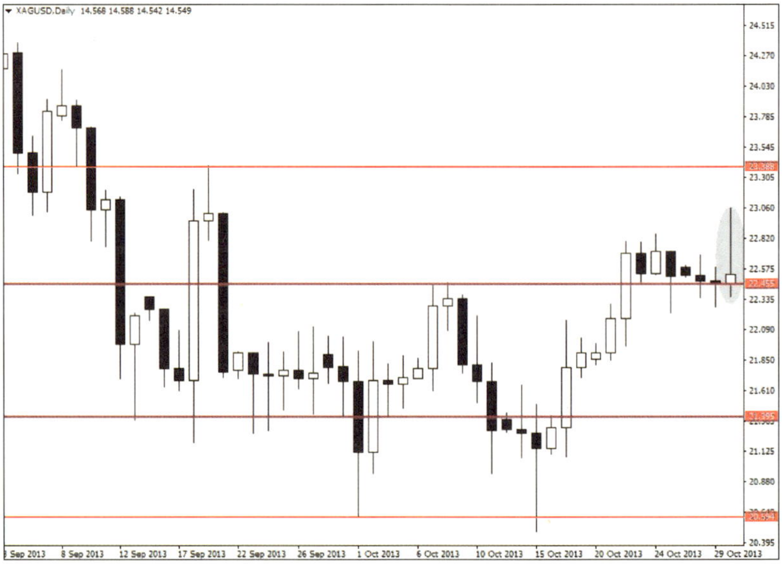


图 7—91 出现 Pinbar

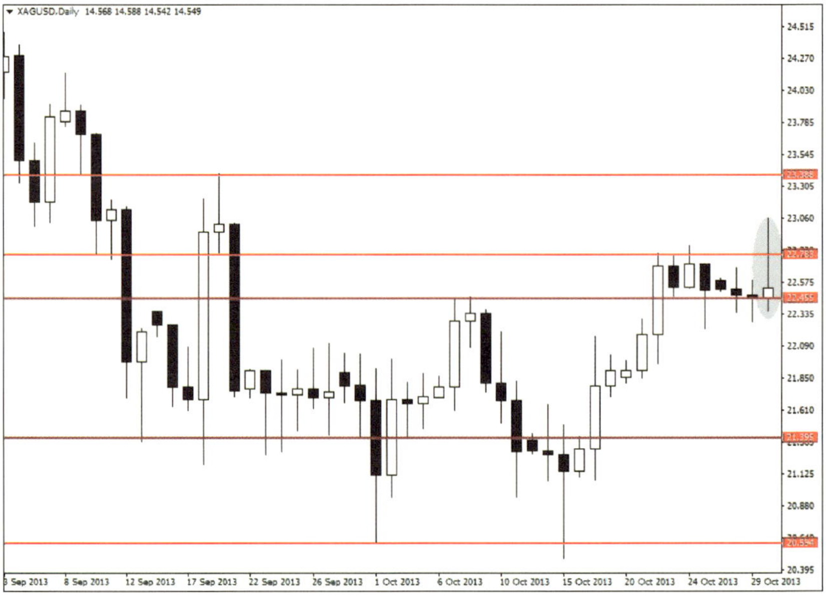


图 7—92 调整关键位

那么我们对 Pinbar 进行研判。

两个基本条件：

(1)是否处于明显的关键位？

是的。这个信号处于两个比较相近的关键位区间。

(2)是不是处于明显的高位或者低位？

是的。Pinbar 处于一波短期上涨的趋势，它自己就是最高点。

六个细节项：

(1)整个 Pinbar 在盘面上是否明显？

是的。Pinbar 幅度比较大，一眼就能看到。

(2)有没有假突破？

有的。突破了之前的关键位之后又收在关键位下方，是一个假突破行为。不过 Pinbar 下方还有一个关键位，强度和上方关键位差不多，需要我们注意。

(3)Pinbar 的实体有没有包含在之前的 K 线(左眼)的最高价和最低价之内，并且信号的幅度要大于左眼？

满足。

(4)是不是顺着较大级别趋势？

是的。较大级别趋势依旧处于下跌行情，整个信号是一个看空的信号，所以是符合顺趋势这个条件的。

(5)突破入场的盈亏比是否大于 1.5∶1？

不符合。突破进场止损 70 个点，止盈 90 多点，不符合我们的要求。

(6)信号所处波段的趋势对比前期走势是否没有出现明显的加速？或者信号前面是否有缓冲趋势？

没有出现明显加速。

经过研判，这个信号居然有 2+5，不过我们需要看清楚一点，信号的下方还有一个关键位呢！

这个信号比较特殊的地方在于，它的收盘是处于关键位附近，左边有一个刚形成的小级别高点，下方在之前有一个较大幅度高点，这两个都是比较有效的关键位。如果这个时候要交易，我们只能选择突破信号交易，也就是说我们必须要等待信号突破 Pinbar 的最低点之后才能确认。为什么？因为下方的关键位是一个支撑作用，而信号是看空的，如果这个时候要做的话必须等到行情完全突破这个支撑位，才可以做空。好在 Pinbar 的最低价是处于关键位下方的，如果价格突破信号的话也就是突破了关键位，可以做空。

综上所述，我们选择破关键位然后止损设置于信号的 50%位置后方，不过 50%位置比较接近上方关键位，也可以把止损放到关键位上方。

如图 7—93 所示，这两种止损的设置都是可以的，不过我个人更加偏向于把止损放到关键位上方，虽然止损点数较多，但是依旧满足 1.5∶1 的最低盈亏比要求。

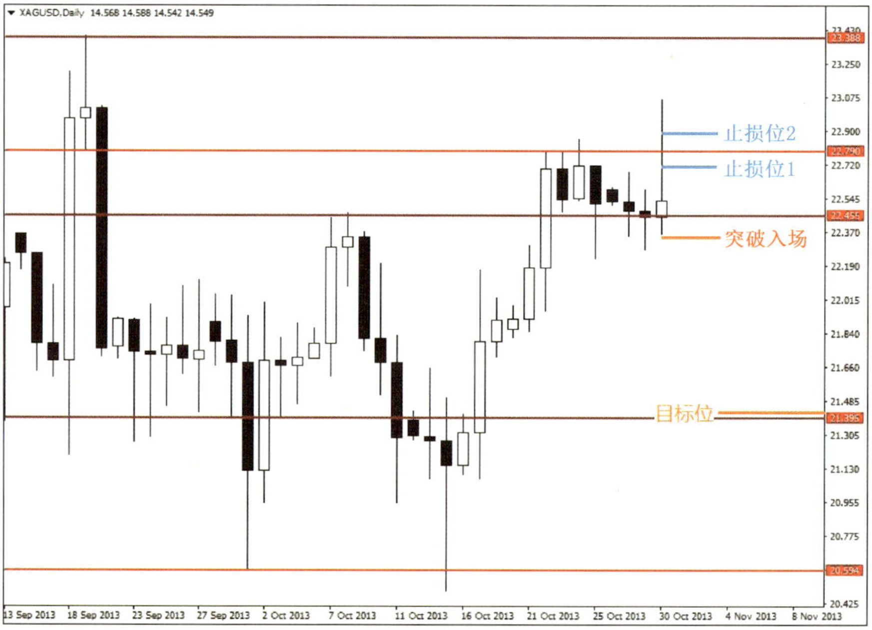


**图 7—93　交易计划**

入场之后，行情顺利达到止盈位，如图 7—94 所示。

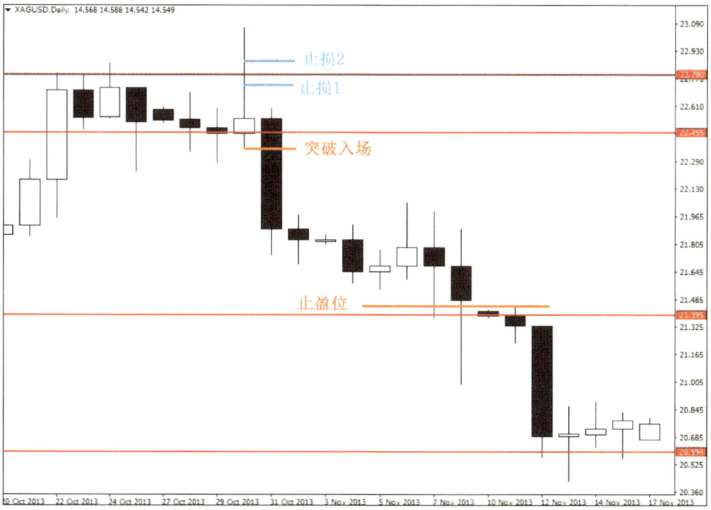


图 7—94　后续行情

## 7.6.6　白银实战案例六

图 7—95 是白银 2017 年的一波日线级别走势，在高位出现了我们所希望的信号：由三根 K 线组成的一个看空变形 Pinbar。

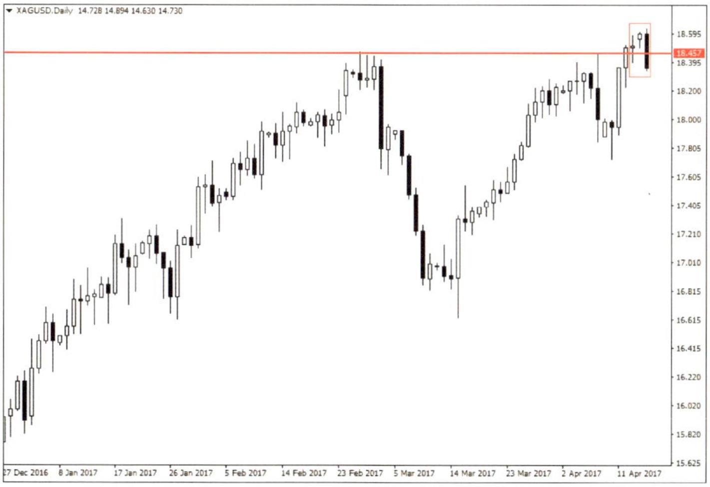


图 7—95　出现看空变形 Pinbar

该走势相当简洁明了，我们补齐附近的关键位，如图 7—96 所示，最有可能用到的关键位就下方的两个低点。

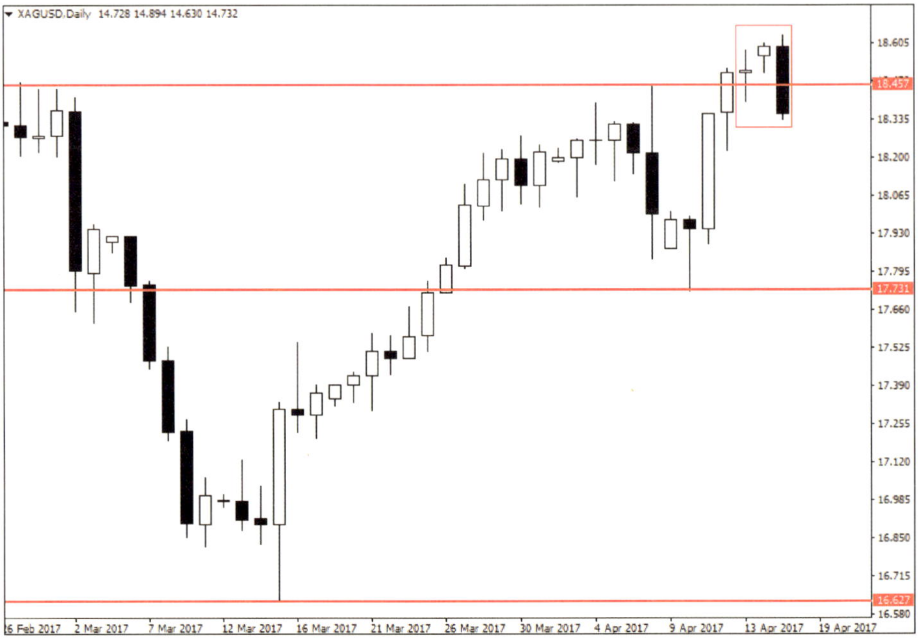


**图 7—96　关键位**

我们对信号进行研判。

两个基本条件：

(1)是否处于明显的关键位?

是的。该信号处于明显的前期高点位置，是一个较强的关键位。

(2)是不是处于明显的高位或者低位?

是的。目前处于明显的上涨趋势高位。

六个细节项：

(1)整个 Pinbar 在盘面上是否明显?

明显。该信号幅度较大，比较明显。

(2)有没有假突破?

有的。该信号突破前期高点并且收回于前高之下，是一个明显的假突破。

(3)Pinbar 的实体有没有包含在之前的 K 线(左眼)的最高价和最低价之内，并且信号的幅度要大于左眼？

满足。该信号合并之后的 Pinbar 实体包含于左眼之内，其长度为 30 个点，而左眼长度为 29 个点，满足条件。如图 7—97 所示。

**图 7—97　左眼长度和信号长度**

(4)是不是顺着较大级别趋势？

不是。目前处于上涨的高位，该信号是看空信号，所以不属于顺势。

(5)突破入场的盈亏比是否大于 1.5∶1？

满足。突破入场止盈 60 个点，止损 30 个点，盈亏比为 2∶1，符合条件。

(6)信号所处波段的趋势对比前期走势是否没有出现明显的加速？或者信号前面是否有缓冲趋势？

信号所处的波段相比之前走势斜率增加，出现明显加速。斜率 CD 大于斜率 AB，如图 7—98 所示。

**图 7—98　斜率 CD＞斜率 AB**

最终该信号强度为 2＋4，是一个非常优秀的信号。而且其盈亏比非常好，达到了突破入场后满足 2∶1，我们可以选择突破信号入场，止损于信号上方。

如图 7—99，我们该笔交易的计划就已经制定好了。

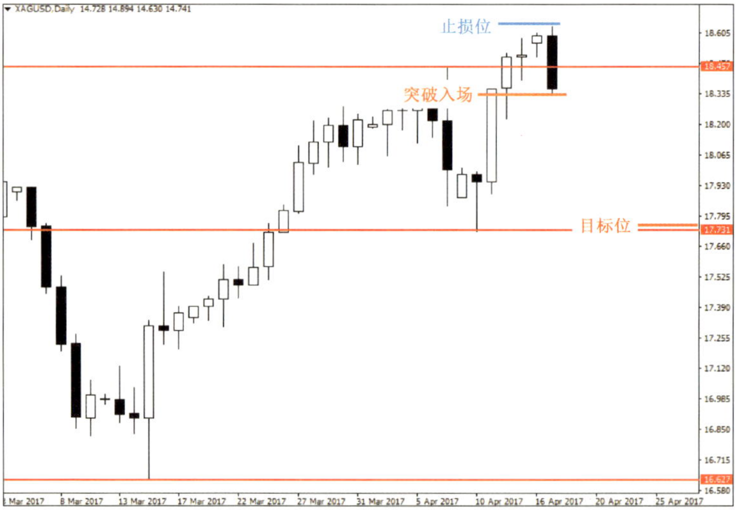


**图 7—99　交易计划**

我们来看一下后续的走势。如图 7—100，行情平稳地走到了我们的目标位，我们的交易以止盈结束。

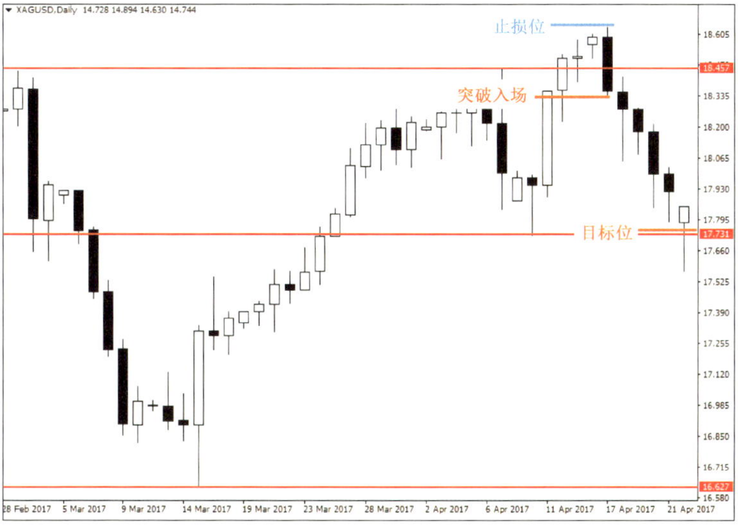


**图 7—100　后续走势**

## 7.6.7　白银实战案例七：跳空缺口

在前一笔交易结束时，在下方关键位收出了一个日线级别的 Pinbar。这个 Pinbar 不但有假突破，还是一个阳线的 Pinbar。

虽然形态看起来不错。但是，并不是所有好看的 Pinbar 都是值得信赖的好信号。有些信号看似很好，却隐藏着一些危险，跳空就是其中一种。

图 7—101 中 1 号线的收盘价和 2 号线的开盘价出现了一个较大的跳空，我们对于该信号的考虑需要参考这个跳空缺口，上方的目标位不再是之前上方的关键位，而是要先补缺口。那么我们需要参考的第一目标位就是缺口的回补：因为这个缺口 K 线离信号太近了，它是 Pinbar 的左眼！

我们先补好关键位，如图 7—102 所示。

我们发现信号和目标位的距离过于接近。该信号离目标位只有 6 个点，信

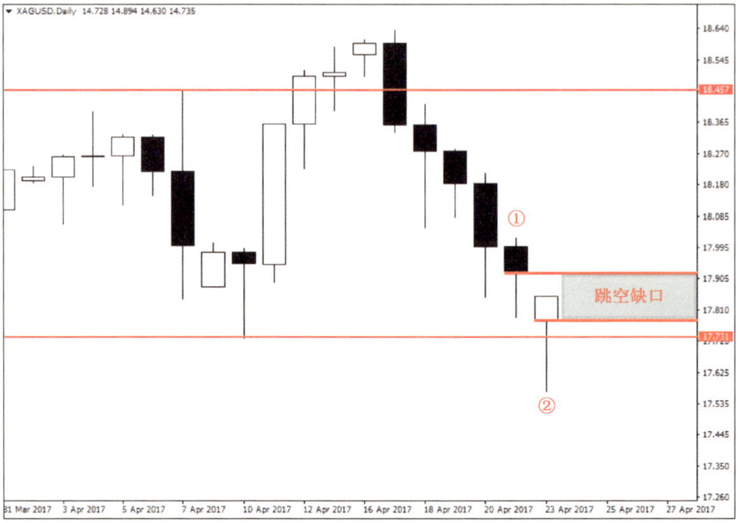


图 7—101 跳空缺口

号长度 28 个点，使用回调 50％进场不满足 1.5∶1 的盈亏比要求，必须使用回调 61.8％来进场。但是该信号如果回调 61.8％就已经到关键位下方了！此时不能做多，因此我们放弃了该信号。

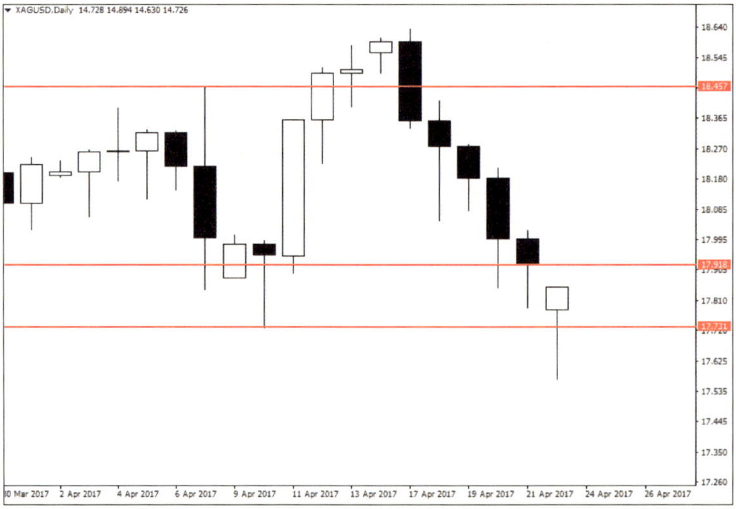


图 7—102 关键位

如图 7—103，行情回补缺口后就一路下跌。

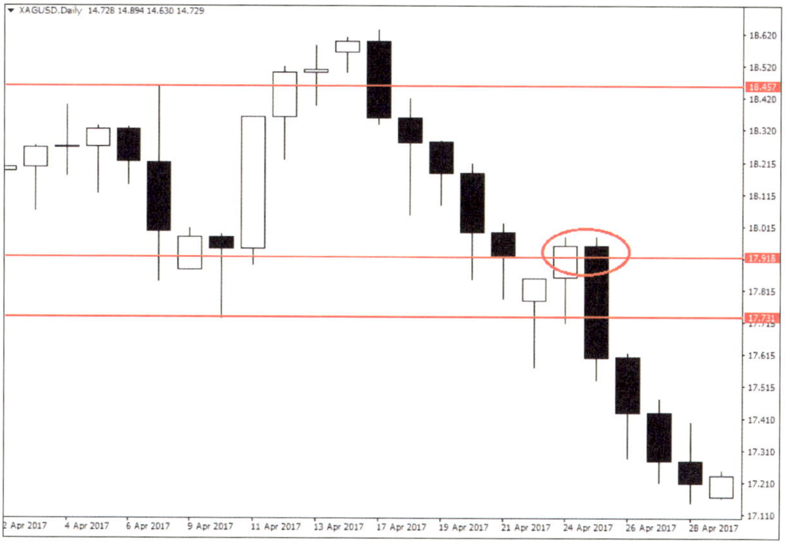


**图 7—103　后续走势**

所以在以后的交易中，大家要务必警惕跳空缺口产生的影响。尤其是当缺口出现在左眼的时候，一定要注意。

## 7.7　澳元实战

### 7.7.1　澳元实战案例一

图 7—104 是澳元兑美元 4 小时线级别的盘面，我们用×将 Pinbar 标出，并对其进行研判。

两个基本条件：

(1)是否处于明显的关键位？

是的。处于明显的关键位。

(2)是不是处于明显的高位或者低位？

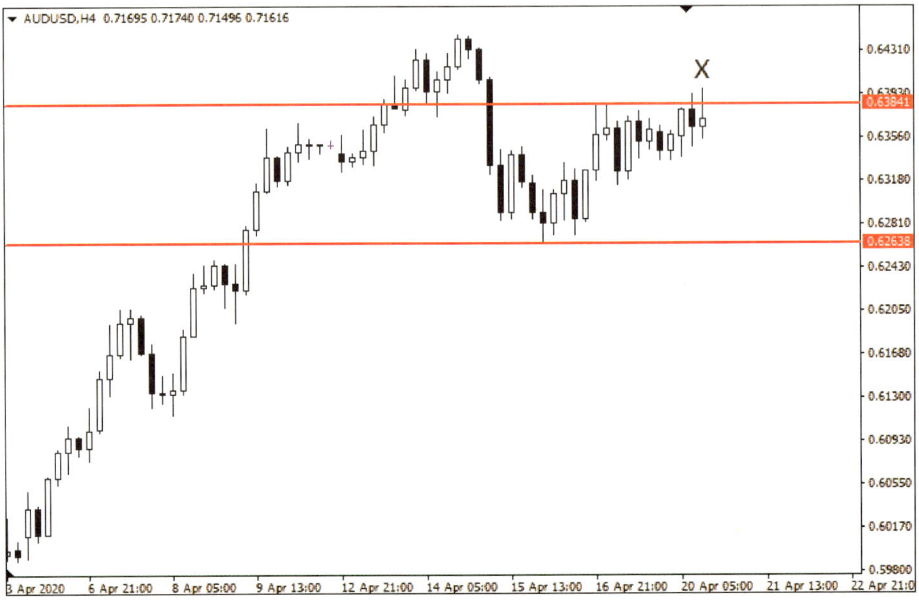


**图 7—104　澳元 4 小时线级别盘面出现 Pinbar**

是的。该信号处于一波上涨跌趋势的明显高点。

六个细节项：

(1)整个 Pinbar 在盘面上是否明显？

不是，信号并不明显。

(2)有没有假突破？

有假突破。

(3)Pinbar 的实体有没有包含在之前的 K 线(左眼)的最高价和最低价之内，并且信号的幅度要大于左眼？

不满足。左眼的幅度大于信号。

(4)是不是顺着较大级别趋势？

不是。整体趋势向上，该信号看空，属于逆势。

(5)突破入场的盈亏比是否大于 1.5 ∶ 1？

满足。

(6)信号所处波段的趋势对比前期走势是否没有出现明显的加速？或者信号前面是否有缓冲趋势？

没有出现明显加速。

这个信号根据我们的研判，是 2+3 的信号，可以操作。交易思路如图 7—105 所示。

**图 7—105　交易思路**

具体的计划是：采用突破信号入场，并且止损于信号上方，止盈在下方关键位之上。

后续行情很快地走到了我们的预期点位，如图 7—106 所示，这笔交易以盈利收尾。

## 7.7.2　澳元实战案例二

止盈之后不要轻易走开，因为机会又来了。我们发现这里形成了一个“穿刺线”，如图 7—106，用○标记了出来。我们对其进行研判。

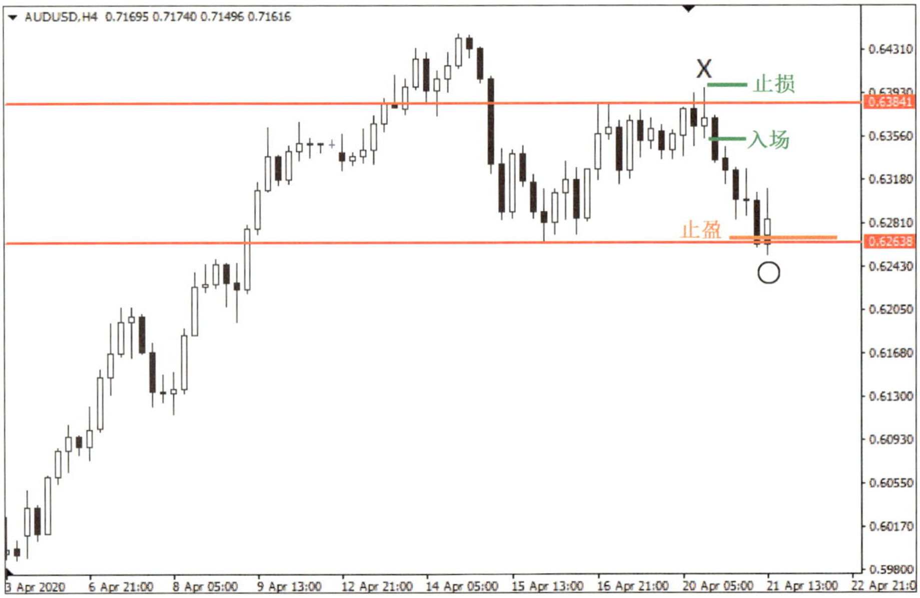


**图7—106　后续走势及出现穿刺线**

两个基本条件：

(1)是否处于明显的关键位？

是的。处于明显的关键位。

(2)是不是处于明显的高位或者低位？

是的。该信号处于一波下跌的明显低点。

六个细节项：

(1)整个Pinbar在盘面上是否明显？

是的，比较明显。

(2)有没有假突破？

有假突破。

(3)Pinbar的实体有没有包含在之前的K线(左眼)的最高价和最低价之内，并且信号的幅度要大于左眼？

不满足。组合信号之后的实体偏大，并没有完全包含在左眼之内。

(4)是不是顺着较大级别趋势?

是,虽然经历了 2 波下跌,但是依旧没有跌破之前行情的 61.8%,不能认为其趋势已反转。短期内行情下探,该信号看多,属于顺势。

(5)突破入场的盈亏比是否大于 1.5 ∶ 1?

不满足。

(6)信号所处波段的趋势对比前期走势是否没有出现明显的加速?或者信号前面是否有缓冲趋势?

没有出现明显加速。

这个信号根据我们的研判,是 2+4 的信号,可以操作。由于突破入场盈亏比不足 1.5∶1,我们在这里选择收线入场以满足盈亏比,交易思路如图 7—107 所示。

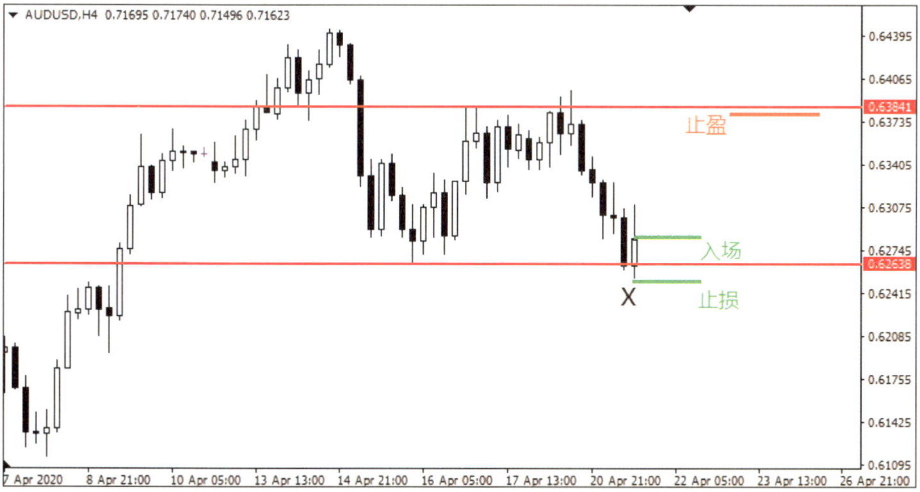


**图 7—107　交易思路**

具体的计划是:采用收线入场,并且止损于信号下方,止盈于上方关键位之下。

后续行情走到了我们的预期点位,如图 7—108 所示,这笔交易以盈利收尾。

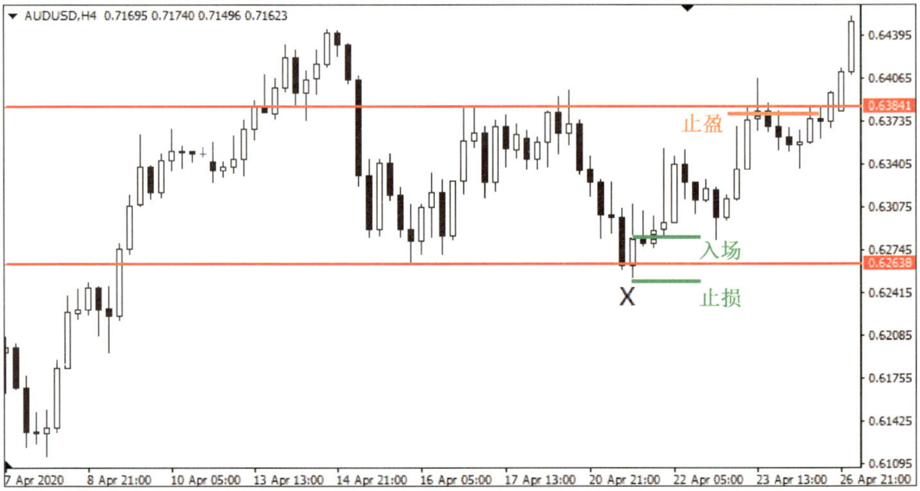
AUDUSD,H4 0.71695 0.71740 0.71496 0.71623
止盈
入场
止损
X
0.64395
0.64065
0.63841
0.63735
0.63405
0.63075
0.62745
0.62638
0.62415
0.62085
0.61755
0.61425
0.61095
7 Apr 2020
8 Apr 21:00
10 Apr 05:00
13 Apr 13:00
14 Apr 21:00
16 Apr 05:00
17 Apr 13:00
20 Apr 21:00
22 Apr 05:00
23 Apr 13:00
26 Apr 21:00

**图 7—108 后续走势**

# 第 8 章　金字塔加仓法

下面介绍一种既定风险下的高回报加仓模式——金字塔加仓法，在大家掌握之前，我建议还是用模拟盘来测试比较稳妥。实盘操作的难度有点大，需要我们严格地执行交易计划以及对仓位进行严谨的数学计算，不过现在智能手机已经很普及了，如果实在算不来，可以用计算器帮你算。

## 8.1　金字塔加仓法概述

到底什么是“金字塔加仓”？

金字塔加仓法只适合于较强的**单边行情**，可以是快速上攻趋势，也可以是快速下跌趋势。这是一种能够指数级地增加盈利的技巧，可以说是技术操盘方法的“集大成者”，但凡能抓住一两次机会施展这种交易方式的，都是具有很强的魄力和勇气的，因为疯狂盈利的代价是要愿意付出既得利益，而博取未来的收益。这一点，不是所有人都能做到的。

金字塔加仓法有两个核心的思想：

(1)通过移动止损来控制风险；

(2)通过放弃既得收益来博取未来收益。

如图 8—1 所示，我们的加仓方式是一种循序渐进的顺势加仓，而不是很多股民所用的“摊薄成本法”，最直接的一点区别就是：我们不会在亏损的时候加仓——逆势加仓是很多人严重亏损的起因，甚至会导致很多人“爆仓”。而顺势加仓，是在盈利的情况下，以现有的利润来博取未来收益的一种高级操盘手法，值得我们所有人去研究和学习。

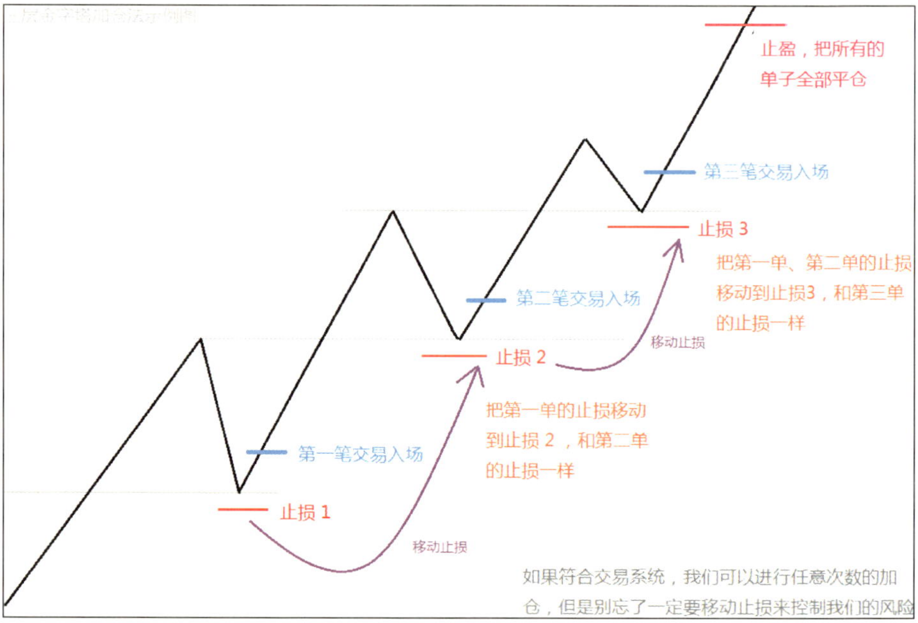


**图 8—1　金字塔加仓法**

## 8.2　金字塔加仓法示例

我们用一个例子来说明，见图 8—2。

这是一波非常稳定的走势，来自澳元 4 小时线级别。走势一波下跌之后开始反弹，但是始终没有突破 61.8%的极限位置，所以我们默认依旧处于下跌行情。此时我们观察到高位，也就是靠近 61.8%的关键位附近出现了一个吞没形态，我们对其进行研判。

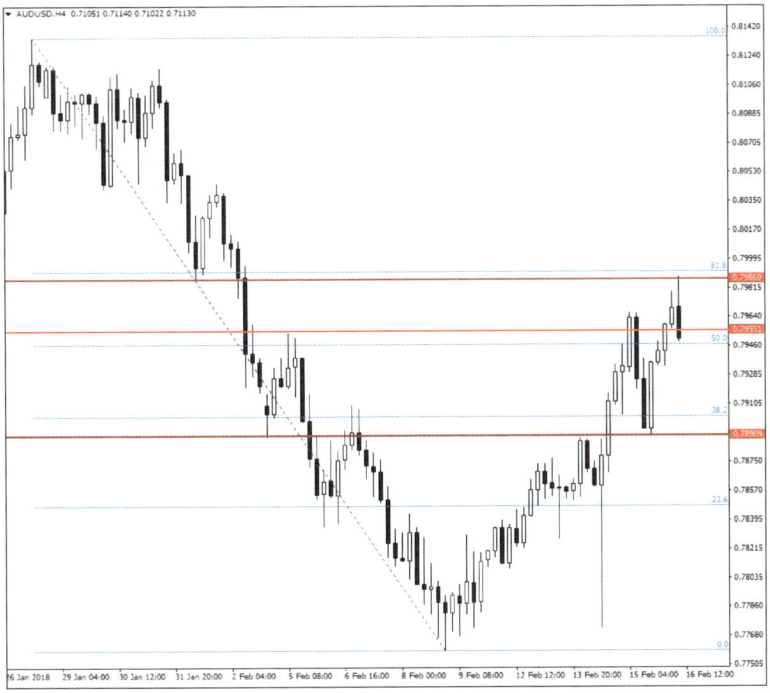


**图 8—2　澳元 4 小时线级别走势出现吞没形态**

两个基本条件：

(1)是否处于明显的关键位？

是的。其处于前期明显的拐点位置，并且靠近之前的下跌趋势回调的61.8%，是一个明显的关键位置

(2)是不是处于明显的高位或者低位？

是的。该吞没形态处于上涨趋势的高点。

六个细节项：

(1)整个 Pinbar 在盘面上是否明显？

明显。这个信号的幅度不小。

(2)有没有假突破？

没有假突破。关键位踩得比较精准，没有出现假突破。

(3)Pinbar的实体有没有包含在之前的K线(左眼)的最高价和最低价之内,并且信号的幅度要大于左眼?

是的,满足。吞没合并之后的Pinbar实体在之前的左眼之内,而且吞没的长度有40个点,而左眼只有25个点。

(4)是不是顺着较大级别趋势?

是的。这里趋势走得非常明显,是一波下跌之后的反弹,但是没有过61.8%,所以认为趋势还在延续。行情走得越简单,黄金分割越有效。

(5)突破入场的盈亏比是否大于1.5∶1?

满足。突破信号入场的话我们的止损有40个点,而目标位有将近60个点,是满足我们交易所需要的盈亏比的。

(6)信号所处波段的趋势对比前期走势是否没有出现明显的加速?或者信号前面是否有缓冲趋势?

没有出现明显加速。

信号强度2+5,是一个优异的信号。我们来看一下信号的位置:它穿过了两个关键位,并且下方的关键位离我们的突破入场位置很近,此时我们最好选择突破入场,价格如果处于两个关键位中间区间的话并不能明确地对信号产生作用:下方关键位属于支撑位,上方属于压力位。但是如果价格突破信号了,此时两个关键位都是压力位,我们的交易会有更多胜算。

所以我们选择突破入场,并且止损于影线上方,暂时不设定止盈。我们第一笔交易的入场和止损就是如图8—3设置的。

我们像之前的交易一样,投入500美元作为我们的风险金,止损为40+5=45个点,我们计算一下我们应该有的持仓。

持仓=资金/每点浮动盈亏/止损点数=500/10/45=1.11(手)

我们第一笔交易的仓位就是1.11手,止损位于吞没形态最高点上方5个点,暂时没有设置止盈。在我们入场之后,我们持有我们的仓位,随后就是耐心等待,看看市场还有没有给我们再次加仓的机会。

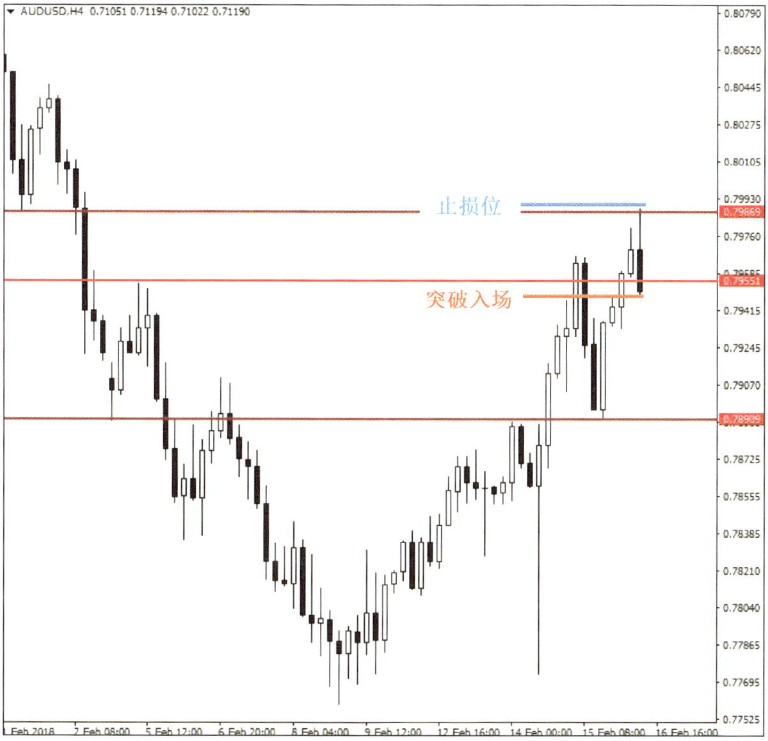


**图 8—3　交易计划**

如图 8—4 所示。在行情经过一段时间之后，再次在关键位出现了一个吞没形态。我们对其进行研判。

两个基本条件：

(1)是否处于明显的关键位？

是的。该吞没形态处于明显的关键位。

(2)是不是处于明显的高位或者低位？

是的。其处于一波上探行情的高点。

六个细节项：

(1)整个 Pinbar 在盘面上是否明显？

明显。这个吞没的幅度还是比较大的，在盘面上可以清晰地看到。

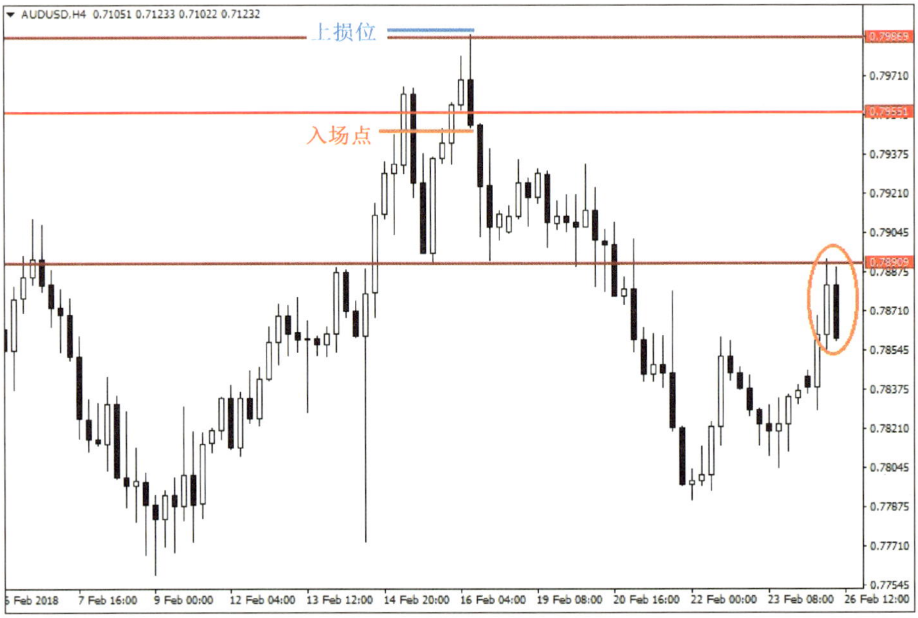


**图 8—4　再次出现吞没形态**

(2)有没有假突破?

没有。关键位走得很稳,并没有出现明显的假突破。

(3)Pinbar 的实体有没有包含在之前的 K 线(左眼)的最高价和最低价之内,并且信号的幅度要大于左眼?

不满足。虽然把吞没形态合并之后其实体包含在左眼之内,但是整个吞没的幅度只有 38 个点,而左眼有 41 个点,所以不满足。

(4)是不是顺着较大级别趋势?

是的。这个是明显的反弹遇阻看空。

(5)突破入场的盈亏比是否大于 1.5∶1?

不满足。最近的关键位不满足 1.5∶1。

(6)信号所处波段的趋势对比前期走势是否没有出现明显的加速?或者信号前面是否有缓冲趋势?

没有出现明显加速。

这个信号的强度是 2+3，可以操作。其中信号幅度是 38 个点，第一单入场点到第二单止损位(38+5=43)一共是 55 个点。

那么我们首先要计算我们第一单的入场点到我们第二单的止损位所有的利润，我们将把这笔利润作为风险金投入到第二笔交易之中，并以此计算出第二笔交易的持仓量。图 8—5 列示了加仓仓位计算过程中的数据关系。

**图 8—5　加仓仓位计算**

第一笔交易入场到第二笔交易止损所产生的利润为：

55×1.11×10=610.5(美元)

由此利润计算我们第二笔交易的仓位：

610.5/10/43=1.42(手)

那么我们第二次交易可以建仓 1.42 手。

接下来我们选择目标位了。这个时候我们对比一下图 8—6 中这 4 个明显的拐点的强弱，最强的是 1 号拐点，而后是 3 号拐点，2 号拐点的幅度很大，但是这种突发的线基本上是由于一些数据行情或者突发事件产生的，对我们的意义不如平稳走出来的拐点大，4 号拐点最小，也最弱。所以排名应该是 1＞3＞2＞4，我们要选择的话可以优先考虑 1 号和 3 号的位置。那么我们保守一点来看，3 号应该是可以快速达到的位置。如果行情过了 3 号就可能到前低 1 号拐点的位置了。

**图 8—6　目标位的选择**

此外，我们还必须把第一笔交易的止损位放到第二个信号的止损位，如果行情不对的话两笔单子可以同时止损来保证我们的自有资金安全。同样的，我们也要把两笔单子的止盈设置在同一价位，这样就可以同时把两笔交易的盈利落袋为安了。

最后我们得出我们的交易策略如图 8—7 所示。其中，止损 2 包括了第一单的新止损和第二单的止损，如果价格触及止损 2，那么所有的单子就都会被平仓出局，但是即便如此，我们也是不输的，这笔交易到此是无损失的交易，我们之前投入的 500 美元此时已经安全了。

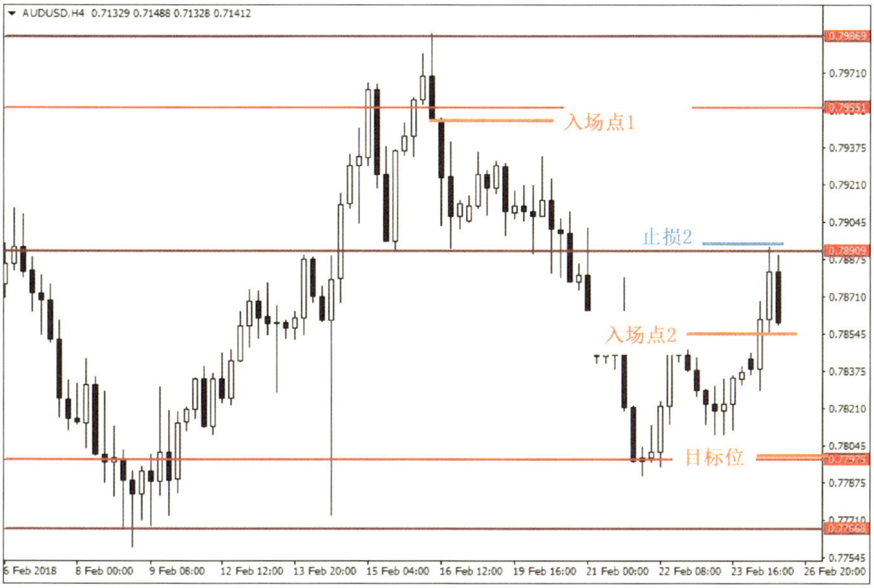


**图 8—7　交易策略**

到此，我们已经把所有该做的都做好了，剩下的交给市场就行了，时间会让行情走出来。

如图 8—8，行情顺利走到我们设定的止盈位置。我们的两笔交易顺利出场。

第一笔交易到目标位的距离是 150 个点，第二笔交易到目标位的距离是 58 个点，我们计算一下所有的利润：

第一笔：1.11×10×150＝1665(美元)

第二笔：1.42×10×58＝823.6(美元)

整体的利润有 1 665＋823.6＝2 488.6(美元)

而我们最初的投入只有 500 美元，整体的盈亏比达到了 5∶1，这也是非常惊人的一笔盈利！我们的总持仓在 1.11＋1.42＝2.53(手)，正常情况下，一个 3 000 美元的账户就可以进行这笔交易，而整体获利接近账户一倍。

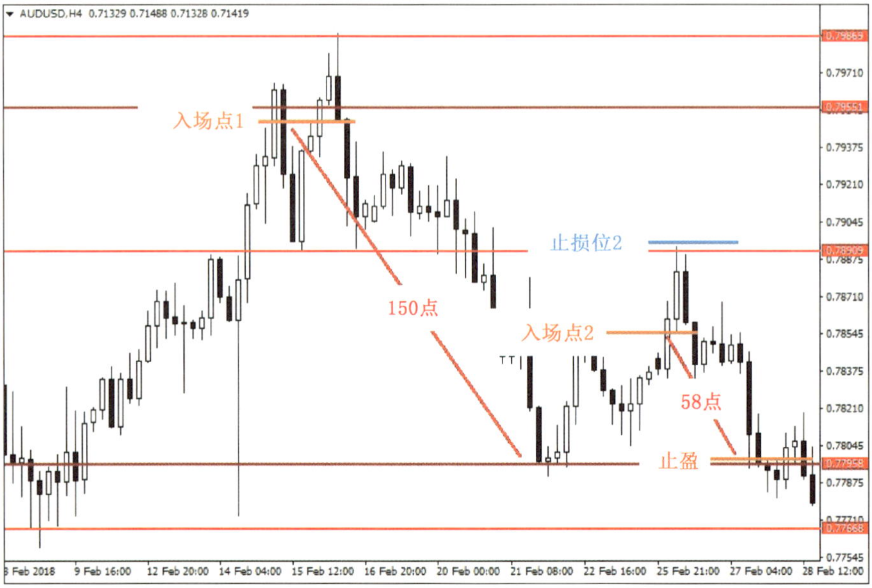


**图 8—8　后续走势以及交易总结**

## 8.3　多次加仓示例

以上是仅有一次加仓之后获得的利润，已经比较夸张了。我们接下来再看看如果能多次加仓会有什么效果。

图 8—9 是 2017 年 9 月份黄金 4 小时线图，我们看到行情是较强的上涨趋势，而且出现了一个 Pinbar。

照规矩，我们要对其进行研判。

两个基本条件：

(1)是否处于明显的关键位？

是的。虽然 4 小时线级别看不到，但是这个 Pinbar 却是日线级别在明显的前期较强关键位！而且处于一个幅度较大的压力区间。如图 8—10 所示。

(2)是不是处于明显的高位或者低位？

图 8—9　黄金 4 小时线出现 Pinbar

图 8—10　日线级别中的关键位

是的。该信号处于单边上涨的高点。

六个细节项：

(1)整个 Pinbar 在盘面上是否明显？

不明显。

(2)有没有假突破？

有的。

(3)Pinbar 的实体有没有包含在之前的 K 线(左眼)的最高价和最低价之内,并且信号的幅度要大于左眼？

是的。

(4)是不是顺着较大级别趋势？

不是。此信号是看空,而当前价格是较强的多头趋势。

(5)突破入场的盈亏比是否大于 1.5∶1？

突破入场面临止损 56 个点,第一目标位 94 个点,94∶56＝1.67∶1,满足大于 1.5∶1 的盈亏比要求。

(6)信号所处波段的趋势对比前期走势是否没有出现明显的加速？或者信号前面是否有缓冲趋势？

信号所处波段出现加速。

信号强度 2＋3,可以入场。

大家尝试用金字塔加仓法来做这笔交易。

我们投入的资金,也就是这笔交易的亏损,我们计划为 500 美元。记住,这个是我们的最坏的亏损,不过,如果你以为我们放弃的只有 500 美元那你就错了,要冒风险的是我们后期的既得利润！

我现在将明显的关键位画出,如图 8－11 所示。

那么入场方式有 3 个备选：

(1)破位入场；

(2)收线入场；

(3)回调信号的 50％入场。

这个信号所处的关键位在其 75％左右的位置,所以如果选择等待价格折返

**图 8—11　关键位**

之后在关键位附近做空，止损于信号上方是不错的选择，而且第一笔交易将会直接影响我们的开仓，所以尽可能拿到最好的点位。

现在我们通过回调 50%入场，以保证我们第一单的仓位够大。此时，我们的止损是 28 再加上 5 个保险的点，就是 33 个点，我们计算出我们的持仓：

持仓＝资金/每点浮动盈亏/止损点数＝500/10/33＝1.51(手)

这个持仓就是我们的第一笔交易的持仓。这笔交易只有止损，并没有设置止盈，因为我们需要观察后续的行情，这笔单子暂时不能动。交易计划如图 8—12 所示。

如果这笔交易在下一个合适的信号出现之前就被打止损，那么我们将损失 500 美元。现在要做的就是等行情走出下一个信号来。

经过了几个交易日的耐心等待，终于在关键位出现了一个符合我们 2＋3

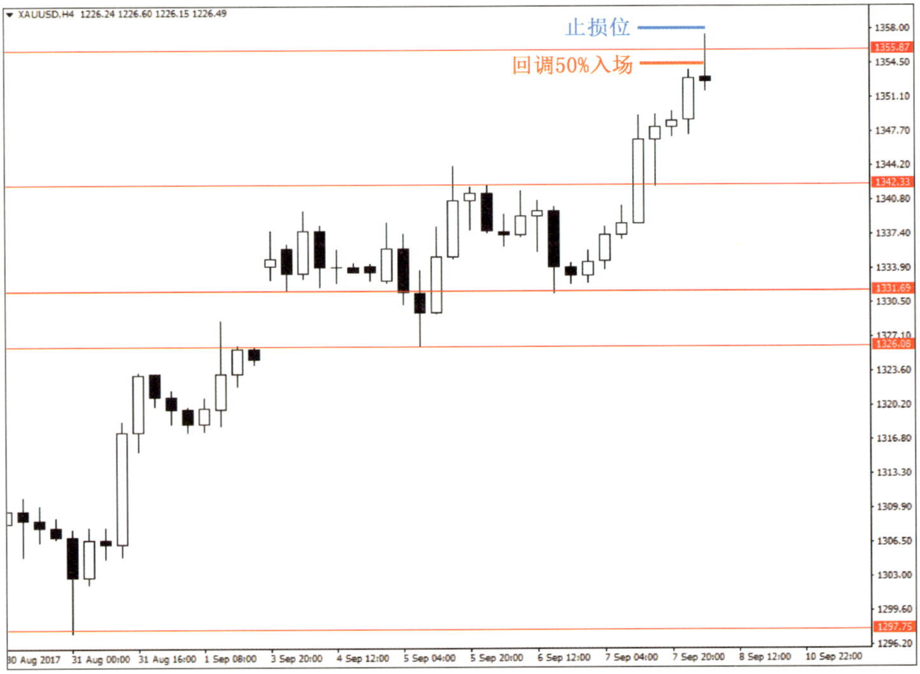


**图8—12　交易计划**

要求的交易信号，就是图8—13的这个K线组合。其细节符合：(1)比较明显；(2)实体被左眼包含且信号长度大于左眼；(3)顺应较大趋势。我们选择在这个位置第一次加仓。

好了，问题来了：加多少？

我们说了，我们最多就亏损那个500美元，但是现在不一样了，我们已经得到了一部分利润并且不需要再让我们投入的500美元冒险了，我们需要“利滚利”。从第二笔单子开始，我们尽可能选择突破进场。这个信号的幅度是68个点，那么我们这笔交易的止损就是68＋5＝73个点，而从第一笔交易的入场到第二笔交易的止损，一共是200个点。如图8—14所示。

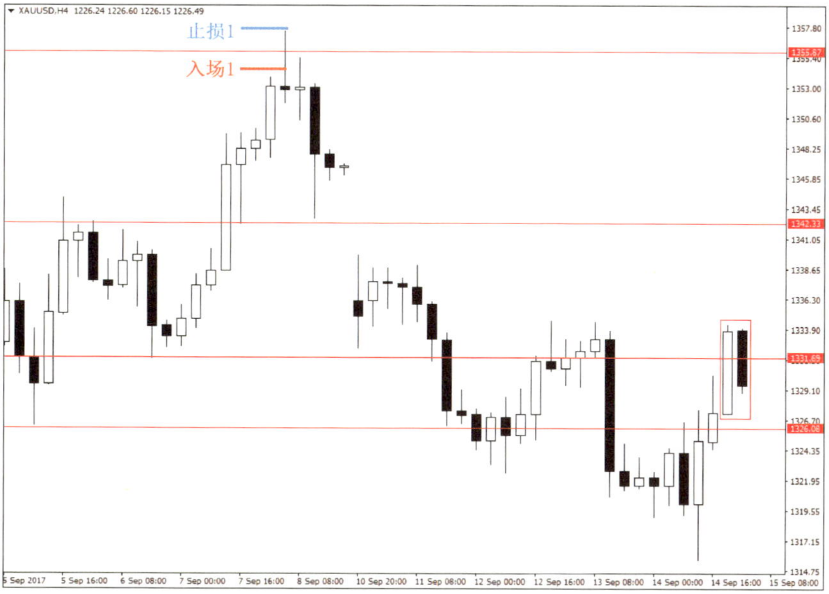


图 8—13　出现符合要求的交易信号

图 8—14　第二笔交易计划

此时，我们要把两笔持仓的止损全部设置到第二个信号上方，也就是图 8—14 中的止损 2 位置——这点很重要，因为这样操作让我们保护了自己的初始本金。也就是说，是以前一笔单子的盈利来作为下一笔单子的亏损，并不是两笔单子一起亏损出局。那么，我们计算一下，如果我们触及了第二笔交易的止损，也就是说触及了止损 2，我们第一笔交易将会以获利 200 个点结束，也就是：

1.51×10×200＝3020(美元)

而这笔钱是我们的既得利润，这是我们要承担的风险，虽然并不是自己账户里的钱，但是我们完全可以直接平仓而落袋为安，为了博取更大的收益，我们将它用于第二次交易。此信号的长度为 68 点，我们在此基础上再加 5 个点，总体的止损就是 73 个点，由此我们可以计算出第二笔交易的仓位：

仓位＝资金/每点浮动盈亏/止损点数＝3020/10/73＝4.13(手)！

第二次加的仓位是 4.13 手，止损设置在信号上方 5 个点，如果我们被打止损了，我们将一无所获，但是我们投入的 500 美元已经保住了。

我们继续等待市场给出第三个交易信号。我们又等到了一个符合我们交易系统的信号，如图 8—15 所示，是一个吞没的 K 线组合，其符合的细节要求分别是：(1)实体被左眼(左边的 K 线)包含并且大于左眼；(2)顺着较大级别趋势；(3)未出现明显加速。

止损为：信号长度 53＋5＝58(点)。

这个时候，我们需要继续我们之前的交易手法：把前面两笔交易的入场位到第三笔交易的止损位所产生的利润计算出来，用于我们第三笔交易的止损。如图 8—16 所示。

第二个仓位到第三笔的止损点一共有 106 点。

第一个仓位到第三笔的止损点一共有 377 个点。

则一共产生的利润是：

1.51×10×377＋4.13×10×106＝5692.7＋4377.8＝10070.5(美元)。

我们把这笔利润作为我们第三笔交易所承担的风险，以计算出我们的持仓：

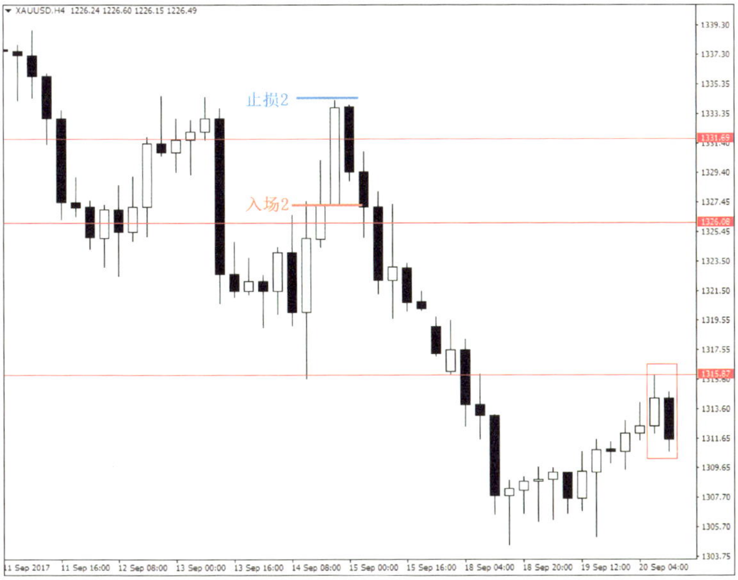


图 8—15　第三个交易信号

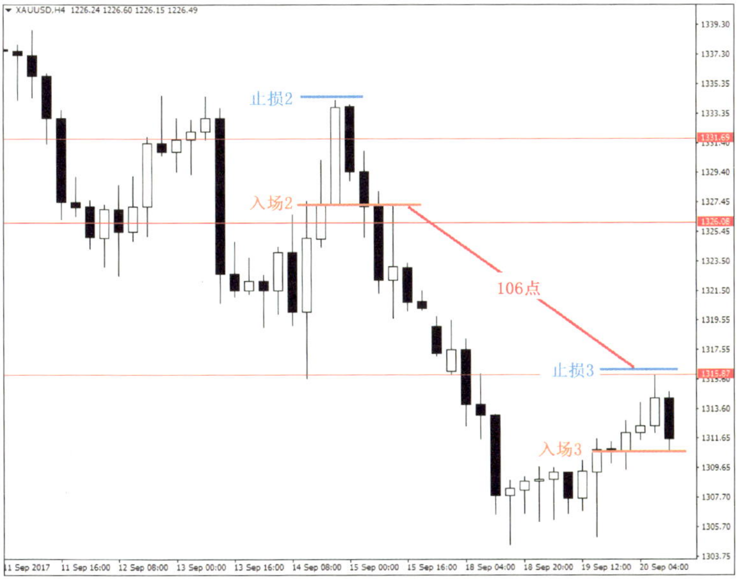


图 8—16　持仓计算

持仓＝10070.5/10/58＝17.3(手)！

这一持仓大大超过了我们之前两笔交易的仓位。我们现在把三笔交易的止损统一放在第三个信号的高点上方。此时，我们三笔交易的浮动盈利有1万多美元，但是如果我们的第三笔交易被打止损，那么我们之前的所有努力都会白费！这是我们所需要承担的风险，就是我们现有的、将近有1万多美元的既得收益！我们可以选择这个时候平仓，落袋为安，但是既然第三个信号依旧是符合我们交易系统的，我们就可以操作，以现有利润博取市场更大的利润。

如图8—17所示，我们把三笔持仓的止损统一放到第三个信号的高点上方，就是图中止损3的位置，止盈放到下一个较强的关键位。

**图8—17　第三笔交易计划**

如图8—18所示，趋势依旧很强，一根大阴线直接把止盈打掉，我们顺利出局。

让我们来统计一下总体收益。

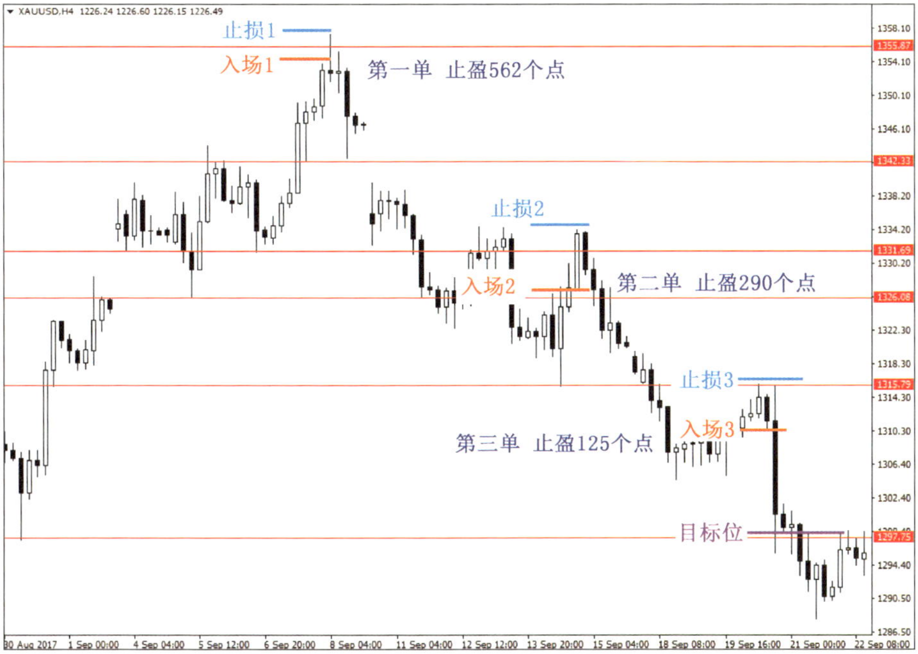


**图 8—18　后续走势的交易总结**

每一单到止盈位的点数已经在图 8—18 标出，计算我们的最终所得：

第一笔：1.51×10×562＝8486.2(美元)

第二笔：4.13×10×290＝11977(美元)

第三笔：17.3×10×125＝21625(美元)

总共获利：8486.2＋11977＋21625＝42088.2(美元)！

而我们的初期投入，只有 500 美元！这笔交易下来，我们整体上盈亏比超过了 80 倍！

记住，这只是盈亏比，而非账户翻倍。因为我们做保证金交易有一个现实的情况是，必须要有资金才可以开仓，那么我们上述交易一共有 1.51＋4.13＋17.3＝22.94(手)黄金，这笔保证金开销也是一笔不小的数目。如果按照市面上 1∶100 的杠杆来算的话，最少要 23000 美元才可以做到，也就是说，这笔交易下来，我们账户最多翻 1.8 倍，而不是 80 倍。

这笔交易整体上经历了近10个交易日，接近两周的时间，到手的回报还是非常丰厚的。但是适合我们加仓的机会并不多，很多时候市场的走势都相当“随性”，我们无法通过加仓来获得夸张的收益。能够使用“金字塔加仓法”需要的是我们的耐心等待和对市场走势强弱的敏锐判断。

如果遇上较强的单边趋势导致无法加仓，可以适当放小周期，比如说1小时级别去寻找优质的入场信号，同样可以获得较好的入场点以及合适的盈亏比。

这笔交易加仓了两次，一共三次交易，获得了“疯狂”的利润，但并不是所有的行情都能给我们加仓两次的机会。

要完成金字塔加仓需要的不仅是技术，还要有一部分“运气”。单边趋势能加仓的机会很多，但不是每一次都能给到最完美的信号，而我们的交易系统是必须要有较强的信号来指导交易的。虽然这样会大大减少我们金字塔加仓的机会，但是却增加了我们交易的成功率。

相比普通的短线交易，金字塔加仓是一个较为漫长的过程，需要长时间的单边走势配合。我们如果要做这类加仓交易，则必须选择那些处于较大级别关键位的信号来操作，如果是日内的关键位，可能延续的趋势只有几个小时或者几天，但如果是几周甚至是更长时间的走势所处的关键位，那么趋势一旦反转，就可能延续很长时间。这是我们想做金字塔加仓交易所期望的。所以大家在日常的交易中，不但要顾及自己交易的“小周期”，也要时不时地放大自己的视野，关注可能带来巨大收益的“大周期”。

# 第 9 章　复　盘

## 9.1　复盘的意义

复盘，是每个交易者必须经历的过程。无论是增强盘感，还是精进交易方式方法的把握程度，都是一个极好的选择。

然而，许多交易者很少复盘甚至不复盘。这就导致了对于操盘技术的理解和感悟进程缓慢。经常复盘的交易者，可以比很少复盘或者从不复盘的交易者更快地掌握交易系统。这种时间上的投入绝对是值得的。因为更快地掌握交易系统，就可以更快地摆脱亏损。

据我观察，多数交易参与者在复盘过程中，过于重视自己使用的交易方式给出的结果，而忽视了交易方法本身要求的风险控制及按照其要求操作时要消耗掉的时间，导致其复盘过程总结出来的信息过于片面，到实际操作时发现复盘得出的信息和自己实际操作时产生的结果不一致。发展到极端，就是到最后怀疑自己原本已经确定好的交易系统。

殊不知，复盘本身就是通过对历史盘面的观察，来帮助自己接受规律的一个过程。任何规律都会存在一定特点，而不单单是只看一个结果。

都知道交易做对了可以赚钱，所有人都想赚钱。赚钱的方式多了，成本的投入与时间的付出可不是每个人都一样的。

就人性特点而言，我们可以使用同样的方法来执行交易，但交易本身就是存在风险的，不同的人，其自身能够接受的风险范围也肯定是不一样的。这也是为什么同样的方法，不同的人来使用，结果必然不同的一个根本原因。同样是 Price Action，方法和技巧甚至看盘周期都一样，但是心态老练的高手和初入市场的新手做出来的盈亏结果可能有天壤之别。

## 9.2　正确复盘的 4 个要素

### 9.2.1　注意信号

复盘时，一定要根据我们的交易系统对信号再次进行评价，而且要客观而仔细地观察信号，注意一下有没有当初我们入场时忽略的细节，或者思考一下当初为什么没有入场。最好的办法是对比之前的交易记录，查看自己当初在这个位置所判断的关键位和信号评分有没有什么不妥之处。

### 9.2.2　注意信号的入场和止损

思考一下当时是怎么入场的。因为入场方式的不同会直接影响到我们止损位的设置以及盈亏比。重点注意信号要承担的止损范围。目标可以有很多个，你可以拿一个关键位，也可以博取两个关键位，但是止损只有一个。思考一下这个入场方式和止损设定是否合理。

### 9.2.3　注意信号发力状况

信号的发力有强弱之分，如果一个信号在我们进场之后，走势比较弱，或者说没有较快地走出我们的预期，那我们就认为这个信号走得比较被动；而如果行情走得比较符合预期甚至优于预期，则我们认为信号走得比较主动。最主要看的就是 Pinbar 的右眼，如果右眼快速地突破 Pinbar，则认为走势较强、较主动；右眼如果没有突破 Pinbar，则认为走势较弱、较被动。

### 9.2.4　注意信号出现周期大小

4 小时线级别信号的持仓周期大概要 1—3 个交易日，有时更长。而日线级别的信号所指向的交易更可能持续数周。同时我们要考量信号所处的市场热度。摆脱基本面，单纯在技术面上的热度体现就是大阳线或者大阴线的个数和幅度。热度越高，就越可能短期获利。

技术分析操作最简单的操作方式就是看信号进行交易，合理信号的观察很简单，就是看形状辨别外观。无须多言，只需记住。

## 9.3　复盘的详细解读

以启明星为例(左阴右阳中十字)，启明星是一个做多信号的基本形态，只要出现在低位，那任何人都知道是应该做多的。

那是不是只要出现启明星，所有人都可以做多呢？

答案是肯定的：不行。辣椒是可以吃的，这不存在任何问题。但是如果你认为四川人能多吃就代表全中国人民都能多吃，那就是个笑话。

需要注意，启明星可以做多，仅仅是理论层面的基础。上升到执行层面，交易参与者本人就要开始观察，信号出来了，有多大？信号本身有 80 个点的长度，那按照最简单的止损设置方式，做多前低之下止损，就要至少 90 个点的止损。如果自己只能承受 40 个点，那这个信号就不适合这个承受范围的交易者来使用。

也就是说，符合条件的信号出现，如果要求承担的风险范围超出自身能够承受的范围，则此种信号须谨慎对待，不一定要放弃，但也不能贸然入场操作。

为什么这种超出自身风险的信号可以不放弃？很简单。任何信号，我们可以等信号收成后直接操作，也可以等信号收成后稍做观察再进行操作。这就是可以不放弃的根本原因。

此时，我们通常有两种解决方案：(1)等价格回调到合适的点位，让我们的止损符合我们的交易系统的风控要求；(2)我们可以考虑减少我们的仓位以控制风险，比如说原本做2手的，现在就做1手，这样止损虽然大了，但是总体承受的风险就和40个点一样了。

具体采用哪种方式，还要按照自己的交易系统来选择。如果你的交易系统不允许承担40个点以上的止损，那么就只能等待回调入场；如果你的交易系统比较激进，同时又允许在总体风险可控的情况下调整仓位，那么你可以选择减仓入场。

就K线信号本身来说，并不是只要符合信号外观的信号出现了，就可以称为合理信号，一定要与盘面关键位进行搭配，即：特殊K线一定要出现在特殊位置才能称之为信号。这点在之前已经说得很详细了，如果不符合这点，这个信号甚至没有被研判的资格。

也就是说，信号要和关键位进行搭配使用。

价格遇到关键位之后有这几种走势：遇阻、遇支撑、破位(向上、向下)。

只要关键位上出现了我们的信号，不管是哪一种走势，就给我们提供了观察信号主被动的观察位置。

信号走被动，并不意味着会失败，只是增加了失败的可能而已；但是如果仅仅是走被动而没有失败，那就会提供出一个更好的入场位置。

还是以启明星为例：

信号收线后，如果其运行波幅超出自身能承受的程度，就可以去看看会不会走回调(回调是一种大概率，更何况波幅大)，就启明星而言，主被动区分位置在总体长度的1/2位置，这个位置不破，则信号依然可以使用——这也是我们为什么会有突破然后止损于信号的50%位置这一操作手法！如此便可有效压缩止损范围。亦可在回调时择机入场，止损依然可以置于信号低点之下(最低点之下)。

习惯信号收线直接入场的操作者，也可以通过信号主被动观察，来初步判断手中持单风险。即信号收线直接入场，走被动了可以适当减仓，回归主动可以把减掉的仓位再加上去。同样的止损范围，不需要等待信号失败了再止损出局。

这些都注意到了，剩下的就是信号出现周期了。

需要注意，不是大周期盘面（日线、月线、周线或4小时线）给出的信号就一定大，也不见得大周期出现信号，后面的行情就一定会运行出较大波幅，有的时候也会很小。所以交易者在盯盘时需要大小周期切换来观察，很多时候1小时线级别都有可以执行交易的机会。

通常意义上讲，一个人如果习惯观察小周期，那贸然地切换到大周期并且直接使用是不合适的。任何交易方式，都需要习惯了再来使用。

任何人操作，都需观察价格的波动，而K线图为我们提供了最直观的展示。那在入场之后，应该如何观察？只要信号不失败，那至少要观察一根K线。

这样问题就出现了，一个习惯了15分钟线盘面的交易者，突然使用了4小时周期的信号，那4小时收一根线，到15分钟上面就是16根K线。16根K线在15分钟上面说不定会出现几波上和下的走势。比如说，15分钟的K线波动30个点已经很不错了，而4小时的K线波动可能超过60个点，投资者在这两个不同周期操作所面临的账面盈亏跳动差别很大，必然会影响投资者的心态。如果不能习惯大周期信号带来的波动，那就不能用这个周期。

希望所有交易者都记住，复盘是为了能让自己更好地参与实盘交易来服务的，而不是仅仅为了验证操作方法结果。结果固然很重要，但经受不了过程，又如何能看得到结果？所以，请认真对待复盘时出现的每一个信号，把它当成真实的交易来分析、研判。虽然心态上无法和真正的实盘相比，但是同样有助于我们对于自己交易系统的应用和执行，以及提升盘感。

在我们学习裸K线交易法的初期，请务必先用模拟盘来操作一定的时间。模拟盘是一个过渡期，它可以有效地减少初期实盘操作带来的迷茫和损失。而对于交易的周期，要根据自己的交易系统和特点来选择。我建议分别使用两个周期来看盘，并且这两个周期的选择最好是相邻的、较大级别的！比如说4小时和日线级别。因为大级别走势更加稳定，信号的准确性也更高。

复盘对于交易者来说，就像是看回放对于足球教练的意义那样，是必需也是必要的事情。

# 第10章　交易心理

假设有10个人，他们的智商和投资经验都一样，甚至其他方面的条件都在同一水平上。他们一同学习了裸K线交易法，但是最后的交易结果却可能完全不同。可能有3个人可以通过我们的学习在这个市场上获得稳定盈利，其他7个人即便掌握了分析技巧，但依旧无法摆脱亏损的魔咒。为什么相同投资经验以及相同投资技巧的投资人学习一个相同的操作系统，却有如此差异的表现呢？

这是一个老生常谈的话题了。但是我必须强调，如果你希望在这个行业中生存，你就必须认真对待这个话题。大家都听到过一句话："市场有20%的人可以获得盈利，剩下80%的人都是亏损的。"其实这句话说得太乐观了。以我个人接触以及询问过一些券商的朋友，获得盈利的比例可能只有10%不到。其原因并不是因为他们的技术不好，而是因为他们不能保持理性情绪的持续控制，致使负面情绪操控自己，打乱了自己的交易计划，造成了巨大亏损。在交易中，你自己才是你最大的敌人，而非其他！

在上述假设中，这些交易者所呈现出的不同结果，都是源于交易者本身的不同行为。成功的交易者能够让自己始终纪律性地执行交易系统所给出的所有交易信号；而失败的交易者是散漫地、情绪化地随意操作而忽视系统信号。尤其在信号真空期，很多人管不住自己的"麒麟臂"，被盲目操作害苦了。

职业的交易者从不让自己像赌徒一样，让情绪影响自己的交易行为。那些一直抱有赌徒心理的交易者，他们的资金会暴涨暴跌，但是无法长时间留在市场上。职业的交易者需要保持一个冷静的状态，拥有清醒的头脑，依据计划进行交易并且勇于承担风险和面对损失。

## 10.1　失败交易者的特点

(1)没有交易计划，更别谈交易系统了。他们随意地、任性地入场交易、止损或出场。

(2)没有资金管理方案，完全凭借感觉下单。有时仓位很轻，有时可能重仓、满仓操作。

(3)情绪波动强烈。当盈利时，处于快乐和兴奋的状态中；亏损时，则产生各种负面的情绪和行为，甚至怀疑自己的交易系统。

(4)开仓后就感到紧张，甚至失眠。

(5)一旦止损出局，会采取激进的交易行为企图立刻弥补损失。

(6)习惯扛单，明显出现问题了还是坚持持有手上的亏损单，导致亏损放大到自己无法挽回。

(7)喜欢抄底逃顶，而且是在上涨时做空，在下跌时做多。

(8)一整天坐在电脑前，无时无刻地盯盘，恨不得把握所有的机会。

(9)从来不会总结或者回顾自己的交易行为和交易表现，也不懂如何优化自己的操作。

如果你有上述的某些或所有的现象，不要恼火，因为你只是众多失败交易者的其中一位而已。现在你需要做的只是从上述情况中脱离出来，并且开始像那些专业交易者一样思考。对于新的交易者而言，他们的问题是：总是凭直觉进行交易操作。这是很可怕的，可他们往往浑然不知，并且对这个市场缺乏敬畏之心。

## 10.2 凭直觉交易“害死人”

接下来就让我们看看，凭直觉进行交易是如何毁掉我们的交易账户的。

假设你正处于一笔交易中，价格突然朝着与预期相反的方向运行，自然的内在本能将会驱使你进行怎样的操作？最有可能的是，它将催促你尽快平仓，因为目前的行情方向是相反的，并且处于亏损当中。在你被吓得止损离场后，却发现价格在一段时间之后，开始向着你之前所交易的方向运行。可是因为你接受了自然的内在本能对情绪的影响，错过了这个机会。合理的交易计划总是设定止损，之后由市场自己运行，给出结果。因为人为的干预总是造成不必要的损失以及丧失那些可以取得盈利的机会。

假设这样一个交易情景，你正处于一笔设有止盈的交易当中，价格正向着之前预计的方向运动，交易处于盈利状态。这时候价格突然反向运行，你看到盈利正在缩减，这时你的内在本能将会促使你如何行动呢？它会让你立即平仓止盈，保护利润。于是你照做，离场保护到目前为止获得的收益。结果行情很快再次反向，继续向预期方向运行，走出了预期的盈亏比为 2 比 1 的结果，而你因为过早离场只赚取了一半的利润，却失去了追求原先设定的利润的机会。

另外一个例子：有一个交易新手在黄金和白银上都立了多头，而在美元指数上建立了空头。因为他的内在本能告诉他操作越多，获利越多，于是他对每个信号都进行了交易。然而，他所交易的这几个品种却有着十分紧密的关联性。结果这几笔交易都没有按照预期的方向发展，他不得不清空所有的仓位并造成账户上的巨大损失。如果他只是选取了这些信号当中最好的那个操作，损失就会小很多。

这里着重提出的关键点是：对于交易而言，绝大部分的内在本能都是错误的。直觉，在交易中并不可靠。那些采取与直觉相反操作的交易者往往可以获得成功。交易者以失败告终，是因为他们凭直觉主观地进行交易。与此同时，成功的交易者却在做着相反的事。

我甚至听闻过这样一件事情：有一些公司专门找一些新手去操盘，给他们一个模拟账户，让他们随意交易，并告诉他们可以按照盈利给提成。然后，公司通过后台监控，通过他们的操作在实盘账户上用智能程序做相反的交易。因为他们认为新手肯定是亏损的，所以智能程序是可以跑出盈利的。据说效果还不错。

对于大众思维不利于做交易这个问题，最好的解决办法是，建立一个严谨的交易系统，系统中包含了那些你必须在每次交易中都严格执行的交易准则。你不需要在目前行情略有不利的时候止损，也不必为了保护利润过早离场而错过后面的行情。关于交易系统的问题，之前已经讲得很清楚了，合格的交易者应当把它们当作生活的一部分坚持下去。

只要你的交易系统包含了有效控制风险的资金管理规则、明确的入场方式、合理的盈利目标以及有效的止损这几个方面的内容，就能有效地规避直觉对交易行为的影响。但是最重要的、最难的就是坚持这些规则。一旦破坏了这些规则，也就意味着交易者将会成为绝大多数失败者中的一员。当你发现自己在“不守规矩”时，请立刻“醒过来”，想想那些曾经也由于同样的行为而失败的交易者。不要和他们一样，而应该成为那剩下的 10%当中的一分子。

## 10.3　交易中要战胜的人性弱点

### 10.3.1　贪婪

对于大多数交易者而言，贪婪可能是最常见的情绪化交易杀手。它驱使交易者仅仅是为了抓住所谓的“好运”去做那些明知不可为的事。不幸的是，贪婪带来的伤害远远大于它带来的利润。如下的例子能很好地说明这个问题：一位交易者在图中发现市场开始了强烈的上升行情，所以在交易系统不支持的情况下，该交易者仍然选择建立多头。之后他发现其多单做到了天花板，市场开始转向下跌并迅速将他止损出局。另外一个典型现象是，交易者为了追求巨额利润，设置了远大于合理止损的止损位置，结果交易失败，留下的只是交易账户中的巨额亏损。

贪婪使投资者变成赌徒。众所周知，赌场里赚钱的永远是庄家，赌徒最终都只能一无所有地离开。在金融市场里，永远都不要期望贪婪的赌徒心态能带来好运，它只会让你将辛苦赚来的钱输光，最后家破人亡。

建立交易系统并严格执行是规避贪婪的最好方式。如果你的系统没有给出有效的入场信号，坚决不要入场，市场总是存在的。无论一天、两天还是更久，直到出现有效信号，再依据交易计划入场交易。当交易信号出现时，你需要坚决执行自己的资金管理模式，永远不要承担那些无法承担的风险。因为这将带来巨大的情绪波动，从而影响交易。并且，如果交易失败，遭受的损失将远远超出你的预期。

### 10.3.2 恐惧

恐惧是与贪婪相反的一种情绪，是对于损失的害怕。没有人愿意损失那些辛苦得来的财富。对于交易者而言，交易就像是生意一样，而商人很清楚，没有生意是不需要承担风险的。人们对交易的恐惧来源不同，可能是不想重复上一笔交易的失败，也可能是不希望现有的利润出现回吐，但同样他们最终也不会获得巨大成功。

别让恐惧影响自己的交易计划。只有克服它，才能在交易中保持清醒的头脑。如果你对自己的交易系统没有信心，就回到模拟盘去重新测试，或者通过大量的复盘来验证，并建立信心。坚决地坚持交易计划，不要因为恐惧而提早结束交易，设定好了止盈、止损之后就把时间交给市场。同样也不需要一整天不动地待在电脑前看行情，下单之后就可以走开，这将有助于防止情绪带来的干扰。

一笔交易的失败并不意味着一个交易者的失败，更不能说明交易系统的失败，即使职业的交易者在很多时候也会出现亏损。将盈亏比始终保持在 1.5∶1 以上，建立自己的资金管理模式，它能有效地保证最终的盈利。

### 10.3.3 频繁交易

频繁交易是贪婪的一种表现形式。典型的频繁交易行为遵循如下的逻辑：越多的交易行为带来越多的获利机会，最终的收益也将越大。不幸的是，现实和想法差距甚大，且大多数情况下导致的是，交易账户承担过大的风险。如果大部分的交易都失败了，被止损出局，这将给交易账户带来远超于预期的损失。

执行资金管理规则是控制仓位风险的有效手段。在交易过程中，永远要对最差的情况做出预防。如果亏损超过了资金管理限定的风险承受上限，就严格止损，不要超越它。一旦超越，交易者将会因为承担巨大风险带来的压力产生情绪，甚至失眠。

如果希望每个月账户增加 12%，那就是说每个星期要增加 3%，以 2%的风险管理为例，按照 1.5∶1 的盈亏比交易，每周只需要成功交易 1 笔，月利润就能达到 12%。如果风险管理为 4%，那么按照 1.5∶1 的盈亏比，每个月只要能顺利完成 2 笔交易，就可以达到。这一切都基于每个月非常少的、但是成功的交易。这个假设完全颠覆了“交易越多，收入越多”的观点。所以交易者高频交易是没有必要的，真正的高频交易都是由软件完成的！人为的频繁交易只会增大自己的工作量并且对于长期交易而言，它将带给你更大的精神压力和大量的亏损。

### 10.3.4 报复式交易

你是否有过这样的经历：本以为是完美的信号被止损出局，并导致对市场产生情绪？之后决定通过再一次的交易将损失给补回来，并在没有明确信号的情况下，在市场上到处寻找交易机会并强迫自己入场。你由于亏损而愤怒，并希望和市场对抗，证明谁才是大哥，因此重仓建立了一个数倍于平时的持仓量。之后市场再次反向，并把你止损出局，造成了数倍的损失。在更大的愤怒情绪刺激下，你又一次建立了一个更大的反向持仓，欲以此弥补之前的大额亏损。真惨！这样的行为导致了一个恶性循环，最后变成套牢或者爆仓。这就是报复式交易。交易者因为亏损而向市场报复，从而导致更大的损失，不断地搬起石头砸自己的脚。如果你不懂得向市场低头认错，市场会教你怎么做的。

尽管这很难，交易者仍然必须去避免自己屈服于这些情绪化的行为。在学习交易的过程中，每个交易者都会经历情绪的影响，只有那些能够自律的，并从情绪化的错误中总结学习的交易者才能成为最后的赢家。

为了克服报复式交易的心理，交易者要先简单地学习如何处理亏损。毕竟，没有谁可以做到100%正确，所以这是每个交易者都需要面对的问题。曾有许多例子证实，有一些成功的交易者有时候错误率高达90%，可只要做对了一笔，这一笔的收益就能够抵消之前所有的亏损并产生盈利。

我教大家一个小技巧：在开始建仓的时候，可以假设自己已经将这笔资金亏损出去了。这种方式有助于交易者预先对被止损出局的情况做好准备。在这种假设下，一旦真的被止损出局，对情绪的影响也能降到最小；同时，这也有助于交易者监督自己的风险控制，确保交易者使用的保证金在自己可承受的范围之内，并且一旦持仓建立，这样的假设能大大降低交易者所必须承受的心理压力。

交易者应设置一些规则来避免自己陷入交易失败之后的报复性行为。例如，限定固定的日内资金损失额度，一旦损失达到额度，就必须暂停今天的交易。一旦超过了所设的限制，就意味着进入了报复式交易的恶性循环。同样，交易者也能设定一个规则，例如每天只能做一笔交易。我甚至听说，有的交易者在每次亏损之后都补足亏损的额度，简单来说他们并不关注账户上的损失，这有助于他们在交易中始终处于冷静轻松的状态。

千万不能忽视报复性交易带来的危害。问题一旦出现，应当尽快解决。交易者必须采取任何可能的方法来防止负面情绪影响自己并摧毁自己的账户。

### 10.3.5 缺乏耐心

希望读者现在已经理解了以上所说到的各种情绪对交易行为的影响。只要在交易过程中掺杂任何负面情绪，都会导致交易的失败。在开始实盘交易之前，交易者必须采取必要的步骤使自己保持正确的心态。没有人可以不带任何情绪地持仓过夜。这是每一位交易者在实现足够的自律之前都必须经历的过程。建立一个模拟账户，像对待实盘账户那样对待它，不断犯错，并从错误中学习。如果您无法在虚拟账户中依据自己的交易规则操作，从而达到盈利，就说明你还没有能力操作真实的账户，此时“霸王硬上弓”所带来的后果必然是亏损。

如果你没有耐心去理解市场，市场会“教”你怎么做的。对我而言，日线和 4 小时线级别是我最喜欢的交易周期，市场中真正的大户不会一整天盯着 5 分钟线图。他们交易那些能带来巨大利润的中长期趋势。那些对市场越有耐心的投资者，最后获得的成功也会越大。沉迷于超短线、快进快出式交易的投资者往往更容易受到情绪影响，也往往最容易亏损。所以，你是愿意把资金投入到小时间级别中去，还是用它来获取日线级别以上趋势的利润呢？

市场交易不是一夜暴富的手段，而是一种商业投资方式。只要能够避免那些负面的交易方式，例如贪婪、恐惧、重仓或者报复性交易等，任何人都可以获得一定的回报。耐心，等待最佳的交易信号，建立自己的交易系统，并在任何情况下坚决地执行它们。请记住，只要每个月完成两笔盈亏比在 1.5∶1 以上的交易，就能击败大多数的市场参与者。

# 第 11 章　实用技巧

## 11.1　交易实用知识点

### 11.1.1　技术面知识点

(1)没有处于关键位的信号始终是无效的,多关注关键位,其次才是 K 线信号。

(2)当信号出现的时候,在不满足标准入场条件的情况下(即不满足 2+3),或者是孕线和刺穿线这类的“非最佳”信号,可以等待下一个时间单位的 K 线对它加以验证。验证之后,等折返到合适的点位入场是最为保险的。

(3)信号只有在偶尔出现的行情中才有效,如果一段行情经常出现信号,或者信号和信号发生冲突,那么不能操作。

(4)对于三线整理(N 字整理)形态来说,关键在于这群小蜡烛的实体统统维持在第一天的价格范围之内(最高到最低)。

(5)多空的强弱主要看 K 线的空间和时间之比。在趋势反转之前,大概率会有一个减速过程。如果大阳线之后是小幅度回调,3 根 K 线没有跌破大阳线的 50%,则说明多头依旧强势。

(6)三线战法同样可以用来判断趋势是否强力。在上涨行情中,如果价格的回调超过了 3 根 K 线，则认为趋势有一个“减速”。

(7)Pinbar 的右眼如果没有突破信号，则突破进场需要谨慎。说明市场没有第一时间确认走势。

(8)大线(且基本没有影线)的起点(极值或者开盘价皆可，因为差不多)可以作为一个潜在关键位来参考，如果价格回探该位置之后出现折返，且幅度高于该大线的 30%，就说明该位置有效。

(9)移动止损的操作基础是账面有了较大盈利，而且出现了比较好的止损位。可以把止损移动到较好的关键位，这里的止损必须越来越小，不能越来越大。这种情况很可能是因为吃到了大阳线或者大阴线，当然关键位可以参考第(8)条。

(10)快速拉升的行情后出现的信号风险较大，最好是等第二次出现信号后再交易。

(11)当价格行至关键位之后，如果不出现较大幅度震荡，则走势延续原趋势的概率较大。

(12)下跌三角形不会是底。

(13)不要只看一个周期。同时参考多个周期可以有效地避免“陷阱”。

(14)如果大线之后没有出现较大幅度的折返，则趋势延续的可能较大。

(15)一波日内强势走势至关键支撑阻力位时，1 小时线级别参考作用较强。

(16)1 小时线级别的强势压力位，在长期维持高位震荡后的向上突破，往往适合追多。

(17)非农数据公布之后的第一波 5 分钟线行情走势往往都是错的。

(18)日内震荡走势，可根据 1 小时线级别区间，观察 KD 信号，配合关键支撑阻力位附近 K 线形态入场。

(19)日内强势多空头出现后，可参考 30 分钟线级别布林带中轨(即 MA20)支撑阻力配合特殊 K 线进场。

(20)不妨换位思考一下：多头的止损会放哪里？空头的呢？这些位置其实不失为好的反向入场点。

(21)价格形态的变化其实是多空力量的变化。只有把价格形态与它之前的价格变化相结合,进行通盘的考虑,才能准确把握价格形态的意义。

(22)次级重要的关键位可以作为交易过程中加仓或者减仓的参考位置。

(23)如果对自己的状态不自信,可以考虑把2+3的底线提高到2+4,以提高自己的交易成功率。

(24)就算盈亏比不够,也不可以当价格在关键位下方时做多,也不能当价格在关键位上方时做空。

(25)波段的高低位,指在信号前至少有3根线以上的小波段走势。

(26)选择关键位的核心就是两个字“明显”,把盘面上最明显的拐点画出来,这就是最重要的关键位。

(27)先把日线级别的近期的关键位画出来,再切换到4小时线,每一个周期的明显拐点都是需要注意的。

(28)如果你“拿不准”某一个位置是不是关键位,或者你有所纠结、犹豫,那么它一定不是关键位。

(29)关键位是向下兼容的,日线级别的关键位在4小时线和1小时线级别依旧有效,并且应该是重点关注对象。

(30)如果在上升趋势中,价格回调时有超过一次遇到某一个强效支撑后折返,那么大概率会延续上涨。下跌趋势亦是如此。

(31)过长的影线并不适合做关键位。

(32)“大道至简”可能曾经很有效,但以现在的眼光来看,不够严谨。

(33)如果可以,综合几种不同的技术分析会让交易的准确率更高。

### 11.1.2　基本面知识点

(1)那些看基本面数据做超短线的只有极少是高手,绝大部分都是“韭菜”,被庄家割。

(2)基本面和技术面的正确用法是:用宏观的基本面分析作为我们的长线方向参考,然后用微观的技术面分析(比如Price Action)来精确交易的细节。

(3)如果基本面看涨,但是技术面明显看空,放弃这笔交易。

(4)指标分两种,一种是有效的、值得参考的领先指标,另一种是同步指标,这类指标的作用是验证之前对领先指标的分析是否正确。

(5)精准的领先指标分析可以在一段时间之内(1—3 个月,甚至更久)很好地帮助我们指导市场方向。

(6)美国供应管理协会(ISM)的报告可以给我们提供交易思路,其在公布数据的同时还会介绍各个行业的情况,我们可以通过这个报告来选择投资的行业。ISM 的官网是 www. ismworld. org。

(7)ISM 机构公布的 PMI 是极好的可以预判美国经济走势的指标,通过分析该数据可以提高中长线对于经济和市场的判断。NMI 和 PMI 同样有效,NMI 是服务业,美国的服务业占其 GDP 的 80%,所以 NMI 也有高参考性。

(8)作为货币供应,M2 的增减会直接影响到经济状况,市面上的钱多了,各种资产涨价是必然的。

(9)密歇根大学消费者信心指数是可以参考的一个同步数据。由于其询问对象是平民,而非专业人士,所以并不能把该数据当成领先指标,它的表现也证明了它的预见性很差。

(10)就业数据一直是一个滞后的经济指标。因为是宏观经济影响就业,而非就业影响经济。经纪商为了制造热点让散户跟投,所以才会大肆宣扬这个数据,不要被误导了。

(11)如果宏观分析得出结论,在一段时间内某资产要上涨,那么这段时间内我们的交易应该更多地偏向于做多,反之亦然。

(12)我们可以把宏观分析的结论,放在我们的交易系统之内。比如说:如果现在美国经济是看涨的,我们就可以此来微调我们每一笔交易的信号评分。如果宏观支持一个标的的上涨的话,每一个看涨信号的细节项可以加一分,反之看空信号的细节项要减一分。当然,这个力度可以自己去调整。

(13)大多数职业交易员都会参考宏观基本面,并且有很多交易员都会根据宏观分析来制定交易决策。

(14)综合分析基本面和技术面可以提高我们的交易成功率。

(15)医生是按照指标来判断人体是否健康,而不是臆断。当一个人身体指标都很健康的时候我们不能预判他生病了,只有若干指标和特征同时异常,才能确诊一个人的病情。市场也是这样,不要臆断市场,用指标说话。

## 11.2 A还是B?

下面我要给大家讲的是非常重要的一个职业交易员思路,这个思路对于我们的交易以及人生都有着重要的正面影响。

我们来具体看一下图11—1。

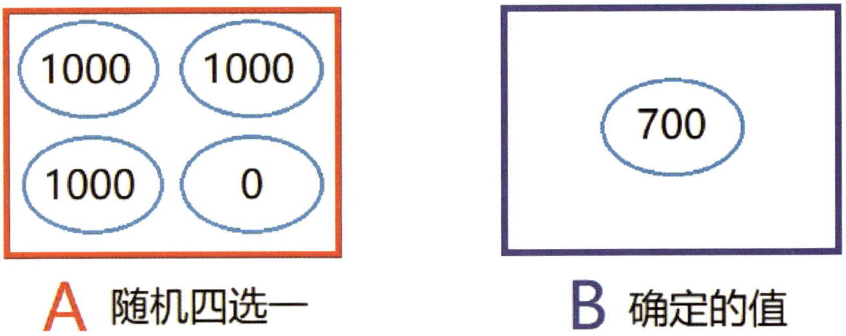


**图11—1 选A还是B?**

大家看到图中有A和B两个选项。A有4个球,其中3个球代表着1000,另外一个球是0,选项A是随机的,在选择之前我们并不知道会选到0还是1000。而选项B是确定的700。那么如果数学好的朋友,可以很快就算出来,A选项的期望值是750,而B选项的期望值就是它本身700。

那么问题来了,下面我将给出几种情形,需要大家做出A或者B的选择。

情形一:大家按照所选的选项给我钱。

那么大家会选A还是选B呢?选A就是有75%的概率会给我1000元,但是有25%的概率,一分钱都不用给;选B,就是直接给我700元。那么大家会选

A 还是选 B？我在直播的时候做过统计，大多数当时来我直播间的朋友他们都选了 A。因为更多的人在这种情形下更愿意博一下，所以选择了这个小概率能够豁免 1000 元的选项 A，当然，也有一小部分人选了 B。

情形二：大家按照选项的数额从我这里拿钱。

大家选 A 还是选 B 呢？同样，我在直播的时候问了当时的观众。很多朋友都选了 B。为什么？因为这是确定收益的，“落袋为安”嘛！大家对于情景所做出的选择，在这里我并不想评判大家的选择是对的还是错的。因为很多时候内部或者外部的因素会非常复杂，都会对这些结果产生影响，而且概率一定是建立在大量的数据上才有意义。如果是简单的一两次情景，概率其实意义不大。

按照情形一和情形二的结果来看，大多数朋友都是正常人，做了大多数人都会做的选择。

那么我会怎么选呢？其实作为一个交易者，这种情况在我们的日常交易中会经常发生。比如说：现在我的仓位已经有 700 美元的盈利了，我现在可以立刻落袋为安（选项 B），或者，我可以博一博，当然这个钱可能会损失到 0，但是也有 75％的概率，赚到 1000（选项 A），这种情况其实对应的就是上面两个选项，而且在我们日常交易中会经常遇到。那么这种情况下我们理性的交易员应该怎样去选择呢？如果抛开运气成分，我们应该选什么？我们应该做理性的投资者该做的选择：在我们盈利的时候我们应该尽可能去博取更高的利润。

就是选项 A。

那么如果说交易赚到了 1000 美元，那我们怎么办？是继续让它奔跑呢还是落袋为安呢？如果足够理性，这种情况下是可以选择继续持仓的。有一句话是这么说的：好的交易，都是打止损的交易。这句话是很有道理的。我们在自身获利，或者占优的情况下，我们应该一直选择进攻型的策略，那就是策略 A。

反过来，如果我现在的仓位已经亏损了 700 美元，现在可以选择 B 立刻平仓，止损 700 美元出局。或者我可以选择 A：再等一等，那么有可能发生亏损到 1000 美元，但也有 25％的概率扛回来。那么我应该怎么选呢？这种情况，在亏损的时候，我们应该尽可能去规避风险，到了我们的止损位，我们就应该果断止损，而不要期待着发生小概率事件。也就是说这种情况下，我们是处于防守状态，我们应该选择策略B。

在进攻时我们选择A，而当我们防守的时候应该选择B。

如果你每一笔交易都是落袋为安，那么你很难获得大利润。如果你不能很长期地持有一个资产，那么你的利润不会太高。因为资产很难在短时间之内给你带来高收益，通常超高的收益都是需要较长时间的等待。反之，如果你在亏损的时候不严格止损，它可能就会像一个病毒一样扩散，直到把你的账户一口吞掉。这可能和大家的常规思路不一样，但是作为交易员，在很多时候，我们就是要“反着来”的。

但是这个说起来容易，做起来难。特别是做实盘的时候，哪怕是老手也还是经常会做出普通人的选择。我们经常会在没到止盈时出场，也容易过了止损线继续扛单。但是如果希望自己的交易之路走出失败区，那就必须要反着来，不然，就和普通群众没区别了。而普通群众，做交易的亏损概率是极高的。如果你不想像大多数人那样亏掉自己的钱或者客户的钱，那就克服这些阻碍交易成功的“常规反应”。

最好的状态就是“硬止损，软止盈”，就是把每一笔交易的止损都严格执行，这叫“硬止损”，但是，每一笔交易的止盈，都是可以调整的(这个调整是往多了调，不是往低了调)，这样可以吃到很多大行情。比如说原本的入场点是190，止损是185，止盈是200，那么快到200的时候，可以选择把止损移动到190，然后把止盈暂时放到220，如果价格冲到220附近了，就把止损放到210，止盈到240，当然，这个盈亏比例可以自己设置，如果到了240附近，认为上不去了或者风险变大了，那么可以选择止盈出场或者再次移动止损来继续持有，直到被打掉止损出局为止。

硬止损，软止盈。这个原则是非常重要的一种职业交易思路，也是极为重要的交易实战应用。

所以，在我们取得优势的时候，我们要选择A来获得最大收益；而在我们处于劣势的时候，我们应该选择B来规避风险。这个道理，在我们的日常生活和工作中同样适用，也是一个人、一家企业做大做强的基本思路。

## 11.3　凯利公式

当你在金融市场做了一段时间的交易之后，作为一个交易员，你必须要衡量自己的能力，了解自己到底做的是好是坏，了解自己的优势和弱点。

凯利公式（Kelly Criterion），也称为凯利准则，是专业的交易员常用的统计方式，它是衡量交易员能力的一种量化形式。

凯利公式如下：

$K\%=W-[(1-W)/R]$

其中：

$W$ 是胜率，计算方式是盈利交易次数/交易总次数 ，胜率越高代表交易思路的正确率越高，及格线是 0.5。

$1-W$ 是败率，计算方式是 1－胜率。

$R$ 是总盈亏比，计算方式是总的盈利金额/总的亏损金额，总盈亏比越高代表风险控制越好，及格线是 1。

而最终得出的凯利值（$K\%$），是你用于下一次交易的资金占总账户资金的比例。凯利值高于 0.1 属于较好水平。

如果一个交易员要评价自己在交易上的好坏，那么凯利公式是一个非常有用的工具。

我们可以通过凯利公式来决定我们下一笔交易的投入资金。凯利公式适用于几乎所有的市场，只要你是一个交易员，你就可以用凯利公式来作为你的“KPI”（关键绩效指标）。

很多散户没有判断自己能力的能力，交易记录放在面前，只能看到一个最终的盈亏，并没有详细分析的能力，当然也没有部署资本或风险管理能力。专业交易员或者基金经理，或者机构交易员通常都会有自己的一套“自评”机制，而凯利公式就是最流行的一种，也是最常见的一种自我评价的体系。

散户是没有人管理的，你得自我管理，你要用你自己的钱做交易，你必须对何时投入、投入多少、何时撤出，做出决定。这就是做自我认知和统计数据非常重要的一个原因，你需要一个系统，基于你所有的交易结果来衡量你的交易能力。

每个交易员都有自己的优势和弱点，通过凯利公式可以了解自己的近期情况，再以此做出交易计划上的调整。之前我也提到过，我们在盈利时我们选择选项 A：进攻型策略，那么我们亏损时就要选择选项 B：防守型策略。凯利公式就是这样的一个系统。

我们举一个例子看看凯利公式具体是怎样帮助我们交易的。

表 11—1 是一张简单的交易记录，一共有 40 笔交易，蓝色的是盈利的交易，共 22 次，总体盈利 67500；红色的是亏损的交易，共 18 次，总体亏损 35000，净盈亏是盈利 32500。由此我们可以计算出 $W$（胜率）为 0.55，$1-W=0.45$，$R$（总盈亏比）是 1.93，最终的凯利值是 0.32。详情如表 11—2 所示。而最终得出的凯利值 0.32，是你用于下一次交易的资金占总账户资金的比例。

**表 11—1　　交易记录**

| 交易序号 | 盈利 | 亏损 |
|---|---|---|
| 1 | 3000 | |
| 2 | | 2000 |
| 3 | | 2000 |
| 4 | 3000 | |
| 5 | 4000 | |
| 6 | 3000 | |
| 7 | | 2000 |
| 8 | | 2000 |
| 9 | 2000 | |
| 10 | | 1000 |
| 11 | 3000 | |

续表

| 交易序号 | 盈利 | 亏损 |
|---|---|---|
| 12 | 2000 | |
| 13 | | 2000 |
| 14 | 3000 | |
| 15 | 4000 | |
| 16 | 3000 | |
| 17 | | 2000 |
| 18 | | 2000 |
| 19 | 2000 | |
| 20 | | 1000 |
| 21 | 4500 | |
| 22 | 3000 | |
| 23 | | 2000 |
| 24 | | 2000 |
| 25 | 3000 | |
| 26 | 4000 | |
| 27 | 3000 | |
| 28 | | 2000 |
| 29 | | 2000 |
| 30 | 2000 | |
| 31 | | 3000 |
| 32 | 3000 | |
| 33 | | 2000 |
| 34 | | 2000 |
| 35 | 3000 | |
| 36 | 4000 | |
| 37 | 3000 | |

续表

| 交易序号 | 盈利 | 亏损 |
|---|---|---|
| 38 | | 2000 |
| 39 | | 2000 |
| 40 | 3000 | |
| 总额 | 67500 | 35000 |
| 净盈亏 | 32500 | |

**表 11—2　　凯利值的计算**

| | | |
|---|---|---|
| 交易次数 | 40 | |
| 总额 | 67500 | 35000 |
| 净盈亏 | 32500 | |
| 盈利次数 | 22 | |
| 亏损次数 | 18 | |
| $W$(胜率) | 0.55 | |
| $R$(总盈亏比) | 1.93 | |
| $K\%=W-[(1-W)/R]$ | $K\%=0.55-[(1-0.55)/1.93]=0.32$ | |

那么问题来了。现在凯利值是 0.32,也就是说凯利公式告诉你,你可以用 32%的资金做下一笔交易,但你的限仓是 10%,那么这个时候你要不要去打破这个 10%的持仓限制呢?要的。为什么?因为凯利准则告诉你,你可以这么做。最后的那几十次交易告诉你,你知道什么时候赚钱什么时候止损,你是一个优秀的交易员。当然,如果你在机构工作,这可能要征求上司的同意,因为有的时候管理员可能会不让你加仓加这么多,很多交易机构对于每一个交易员的单笔持仓、单笔最大止损等都有明确的限制。但如果你是一个自由投资者,那么你完全可以这么做。

如果你持续亏钱,那么凯利公式得出的值会越来越小,这种情况下,你越亏你下一笔的交易资金就越少,这是一个风控机制,以免你冲动之下发生巨额亏损。赌场上很多人都是越赌越大，越输下注越大，试图翻盘，但这样做的人往往没有好下场。当凯利值变成负的，那就需要你重新审视一下自己，最好先休息一下，把自己的交易系统和心态“重启”之后，再重新来过。

凯利公式的核心思路是什么？是“加码强者、减码弱者”。奖励那些交易做得好的人，给他们更多的资金；而那些做得差的呢？或者交易做得不好的时候呢？减少他们的资金！如果你是一个交易机构，你管理着几个交易员的话，那么你就应该把那些做交易做得差的人手上的资金给那些做交易做得好的人。在这点上，凯利值就是很有效的标准。

那么加仓怎么算呢？如果说你先建了一个底仓，然后你一共做了 5 次加仓，那么从第一笔初始仓位后面有 5 次加仓，一共是做了 6 笔交易，在凯利公式里面你就应该做六次统计。你只要做了一笔交易，就是一个做交易的思路，至少有这个计划。每一笔交易你都应该是做足了准备去做的，那么这就是一个独立的一个交易事件。

凯利公式告诉我们的首先是增加投入还是减少投入，投入多少资本，其次是优势和弱点。

凯利公式的最佳观察周期是最近的 50—100 笔交易，或者 3—6 个月的交易周期。统计出你的相关数据：$W$、$R$ 和 $K\%$。如果你得到一个好的 $W$ 和一个糟糕的 $R$，那说明你的优势是交易思路，但你的风险管理可能是弱点，要更仔细地做风控；也许你得到一个低的 $W$ 和一个高的 $R$，那么你的交易思路可能是弱点，但你的风控做得不错，你应该加强交易思路的认知。你必须弄清楚什么是你的优势和弱点并克服你的弱点。如果凯利公式告诉我们应该把更多的钱投到下一笔交易中，那么这是一件好事，因为这说明你的凯利值很高，只有非常优秀的交易员的凯利值才会非常高，这是对你的交易能力的一种肯定。

## 11.4　日内交易指南

以下是华尔街的专业交易机构内部传阅的《日内交易最佳做法指南》，如果你是个短线交易员，希望你每天在做交易之前都看一遍这个指南，对你的交易会有很大的帮助。

### 11.4.1　心理准备

— 你感觉好吗？如果不好，那就不要交易。

— 你睡够了吗？如果没有，那就不要交易。

— 你的头脑无忧无虑吗？如果有烦恼，那就不要交易。

— 相信自己，告诉自己今天会是美好的一天。

— 回顾你前一天的交易。

— 如果你现在的交易状态很糟糕，那么考虑降低你的交易头寸，直到你对今天的交易有感觉。

### 11.4.2　一般准备

— 查看重大财经政治头条。

— 今天的什么时候公布了哪些经济数据？

— 发布了哪些公司成果和公告？

— 是否有任何股票或部门特定的消息可能影响你想要交易的股票的价值？

— 创建一个股票的观察列表，你可以观察潜在的交易，包括前一天的大波动和预期今天波动的股票。

### 11.4.3　市场准备

— 美元指数、道指、标准普尔 500 指数、恒生指数和日经指数在哪里收盘？

— 我的产品和主要市场的相关交易范围是什么？ATR（average true range，平均真实波动范围）分析。

— 我们是否处于短期、中期和长期的市场上升趋势、下降趋势或横盘？

— 昨天市场是否在高点或低点收盘（暗示日内强弱）？并观察今天的开盘。

— 检查中心点。中心价格是昨日平均交易价格的近似值。大约 70%的时间将会弥补昨天的中心价。

— 查看您正在交易的股票或产品的 1、3 和 5 天图表和 ATR。

### 11.4.4　进行交易

— 在交易前观察你前几天选择的市场和股票。

— 观察预期会很火的股票。注意开盘和接下来的动作。

— 如果您可以使用模拟交易账户，用起来。如果没有，那就做几个星期的“纸上交易”来帮助你感受市场。

— 在交易日内有三个重要时间：欧洲开放（格林尼治时间上午 8 点至上午 10 点）、美国开放（东部时间上午 9 点 30 分）和收盘（东部时间下午 4 点）。在没有消息的情况下，市场在格林尼治时间上午 10 点至下午 1 点半之间趋于平静，一般应避免交易（格林尼治时间下午 1 点 30 分常有经济数据公布，也是美国交易员开始在格林尼治时间下午 2 点 30 分或东部时间上午 9 点 30 分到达办公室的时间）。

— 遵循简单的交易规则：让你的盈利比亏损更大。为了确保您正在这样做，为每一笔交易设置一个止损和一个止盈。它们应该被设置为确保你在赢的交易中至少做出三倍（3∶1 盈亏比规则），而不是在输的交易中。

— 初始交易的损失不应超过交易资本的 0.25%。这将帮助您设定您的交易规模，并在您第一次开始时停止亏损。这可能看起来很小，但在最初的几周里，每天都会有几次亏损，除了交易成本外，亏损还会迅速积累。记住，给自己一个赚钱的机会。

— 记录你做的每一笔交易（凯利准则）。每天结束时分析你的输赢交易。你反复犯过什么错误吗？是否有一种股票或交易风格对你有用？请做你最擅长的产品。即使是成功的交易者也会因为持续的损失而避免一些股票或产品。

— 分析你在每笔交易中赚了多少钱和损失了多少钱。如果你的损失交易大于你的获利交易，那么你要么没有设置你的止损点，要么你没有遵守它们。

— 如果你一直亏损，停止交易。分析你可能出错的地方。休息一下，重新来过。

— 不要增加你的交易头寸，直到你在一周内达到至少 3 天的盈利天数，并且当周整体盈利(剔除交易费用后)。慢慢增加你的头寸，如果你开始赔钱，再减少它。

— 永远不要给一笔亏损的交易加仓。对于一个新手交易者来说，这是最快的毁灭之路。

— 永远不要"平仓！然后反手交易"。作为一个新手交易者，你可能会做错很多交易，如果你做错了，及时止损，然后寻找下一个机会。不要追逐市场。

— 保持专注并享受它。如果你不喜欢日内交易，那么它几乎肯定不适合你。